Marion Albers/Ruth Weinzierl (Hrsg.)

Menschenrechtliche Standards in der Sicherheitspolitik

Beiträge zur rechtsstaatsorientierten Evaluierung von Sicherheitsgesetzen

Nomos

Die Publikation wird mit herausgegeben vom Deutschen Institut für Menschenrechte in Berlin. www.institut-fuer-menschenrechte.de

Die Deutsche Nationalbibliothek verzeichnet diese Publikation in der Deutschen Nationalbibliografie; detaillierte bibliografische Daten sind im Internet über http://www.d-nb.de abrufbar.

ISBN 978-3-8329-4337-0

1. Auflage 2010
© Nomos Verlagsgesellschaft, Baden-Baden 2010. Printed in Germany. Alle Rechte, auch die des Nachdrucks von Auszügen, der fotomechanischen Wiedergabe und der Übersetzung, vorbehalten. Gedruckt auf alterungsbeständigem Papier.

Vorwort

Die Gewährleistung innerer und äußerer Sicherheit gehört zu den elementaren Aufgaben des demokratischen Rechtsstaates. Insbesondere angesichts der unklaren und sich wandelnden Strukturen des internationalen Terrorismus ist diese staatliche Aufgabe besonders schwierig und mit Unsicherheiten behaftet. Nach dem 11. September 2001 kam es in Deutschland und vielen anderen Staaten zur Verabschiedung zahlreicher neuer Sicherheitsgesetze, die das Instrumentarium der Gefahrenabwehr erheblich erweitert haben. Staatliche Befugnisse sind zunehmend ins Vorfeld konkreter Gefahren hinein ausgeweitet worden – was zugleich die Absenkung rechtsstaatlicher Eingriffsschwellen mit sich bringt. Polizei und Geheimdienste haben sich in Kompetenzen und Funktionen einander angenähert. Auf EU-Ebene wurde die polizeiliche und justizielle Zusammenarbeit in Strafsachen intensiviert. Eine sich in schnellstem Wandel befindliche Informationstechnologie verändert die Sicherheitspolitik grundlegend.

Wenngleich die Notwendigkeit einer menschenrechts- und rechtsstaatskonformen Sicherheitspolitik auch in Zeiten des Terrorismus weitgehend unbestritten ist, erschweren all diese Faktoren eine demokratische und rechtsstaatliche Kontrolle. Die Auswirkungen sicherheitspolitischer Maßnahmen auf die Grund- und Menschenrechte der – häufig völlig unschuldigen – Betroffenen sind ebenso schwer einschätzbar wie die Erforderlichkeit, Effizienz und Verhältnismäßigkeit staatlicher Kontrollbefugnisse. Dem trägt der Gesetzgeber mit der zunehmenden Normierung von Evaluierungsklauseln in Sicherheitsgesetzen Rechnung.

Das Deutsche Institut für Menschenrechte sieht die Evaluierung von Sicherheitsgesetzen – auch jenseits gesetzlich normierter Evaluierungsklauseln – als notwendiges und sinnvolles Instrument der demokratischen und rechtsstaatlichen Kontrolle der Sicherheitspolitik an. Wenn Evaluierungen aber den Zweck erreichen sollen, fundierte und menschenrechtsorientierte Entscheidungsgrundlagen für den parlamentarischen Gesetzgeber zu liefern, muss die Methodik der Evaluierung noch weiter entwickelt werden. Hierzu soll dieser Band, der auf mehreren Workshops des Deutschen Instituts für Menschenrechte aufbaut, einen Beitrag leisten. Die Beiträge der Autorinnen und Autoren aus Wissenschaft und Praxis beleuchten verschiedene Aspekte, die im Zusammenhang mit der Evaluierung von Sicherheitsgesetzen relevant sind. Sie sollen Anregung zur Diskussion und weiteren Auseinandersetzung mit der Evaluierung von Sicherheitsgesetzen sein.

September 2009
Deutsches Institut für Menschenrechte
Prof. Dr. Heiner Bielefeldt
Frauke Seidensticker
Vorstand

Inhalt

Wandel der Sicherheitspolitik – Menschenrechtsorientierte Evaluierung als Kontrollinstrument
Ruth Weinzierl und Marion Albers — 9

Rechtsstaatliche Transparenz und Menschenwürde. Rechtsethische Überlegungen zur Evaluierung von Sicherheitsgesetzen
Heiner Bielefeldt — 13

Funktionen, Entwicklungsstand und Probleme von Evaluationen im Sicherheitsrecht
Marion Albers — 25

Erfahrungen mit Evaluierungsprozessen in Nordrhein-Westfalen am Beispiel der präventiv-polizeilichen Videoüberwachung
Dorothée Füth — 55

Die kumulative Wirkung von Überwachungsmaßnahmen: Eine Herausforderung an die Evaluierung von Sicherheitsgesetzen
Gerrit Hornung — 65

Informationsbedürfnisse und Geheimhaltungserfordernisse – menschenrechtsorientierte Evaluierung und Kontrolle der Nachrichtendienste
Hansjörg Geiger — 87

Informationsbedürfnis und Geheimhaltungserfordernisse: Menschenrechtsorientierte Evaluierung von Sicherheitsgesetzen aus der Sicht parlamentarischer Kontrollgremien
Bertold Huber — 105

Diskriminierende Tendenzen moderner Sicherheitspolitik: Ansätze für eine Methodik der Evaluierung
Daniel Moeckli — 115

Biometrie als globale Kontrolltechnologie – Die Rolle der Technikfolgenabschätzung
Thomas Petermann — 129

**Europäische Parallelentwicklungen als Gegenstand menschenrechts-
orientierter Evaluierung**
Ruth Weinzierl 147

**Human-Rights-Oriented Evaluation of Security Legislation: National
Practice and European Guidance from the ECHR**
Martin Kuijer 169

Verzeichnis der Autoren und Autorinnen 191

Sachverzeichnis 193

Wandel der Sicherheitspolitik –
Menschenrechtsorientierte Evaluierung als Kontrollinstrument

Ruth Weinzierl und Marion Albers

In den letzten beiden Jahrzehnten und nicht zuletzt im Zuge der Terrorismusbekämpfung nach dem 11. September 2001 haben sich die Sicherheitspolitik und das Sicherheitsrecht erheblich verändert. Die damit verbundenen gesellschaftlichen Auswirkungen fassbar zu machen und für eine verbesserte demokratische Kontrolle zu sorgen, ist Ziel einer rechtsstaatsorientierten Evaluierung von Sicherheitsgesetzen. Dabei können Evaluierungsprozesse politische Entscheidungen nicht ersetzen. Vielmehr sollen sie vorrangig dem Gesetzgeber, aber auch den Sicherheitsbehörden oder der Justiz die notwendigen Wissensgrundlagen liefern, auf deren Basis adäquate und menschenrechtsorientierte Entscheidungen getroffen werden können.

Dieser Band bietet einen Überblick zu den Hintergründen, Grundlagen und Funktionen, zu den verfassungsrechtlichen Vorgaben und zur gesetzlichen Ausgestaltung, zu spezifischen Problemen, etwa der Diskriminierungswirkungen oder der Kumulation von Überwachungsmaßnahmen, zu den Praxiserfahrungen und zu europäischen Aspekten der Evaluierung von Sicherheitsgesetzen. Er soll als Anregung für die weitere politische und wissenschaftliche Auseinandersetzung dienen.

Die Aufgaben und Befugnisse von Polizeien und Nachrichtendiensten wurden in den letzten Jahren stetig erweitert, sicherheitsorientierte Regelungen vielfach verschärft. Grundlegende Prinzipien des traditionellen Polizei- und Verfassungsschutzrechts werden dabei aufgegeben. Polizeien erhalten immer neue Kompetenzen, weit vor dem Eintreten einer konkreten Gefahr, auch anlasslos und verdeckt, d. h. ohne Wissen der Betroffenen, zum Schutze der Sicherheit in die Grundrechte vieler Unbeteiligter einzugreifen. Weiterhin wird die in Deutschland verankerte Trennung zwischen Polizeien und Nachrichtendiensten, die mit Rücksicht auf die unterschiedlich weit reichenden Eingriffskompetenzen und zur Machtbegrenzung geschaffen worden ist, zunehmend relativiert. Ein intensiver gegenseitiger Informations- und Datenaustausch und gemeinsame Datenpools kennzeichnen die „neue Sicherheitsarchitektur". Darüber hinaus erweitern Ermittlungsermächtigungen im Vorfeld des Verdachts und Vorverlagerungen der Strafbarkeit die Eingriffsbefugnisse der Strafverfolgungsbehörden. Eine Vielzahl völlig unbeteiligter Menschen gelangt so durch eine Kumulation verschiedenster Überwachungsmaßnahmen ins Visier der Sicherheitsbehörden. Angesichts neuer technischer Möglichkeiten zur Überwachung oder zum elektronischen Datenabgleich ist auch der Schutz des verfassungsrechtlich verbürgten Kernbereichs privater Lebensgestaltung stark gefährdet.

Die Loslösung sicherheitsbehördlicher Ermächtigungen von den tradierten Eingriffsschwellen Gefahr und Verdacht, die Kumulation unterschiedlicher Eingriffsbefugnisse, die informationelle Vernetzung der Sicherheitsbehörden, neue technische Entwicklungen und Möglichkeiten und nicht zuletzt die zunehmende Europäisierung und Internationalisierung von Sicherheitsrecht und Sicherheitspolitik erschweren es, die Auswirkungen von Gesetzesvorhaben und neuen gesetzlichen Ermächtigungen abzuschätzen. Hinzu kommt, dass die Kontrollmöglichkeiten, die Parlamente und Gerichte im gewaltenteiligen Nationalstaat haben, aufgrund der Europäisierung und Internationalisierung des Sicherheitsrechts nur noch teilweise greifen.

Dennoch werden die gesetzlichen Neuregelungen im Lichte der Terrorgefahr politisch für unvermeidbar gehalten. Es verwundert daher nicht, dass in deutschen verfassungsrechtlichen Debatten der letzten Jahre – beispielsweise über das Folterverbot, „Grundpflichten" und die Bedeutung des Datenschutzes – unantastbar geglaubte Grundüberzeugungen im Bezug auf menschenrechtliche und rechtsstaatliche Garantien in Frage gestellt werden. Diese grundsätzlichen Debatten sind ebenso wenig beendet wie die Serie neuer Verschärfungen von Sicherheitsgesetzen. Dieses Nebeneinander von grundsätzlichen Debatten und laufender Sicherheitsgesetzgebung indiziert bereits, dass die Auswirkungen einzelner Gesetzgebungsvorhaben auf die Grund- und Menschenrechte und ihre Bedeutung für den Rechtsstaat schwer überschaubar und noch schwieriger zu bewerten sind. Die Grundrechte und der Rechtsstaat entfalten sich durch Gesetze. Zugleich beschränken die Grundrechte und der Rechtsstaat die Macht des Gesetzgebers. Manchmal, aber nicht immer gibt es eindeutige rechtliche Antworten auf die Frage nach der Menschenrechts- und Rechtsstaatskonformität politisch geprägter Rechtssetzungsvorhaben und bereits angewendeter Gesetze. Voraussetzung jeder Antwort ist jedoch das Wissen über das Wirken der Gesetze.

Dieses Wissen zu erarbeiten, ist Aufgabe einer rechtsstaats- und menschenrechtsorientierten Evaluierung von Sicherheitsgesetzen. Diese kann vor Erlass eines Gesetzes ex ante, mitlaufend-begleitend und nach einer Anwendungsphase ex post erfolgen. Nach der Rechtsprechung des Bundesverfassungsgerichts ist der Gesetzgeber unter bestimmten Voraussetzungen verpflichtet, die Auswirkungen gesetzlicher Vorschriften zu beobachten und das Gesetz auf der Basis der Untersuchungsergebnisse gegebenenfalls abzuändern (Beobachtungs- und Nachbesserungspflicht).

Die Aufgabe einer menschenrechts- und rechtsstaatsorientierten Evaluierung ist komplex. Sie verlangt eine interdisziplinäre Herangehensweise, eine wissenschaftlich fundierten Methodik und – trotz der Politiknähe des Gegenstands – eine nicht politisch gebundene Sachlichkeit in der Durchführung, die vor allem eine Selbstevaluation der Sicherheitsbehörden ausschließt. Wenngleich Evaluierungsklauseln, häufig zusammen mit Befristungsklauseln, im Sicherheitsbereich immer häufiger in neue Gesetze eingefügt werden, mangelt es in der Praxis jedoch bisher an einer wissenschaftlich fundierten Methodik und in der Regel auch an der Unabhängigkeit der Evaluation.

Dieser Band verbindet Beiträge, die jeweils zentrale Aspekte und Probleme der Evaluation von Sicherheitsgesetzen erörtern. Sie bauen auf mehreren Workshops des Deutschen Instituts für Menschenrechte auf und sind Ende 2008 abgeschlossen worden. Sie schöpfen teils aus der Praxis, teils aus der wissenschaftlichen Bearbeitung des Themas.

Heiner Bielefeldt beleuchtet mit rechtsethischen und -philosophischen Überlegungen die Zusammenhänge zwischen Evaluierung, Rechtsstaat und Menschenrechten. Da sich die Bindung an Menschenrechte und der Respekt vor der Menschenwürde als unhintergehbare Prämissen des Rechtsstaates und als Quelle der rechtsstaatlichen Legitimität erweisen, sind Evaluationen sicherheitsgesetzlicher Ermächtigungen bei gesteigerten Ungewissheitsbedingungen notwendig und selbst eine Form der Anerkennung der Menschenrechte und der Menschenwürde (S. 13 ff.). *Marion Albers* nutzt Governance-Perspektiven zur Beschreibung der Funktionen von Evaluationen im Sicherheitsrecht. Nach einem Blick auf deren gegenwärtigen Entwicklungsstand erörtert sie im Hinblick auf deren Ziele und Gegenstände, Kriterien, Verfahren und Methoden, Träger und Organisation die zentralen Probleme und den weiteren Ausarbeitungsbedarf (S. 25 ff.).

Im Anschluss daran erläutert *Dorothée Füth* die politischen Hintergründe, die rechtlichen Grundlagen und die praktische Umsetzung der Evaluierung präventivpolizeilicher Videoüberwachung in Nordrhein-Westfalen. Evaluierungsprozess und -ergebnis zeigen, dass die bisherige Praxis grundlegenden methodischen Anforderungen nicht genügt (S. 55 ff.). *Gerrit Hornung* greift das Problem der kumulativen Wirkung von Überwachungsmaßnahmen und derer Evaluierung auf. Er befasst sich zunächst damit, wie die rechtlichen Beurteilungsmaßstäbe zu konkretisieren sind, wann eine Kumulation den Kernbereich betrifft oder eine Rundumüberwachung bewirkt und welche verfahrensrechtlichen Anforderungen bestehen. Danach setzt er sich mit den besonderen Fragen auseinander, die Evaluationen unter dem Aspekt der Kumulation von Überwachungsmaßnahmen aufwerfen (S. 65 ff.).

Dem Spannungsverhältnis zwischen Informationsbedürfnissen einerseits und Geheimhaltungserfordernissen andererseits, das bei der Evaluierung von Sicherheitsgesetzen immer besteht, widmen sich zwei Beiträge. *Hansjörg Geiger*, der ehemalige Präsident des Bundesnachrichtendienstes und des Bundesamtes für Verfassungsschutz, berichtet über den Informationsbedarf, die Aktionsweisen sowie die Geheimhaltungsbedürfnisse der Nachrichtendienste und legt die Risiken nachrichtendienstlicher Tätigkeiten für die Bürger dar. Anschließend erörtert er ausführlich die geltenden Kontrollmechanismen, deren Schwächen und die Möglichkeiten einer verbesserten Kontrolle der Dienste (S. 87 ff.) *Bertold Huber*, Mitglied der G-10-Kommission, beschreibt Grundlagen und Praxis der parlamentarischen Kontrollgremien. Die außerordentlich wichtige Rolle insbesondere des Parlamentarischen Kontrollgremiums und der G-10-Kommission bei der Kontrolle nachrichtendienstlicher Überwachungen wird in der Praxis ebenso deutlich wie der besondere Geheimhaltungsbedarf der kontrollierten Angelegenheiten, der zugleich die Möglichkeiten der Evaluierung mitbestimmt (S. 105 ff.).

Den Diskriminierungsgefahren anlassloser und umfassender Vorfeldbefugnisse und den darauf gerichteten Evaluierungsmöglichkeiten geht der Beitrag von *Daniel Moeckli* nach. Aus den im deutschen Verfassungsrecht, in der Europäischen Menschenrechtskonvention (EMRK) und in internationalen Menschenrechtsabkommen verankerten Diskriminierungsverboten ergibt sich die staatliche Pflicht zur Verhinderung diskriminierender Auswirkungen sicherheitsgesetzlicher Ermächtigungen, wie sie etwa bei bestimmten Suchprofilen entstehen könnten. Die Bedeutung entsprechender Evaluationen, deren Kriterien und methodische Ansätze werden auch mit europäisch-vergleichendem Blick aufgezeigt (S. 115 ff.). *Thomas Petermann* untersucht die Rolle und die Leistungen der Technikfolgenabschätzung (TA) im Zusammenhang mit biometrischen Verfahren, die die Politik nach den Terroranschlägen vom 11. September zu einem technologischen Herzstück der Personenidentifikation gemacht hat. TA-Studien konnten eine Reihe von Erkenntnissen zur Sicherheit und Verlässlichkeit biometrischer Technologien, zur Erforderlichkeit einer systemischen Betrachtung, zur Notwendigkeit eines Ausgleichs unterschiedlicher Interessen oder zu den Kosten liefern. Solche Untersuchungsergebnisse bieten Grundlagen für eine sozial- und rechtsverträglichere Technikgestaltung (S. 129 ff.).

Die letzten beiden Beiträge sind der europäischen Dimension des Sicherheitsrechts und der Evaluierung gewidmet. *Ruth Weinzierl* untersucht Kontrollverluste des nationalen Gesetzgebers auf Grund der Europäisierung des Sicherheitsrechts. Die polizeiliche und justizielle Zusammenarbeit in Strafsachen in der Europäischen Union (EU) wird zunehmend intensiviert. Sie zeichnet sich durch unterschiedliche und unübersichtliche Formen der Verflechtung von Recht und Praxis der EU und ihrer Mitgliedstaaten aus, die eine Betrachtung der Sicherheitsgesetzgebung aus allein nationaler Perspektive als unzureichend erscheinen lassen. Trotz der Enge dieser Verflechtungen ist die Wahrung menschenrechtlicher Schutzstandards, etwa im Bereich des Datenschutzes, nur unzureichend abgesichert. Erfordernisse einer Evaluierung auf nationaler Ebene, die die Kontroll- und Gestaltungsmöglichkeiten des nationalen Gesetzgebers verbessern könnte, ergeben sich vor diesem Hintergrund auch hinsichtlich europäischer Parallelentwicklungen im Sicherheitsbereich (S. 147 ff.). *Martin Kuijer* erläutert abschließend die Entwicklung der Sicherheitsgesetzgebung in den Niederlanden. Im Zuge der Gesetzesverschärfungen aufgrund des Terrorismus werden Evaluierungen im parlamentarischen Raum zwar gewünscht und eingeführt, in der Anwendungspraxis bisher aber schleppend realisiert. Aus der Rechtsprechung des Europäischen Gerichtshofs für Menschenrechte ergeben sich allerdings eine Reihe von Maßstäben und Anforderungen an die Sicherheitsgesetzgebung, die von den EMRK-Vertragsstaaten zu beachten sind (S. 169 ff.).

Rechtsstaatliche Transparenz und Menschenwürde.
Rechtsethische Überlegungen zur Evaluierung
von Sicherheitsgesetzen

Heiner Bielefeldt

I.	Die „Unveräußerlichkeit" menschenrechtlicher Freiheit	13
II.	Sicherheitspolitik im Dienst der Freiheit	16
III.	Grundrechtseingriffe und ihre absoluten und relativen Schranken	18
IV.	Evaluierung von Sicherheitsgesetzen	21
V.	Literatur	22

I. Die „Unveräußerlichkeit" menschenrechtlicher Freiheit

Es gibt kaum einen Staat in der Welt, der nicht für sich in Anspruch nähme, sich am Wert der Freiheit zu orientieren. Was den freiheitlichen Rechtsstaat von autoritären und halbautoritären Regimen unterscheidet, ist nicht etwa die generelle Berufung auf Wert oder Ziel der Freiheit, die als solche wohlfeil ist, sondern die *strenge Bindung an hier und jetzt geltende Freiheitsrechte*. Freiheit ist im Rechtsstaat nicht die irgendwann einmal fällige Dividende erfolgreicher Sicherheitspolitik, sondern der unmittelbar geltende Maßstab staatlicher Legitimität, dessen Beachtung außerdem einer wirksamen Kontrolle unterworfen ist. Die elementaren Freiheitsrechte, in denen der Anspruch der Freiheit konkrete und verbindliche Gestalt gewinnt, d.h. die Grund- und Menschenrechte,[1] haben deshalb einen herausgehobenen rechtsnormativen Status, der sie der Verrechnung mit sonstigen Interessen – auch mit politischen Sicherheitsinteressen – weitgehend entzieht bzw. etwaige Abwägungen mit konkurrierenden Rechtsgütern zumindest unter strenge Bedingungen stellt.

Die grundlegenden Freiheitsrechte, die einem jeden Menschen nach Maßgabe der Gleichheit zukommen und deshalb „Menschenrechte" genannt werden, verweisen auf die Würde des Menschen. Die Menschenwürde markiert für den Rechtsstaat nicht nur eine Grenze möglichen Eingreifens. Vielmehr bewahrt und pflegt der Staat mit der Achtung der Menschenwürde vor allem auch die *Quelle seiner eigenen*

---

1 Die Begriffe „Menschenrechte" und „Grundrechte" sind nicht ganz deckungsgleich. Auf der einen Seite gibt es Menschenrechte (z.B. zahlreiche wirtschaftliche und soziale Rechte), die im Grundrechtsabschnitt des Grundgesetzes nicht aufgeführt, gleichwohl aufgrund völkerrechtlicher Bindungen von der Bundesrepublik Deutschland anerkannt sind. Auf der anderen Seite enthält der Grundrechtsabschnitt des Grundgesetzes neben ausdrücklichen Menschenrechten einige Rechte, die an die deutsche Staatsbürgerschaft geknüpft sind.

rechtsstaatlichen Legitimität. Denn Verbindlichkeiten jedweder Art – wechselseitige Versprechen, persönliche moralische Orientierungen, ethische Traditionen sowie schließlich rechtliche Normen – haben ihre unhintergehbare Prämisse in der zu achtenden Würde des Menschen als eines Verantwortungssubjekts. Ohne Achtung des Menschen vor der eigenen Würde und der Würde der anderen sind Verbindlichkeiten zwischen Menschen gar nicht denkbar.[2] Daher rührt der axiomatische Status der Menschenwürde für alle Arten von Normen, von der persönlichen Moral über die ethischen Traditionen einer Gemeinschaft bis zum internationalen Recht. Aus diesem axiomatischen Status Menschenwürde ergibt sich weiterhin, dass sie in jedem Menschen *gleichermaßen* zu respektieren ist. Die Achtung der Würde kann nicht von äußeren Kriterien – geistigen Fähigkeiten, Lebensleistung, gesellschaftlicher Funktionalität, persönlicher Integrität usw. – abhängig gemacht werden, sondern gilt dem Menschen als Menschen, d.h. jedem Menschen in gleichem Maße.[3]

Auch das eigentlich normative Moment der Rechtsnormen, d.h. ihre *innere Verbindlichkeit*, entsteht nicht durch staatliche Anordnungen oder staatliche Durchsetzungsbefehle, die den Rechtsnormen ihre *äußere Verlässlichkeit* und Wirksamkeit verschaffen, sondern gründet letztlich im Achtungsanspruch der Menschenwürde. Der gebotene Respekt der Würde des Menschen als Verantwortungssubjekt ist deshalb nicht nur eine Rechtsnorm neben anderen Rechtsnormen, sondern ist die Voraussetzung dafür, dass es überhaupt so etwas wie Rechtsverbindlichkeit geben kann. Sie bildet insofern auch die schlechthin *unhintergehbare Prämisse* des sich an das Recht bindenden Rechtsstaats.[4]

---

2   Kant bringt diese Einsicht dadurch zum Ausdruck, dass er den einen kategorischen Imperativ, also das oberste Prinzip der Moralität, in zwei Formulierungsvarianten vorstellt, nämlich als das Prinzip der moralischen Selbstgesetzgebung und als das Gebot der Achtung der eigenen Würde sowie der Würde anderer Personen als Selbstzweck.

3   Die Achtung der Verantwortungssubjektivität des Menschen kann nicht davon abhängig gemacht werden, in welchem Maße ein Mensch tatsächlich für sich und andere Verantwortung übernimmt; sie hängt auch nicht an den intellektuellen, emotionalen und sozialen Fähigkeiten, die der Wahrnehmung von Verantwortung dienlich sein können. Vielmehr kommt die Achtung der Würde jedem Menschen in gleicher Weise zu. Abstufungen innerhalb der Würde und des in ihr begründeten Achtungsanspruchs vorzunehmen hieße, dass die Menschenwürde ihrerseits externen Bewertungskriterien unterworfen würde; damit aber wäre sie in ihrem Stellenwert als letzte Prämisse aller normativen Verbindlichkeiten negiert.

4   Die Achtung der Menschenwürde ist als Prämisse moralischen und rechtlichen Argumentierens in dem Sinne „unhintergehbar", als sie nicht von etwaigen übergeordneten Prämissen her begründet werden kann. Alle Versuche, die Menschenwürde direkt zu „begründen", enden daher unvermeidlich in Tautologien. Während sich eine Begründung der Menschenwürde, streng genommen, als undurchführbar erweist, ist es allerdings sehr wohl möglich, den axiomatischen Stellenwert der Würde für Recht und Moral reflexiv und diskursiv zu klären. Eine solche Klärung geschieht in der Weise eines Nach-Denkens, insofern sie notwendig Bezug nimmt auf jene „immer schon" vorausgesetzte Prämisse normativer Kommunikation, deren im wahrsten Sinne des Wortes „grundlegender" Stellenwert sich auch darin zeigt, dass sie sich ihrerseits nicht von außen begründen lässt. Zu einer solchen Begründungsstruktur vgl. Bielefeldt (2003).

Der Respekt der Menschenwürde manifestiert sich vor allem in den Menschenrechten. Der innere Zusammenhang zwischen der Menschenwürde und den Menschenrechten wird in Artikel 1 des Grundgesetzes durch die Kausalpräposition „darum" ausgedrückt: Im Anschluss an das Postulat der unantastbaren Menschenwürde (in Absatz 1) heißt es in Absatz 2: „Das Deutsche Volk bekennt sich darum zu unverletzlichen und unveräußerlichen Menschenrechten als Grundlage jeder menschlichen Gemeinschaft, des Friedens und der Gerechtigkeit in der Welt."

Der Anspruch, dass der Mensch niemals zum bloßen Mittel verdinglicht, sondern aufgrund seiner Würde immer zugleich als *Selbstzweck* geachtet werden soll,[5] gewinnt wirksame Rückendeckung durch die grundlegenden Rechte aller Menschen auf *freie Selbstbestimmung*.[6] Alle Menschenrechte haben eine freiheitliche Orientierung; sie sind, genau besehen, allesamt Freiheitsrechte. Dies gilt nicht nur für die liberalen und politischen Rechte, die oft die freiheitliche Komponente schon im Titel tragen („Gewissensfreiheit", „Religionsfreiheit", „freie Meinungsäußerung", „Versammlungsfreiheit", „Vereinigungsfreiheit" usw.), sondern auch für die wirtschaftlichen und sozialen Rechte, die den Menschen vor einseitigen Abhängigkeiten – also konkreter Unfreiheit – im Wirtschafts- und Sozialleben bewahren sollen.[7]

Weil in der „unantastbaren" Würde des Menschen begründet, sind die Grund- und Menschenrechte ihrerseits *„unveräußerlich"*. Als solche werden sie nicht nur im Grundgesetz bestimmt, sondern zuvor schon in der Allgemeinen Erklärung der Menschenrechte der Vereinten Nationen von 1948 ausgewiesen. Die Präambel beginnt mit der Feststellung, dass „die Anerkennung der innewohnenden Würde und der gleichen und unveräußerlichen Rechte aller Mitglieder der menschlichen Familie die Grundlage der Freiheit, der Gerechtigkeit und des Friedens in der Welt" bildet. Diese Formulierung ist – teilweise mit Varianten – in fast alle Menschenrechtskonventionen der Vereinten Nationen übernommen worden. Sie hat auch die Verfasserinnen und Verfasser des Grundgesetzes inspiriert.

---

5   In freiem Anschluss an Kants Formulierung des kategorischen Imperativs: „Handle so, dass du die Menschheit sowohl in deiner Person, als in der Person eines jeden anderen jederzeit zugleich als Zweck, niemals bloß als Mittel brauchst.", Kant (1781), S. 429.
6   Für nähere Erläuterungen vgl. Bielefeldt (1998).
7   Dieser fundamentale Stellenwert freier Selbstbestimmung für das Verständnis der Menschenrechte zeigt sich paradigmatisch in der Präambel der Allgemeinen Erklärung der Menschenrechte von 1948. Sie enthält ein Zitat jener berühmten „vier Freiheiten", die der amerikanische Präsident Roosevelt im Januar 1941 proklamiert hatte und die später in die „Atlantik-Charta" der Alliierten aufgenommen wurden: „Rede- und Glaubensfreiheit und Freiheit von Furcht und Not". Diese vier Freiheiten lassen sich als eine grobe Typologie der verschiedenen einander ergänzenden Arten von Menschenrechten lesen. Während die Redefreiheit für die politischen Freiheitsrechte (z.B. Meinungsfreiheit, Versammlungsfreiheit und das demokratische Wahlrecht) steht, repräsentiert die Glaubensfreiheit die geistigen Freiheitsrechte, die der Achtung vor den tragenden Gewissens- und Glaubensüberzeugungen des Menschen geschuldet sind. Die Freiheit von Furcht lässt sich mit den Justizgrundrechten in Verbindung bringen, die Schutz vor willkürlicher Inhaftierung und Fairness in Gerichtsverfahren garantieren. Mit der Freiheit von Not verweist die Präambel schließlich auf die wirtschaftlichen und sozialen Rechte, die ebenfalls Freiheitsansprüche darstellen.

Schon in den ersten Menschenrechtsdokumenten des ausgehenden 18. Jahrhunderts findet sich die Figur der „inalienable rights".[8] Sie markiert einen qualitativen Unterschied zwischen den Menschenrechten und solchen Rechtspositionen, über die der Mensch nach eigenem Ermessen verfügen – und auf die er eben auch verzichten – kann. Der rechtsethische Grund der Unveräußerlichkeit der Menschenrechte besteht darin, dass der Mensch sich durch den Verzicht auf diese Rechte als *Subjekt eigener Verantwortung* aufgeben würde; die Selbstpreisgabe als Verantwortungssubjekt wäre aber mit der Würde des Menschen unvereinbar und würde zugleich die Voraussetzung aller normativen Verbindlichkeiten – also auch rechtlicher Verbindlichkeiten – negieren. Deshalb postuliert Kant, dass es „unverlierbare Rechte" gebe, „die der Mensch nicht aufgeben kann, selbst wenn er auch wollte".[9] Konkret richtet sich dieses Postulat gegen die Staatstheorie des Thomas Hobbes, in der die Freiheit der Menschen als Tauschobjekt gegen ein staatliches Sicherheitsversprechen zur Disposition gestellt wird. Ein solcher Tausch der Freiheit gegen das Versprechen von Sicherheit wäre, so Kant, rechtlich unmöglich, weil er gegen die Prämisse der Rechtlichkeit, die Achtung bzw. Selbstachtung des Menschen als Verantwortungssubjekt, verstoßen würde.

Der Begriff der Unveräußerlichkeit ist und bleibt für das Verständnis der Menschenrechte maßgebend. Er repräsentiert die Einsicht, dass die Menschenrechte, obwohl sie im Medium des positiven Rechts ihre präzise Gestalt und ihre institutionelle Durchschlagskraft gewinnen, doch auch über die Ebene des positiven Rechts hinausweisen. Sie machen zugleich einen ethischen Anspruch geltend, der zuletzt auf den gebotenen Respekt – und Selbstrespekt – gegenüber der Würde des Menschen als eines zur Selbst- und Mitverantwortung befähigten Subjekts basiert. Für den freiheitlichen Rechtsstaat bildet die Bindung an die Würde des Menschen und die in ihr gegründeten Freiheitsrechte das alles entscheidende Definitionsmerkmal.

II. Sicherheitspolitik im Dienst der Freiheit

Die Idee „unveräußerlicher", weil in der Würde des Menschen begründeter Freiheitsrechte ist keine bloße Utopie, sondern *Legitimationsprinzip des Rechtsstaats*.[10] Sie steht dem staatlichen Gewaltmonopol nicht nur als äußere Schranke gegenüber, sondern ist ihm gleichsam als Bedingung seiner Legitimität eingeschrieben. Wie die Freiheitsrechte auf die staatliche Durchsetzungsgewalt angewiesen sind, um konkrete Wirksamkeit zu erhalten, so gilt im Gegenzug, dass das staatliche Gewaltmonopol erst in der Bindung an die Freiheitsrechte rechtsstaatliche Qualität gewinnt.

---

8 Vgl. Willoweit (1992), S. 255-268.
9 Kant (1923), Über den Gemeinspruch: Das mag in der Theorie richtig sein, taugt aber nicht für die Praxis, AA, Bd. VIII, S. 304.
10 Sie steht übrigens nicht in Gegensatz zum Demokratieprinzip, sondern ist mit diesem gleichursprünglich verwoben. Dieser Zusammenhang kann hier nicht erläutert werden. Vgl. dazu Bielefeldt (1998), S. 102 ff.

Recht ist nach Kant per definitionem „mit der Befugnis zu zwingen verbunden".[11] Dies gilt auch für die Freiheitsrechte, die ebenfalls die Komponente staatlicher Durchsetzung benötigen. Freiheit ist in der Tat nur „lebbar" in einer staatlichen Friedensordnung, die, um sich Geltung zu verschaffen, notfalls auch Mittel des Zwangs androhen und einsetzen können muss. Deshalb stehen Freiheitsrechte und staatliche Sicherheitspolitik keineswegs in einem Verhältnis des abstrakten Antagonismus zueinander, wie dies gelegentlich unterstellt wird. Das Verhältnis beider lässt sich nicht als ein „Nullsummenspiel" beschreiben derart, dass Sicherheitsgewinne stets nur auf Kosten der Freiheit möglich wären und die Wahrung der Freiheitsrechte umgekehrt per se eine Behinderung für effektive Sicherheitspolitik darstellte. Dass ohne wirksame staatliche Sicherheitspolitik, die ihrerseits auf das Monopol legitimer Gewalt zurückgreifen kann, Freiheit allenfalls eine stets prekäre Freiheit des Starken bliebe, ist evident. „Ohne Sicherheit", schreibt schon Wilhelm von Humboldt, „vermag der Mensch weder seine Kräfte auszubilden, noch die Früchte derselben zu genießen; denn ohne Sicherheit ist keine Freiheit."[12]

Dass staatliche Sicherheitspolitik überhaupt erst die Realbedingungen lebbarer Freiheit schafft, darf nun allerdings nicht zum dem Missverständnis führen, der Staat sei gleichsam der souveräne „Schöpfer" der Freiheitsrechte, der, wenn es hart auf hart kommt, staatlichen Selbstbehauptungsinteressen Vorrang vor der Wahrung der Freiheitsrechte geben könne. Genau dies ist die Position Carl Schmitts, die jüngst von Otto Depenheuer aktualisiert worden ist.[13] Mit der Annahme eines systematischen Primats staatlicher Selbstbehauptung würden Freiheitsrechte zu vollends abhängigen Variablen staatlichen Ermessens geraten; sie würden allenfalls als Prämie erfolgreicher Sicherheitspolitik „gewährt", aber nicht in Anerkennung menschlicher Würde „gewährleistet"; und rechtsstaatliche Prinzipien kämen über den Status bloßen „rechtsstaatlichen Drapierungen der staatlichen Lebensform", wie Depenheuer es formuliert,[14] nie wirklich hinaus.

Staatlicher Zwang erhält seine Legitimität genau dadurch, dass er im Dienst der Freiheitsrechte steht und sich an diese bindet. Erst dadurch wird der staatlich angedrohte und eingesetzte Zwang zum eigentlichen Rechtszwang. Nur „als *Verhinderung* eines *Hindernisses der Freiheit*", so stellt Kant klar, ist die Anwendung bzw. die Androhung staatlichen Zwangs „mit der Freiheit nach allgemeinen Gesetzen zusammenstimmend, d.i. recht".[15] Mit anderen Worten: Das staatliche Gewaltmonopol hat seinen Sinn darin, das gesetzlose „Recht des Stärkeren" zu überwinden und durch eine Friedensordnung zu ersetzen, die auf der Anerkennung gleicher Freiheits-

---

11 Kant (1914), Die Metaphysik der Sitten, AA Bd. VI, S. 231 (im Original als Überschrift gesperrt gedruckt).
12 von Humboldt (1792), S. 51.
13 Vgl. Depenheuer (2007). Da die Rechtsstaatlichkeit bei Depenheuer einem inhaltlich unumschränkten Primat staatlicher Selbstbehauptung unterworfen ist, kann sie von vornherein keinerlei kritisch-kriteriologische Funktion entfalten.
14 So Depenheuer (2007), S. 7.
15 Kant (1914), Die Metaphysik der Sitten, AA Bd. VI, S. 231.

rechte für alle gegründet ist. Diese Schutzfunktion zugunsten des Rechts kann der Staat aber nur dann ausüben, wenn er sich auch selbst an die Freiheitsrechte der Menschen gebunden weiß. Die staatliche *Sicherung* der Freiheitsrechte gegen Gefährdungen durch Dritte, etwa durch den Terrorismus, ist nur möglich in der – über rechtliche Verfahren kontrollierbar ausgestalteten – *Achtung der Freiheitsrechte*, hinter der zuletzt der gebotene Respekt der Menschenwürde steht.

Für eine rechtsstaatliche Sicherheitspolitik stellen die Freiheitsrechte deshalb stets eine *Aufgabe* und *Vorgabe* zugleich dar. Der Rechtsstaat kann seine komplexe Aufgabe, Freiheit lebbar zu gestalten, nur wahrnehmen, wenn er die in der Würde des Menschen begründeten Freiheitsrechte gleichzeitig als eine unverfügbare Vorgabe respektiert. Da die Achtung jedes Menschen als Subjekt von Freiheitsrechten den Stellenwert einer *unhintergehbaren Prämisse* der Rechtsstaatlichkeit hat, kann sie auch in Krisenzeiten nicht ohne Schaden für das Selbstverständnis des Rechtsstaats und die Glaubwürdigkeit rechtsstaatlicher Sicherheitspolitik zur Disposition gestellt werden.

III. Grundrechtseingriffe und ihre absoluten und relativen Schranken

Die Unveräußerlichkeit der Freiheitsrechte besagt nicht, dass Freiheitsrechte keinerlei staatlichen Beschränkungen unterworfen werden könnten und dass alle Eingriffe per se illegitim seien. Nicht jeder Eingriff in menschenrechtlich geschützte Bereiche ist schon eine Menschenrechtsverletzung. Sicherheitspolitische Maßnahmen, die sich als „Verhinderung eines Hindernisses der Freiheit" verstehen, können unter Umständen durchaus gewisse Beschränkungen und konkrete Eingriffe in die Freiheitsrechte rechtfertigen. Entscheidend ist allerdings, dass für Beschränkungen bzw. Eingriffe wiederum verbindliche *Schranken* bestehen, die sich ihrerseits im Horizont von Würde und Freiheit begründen lassen. Damit der gleichermaßen triviale wie richtige Hinweis, dass die Freiheit angesichts der Kontingenz menschlicher Verhältnisse notwendig begrenzt werden muss, nicht zum faktischen Leerlaufen der Freiheitsrechte führt, bedarf es solcher „Schranken-Schranken".[16] Auch in dieser Struktur der doppelten Negation kommt der Freiheitsanspruch des Rechtsstaats zum Tragen.

Für einige Menschenrechtsnormen gilt, dass sie von vornherein keinerlei Einschränkungen bzw. Eingriffe erlauben. Paradigmatisch dafür steht das Folterverbot, dem in der Sicherheitspolitik neben seiner unerlässlichen praktischen Bedeutung zugleich eine hohe Symbolfunktion zukommt. Es ist selbst in Krisenzeiten allen legitimen Abwägungen entzogen. Die Folter lässt sich mit Jörg Splett als „Aufhebung der Willensfreiheit (auf physischem oder psychischem Weg) bei Erhaltung des Be-

---

16 Die Rede von den „Schranken-Schranken" der Grundrechte hat sich vom allem im Kontext der Europäischen Menschenrechtskonvention etabliert.

wusstseins" definieren.[17] Die Perfidie der Foltersituation besteht demnach darin, dass der Betroffene die Ausschaltung seiner Willensfreiheit bewusst erlebt und erleben *soll*. Er wird gleichsam Zeuge seiner eigenen Verdinglichung zu einem vollends manipulierbaren Bündel von Schmerz, Angst und Scham und soll genau daran zerbrechen. Weil die Folter insofern eine *unmittelbare und vollständige Negierung der Achtung der Menschenwürde* bedeutet, ist sie einer möglichen Rechtfertigung schlechthin unzugänglich. Dass das Folterverbot in allen einschlägigen internationalen und regionalen Menschenrechtskonventionen sowie im humanitären Völkerrecht als *absolutes* Verbot formuliert wird, ergibt sich insofern zwingend aus den Prämissen menschenrechtlichen und rechtsstaatlichen Denkens.[18]

Auch hinsichtlich anderer Menschenrechtsnormen gibt es *absolut geschützte Kernbereiche*. Dies hat das Bundesverfassungsgericht in seiner Entscheidung zum Großen Lauschangriff in Erinnerung gebracht. Zum Recht auf Unverletzlichkeit der Wohnung stellt das Gericht fest: „Die Privatwohnung ist als ‚letztes Refugium' Mittel zur Wahrung der Menschenwürde. Dies verlangt zwar nicht einen absoluten Schutz der Räume der Privatwohnung, wohl aber absoluten Schutz des Verhaltens in diesen Räumen, soweit es sich als individuelle Entfaltung im Kernbereich privater Lebensgestaltung darstellt."[19]

Die Würde des Menschen manifestiert sich allerdings nicht nur in absoluten Menschenrechtsnormen wie dem Folterverbot bzw. in bestimmten absolut geschützten menschenrechtlichen Kernbereichen. Wollte man die Wirkung der Menschenwürde auf solche absoluten Normen bzw. Normbereiche beschränken, dann käme sie lediglich in ihrer „negativen", d.h. Grenzen setzenden Funktion zum Tragen. Faktisch liefe das auf die Marginalisierung der Menschenwürde hinaus, der innerhalb der Rechtsordnung lediglich die Aufgabe zukäme, bestimmte unerlässliche menschenrechtliche „Bollwerke" wie das Folterverbot zu befestigen. Mit der umfassenden Bedeutung, die der Würde in Artikel 1 Absatz 1 Grundgesetz als der „Verpflichtung aller staatlichen Gewalt" zuerkannt wird, wäre ein solch enges Verständnis kaum vereinbar.

Die Würde des Menschen kommt vielmehr auch in jenen menschenrechtlichen Bereichen zur Geltung, die unter bestimmten Bedingungen Abwägungen zugänglich sind. Auch die Meinungsfreiheit etwa, obwohl nicht absolut geschützt, oder die informationelle Selbstbestimmung, die manchen Einschränkungen unterliegt, haben mit der Menschenwürde zu tun. Und auch wenn der Staat beispielsweise in unangemessener Weise in die Versammlungsfreiheit eingreift, also die innerhalb bestimmter Grenzen bestehenden Möglichkeiten für Beschränkungen oder Verbote von Demonstrationen exzessiv einsetzt, kann dies durchaus die Menschenwürde der Betroffenen missachten.

---

17 So Jörg Splett in einem unveröffentlichten Manuskript, zitiert bei Beestermöller (2006), S. 123.
18 Vgl. Bielefeldt (2007).
19 BVerfGE 109, 279 (313) („Großer Lauschangriff"), auch abrufbar unter www.bverfg.de, Az. 1 BvR 2378/98, Rn. 120f.

Um es positiv zu formulieren: Die Achtung der Menschenwürde kommt zum einen in der Substanz der menschenrechtlichen Gewährleistungen zum Ausdruck, zum anderen aber – und dies wird gelegentlich übersehen – auch *im Modus und in den Grenzen legitimer Abwägung.*[20] Die Menschenwürde bleibt also nicht auf abwägungsfeste „Kernbereiche" menschenrechtlicher Gewährleistungen beschränkt, sondern zeigt sich darüber hinaus im *sorgfältigen und prinzipiengeleiteten Umgang mit etwaigen Beschränkungen* menschenrechtlicher Freiheit jenseits solcher Kernbereiche: Beschränkungen müssen durch den Gesetzgeber klar erkennbar formuliert werden; sie müssen sich in einem vertretbaren Rahmen bewegen und in ihren Auswirkungen kontrollierbar bleiben; sie müssen argumentativ plausibel gemacht werden; und die Betroffenen müssen die Möglichkeit haben, sich gegen unangemessene Zumutungen wirksam zur Wehr zu setzen.

In dieser Aufzählung lassen sich unschwer die zentralen rechtsstaatlichen Prinzipien erkennen: Normenklarheit und Normenbestimmtheit, Gewaltenteilung und Gewaltenkontrolle, Verhältnismäßigkeit sowie Rechtsweggarantie. In Formulierung und Handhabung wirken diese Prinzipien oft sehr „technisch". Als scheinbar bloß „formale" Prinzipien geraten sie gegenüber den inhaltlich-substanziellen Freiheitsrechten leicht ins Hintertreffen. Deshalb ist die Klarstellung wichtig, dass sie ähnlich wie die inhaltlichen Freiheitsrechte *Ausdruck des Respekts der Menschenwürde* sind. Die Würde des Menschen als eines Verantwortungssubjekts findet eben auch darin ihre gebotene Anerkennung, dass dem Menschen die Schranken der Freiheit seitens des Gesetzgebers erklärt und transparent gemacht werden, damit er sich darauf einstellen und sich gegen unzumutbare Eingriffe wirksam wehren kann. Und zwar hat dies so zu geschehen, dass die Argumentationslasten nie auf Seiten der Freiheit, sondern stets auf Seiten der Einschränkungen liegen: Nicht die Freiheit bedarf der Rechtfertigung, sondern ihre Beschränkung bzw. konkrete Beeinträchtigung.[21]

In diesem Sinne lässt sich zum Beispiel das rechtsstaatliche Verhältnismäßigkeitsprinzip als eine Freiheitsverträglichkeitsprüfung und zugleich als ein Prinzip

---

20 Es ist ein gängiger Kurzschluss, aus der „Unantastbarkeit" der Menschenwürde zu folgern, dass diejenigen Rechtsnormen, die Ausdruck der Würde sind, deshalb ebenfalls unantastbar, d.h. keinen Abwägungen zugänglich sind. Innerhalb eines solchen Ansatzes fungiert die Menschenwürde lediglich zur Befestigung klar umrissener Kernbereiche, verliert damit aber ihre umfassende Funktion für die Begründung der Menschenrechte. Die Differenz zwischen „absoluten" menschenrechtlichen Normen bzw. Kernbereichen einerseits und den unter bestimmten Bedingungen möglicherweise abwägbaren menschenrechtlichen Gehalten andererseits muss ihrerseits von der Menschenwürde her plausibel gemacht werden. So sind beispielsweise Abwägungen innerhalb des Folterverbots insofern prinzipiell undenkbar, als sie dem Betroffenen gegenüber nicht einmal hypothetisch gerechtfertigt werden können, da der Betroffene ja als Subjekt und kommunikatives Gegenüber in der Folter völlig negiert wird.

21 Insofern behält die gelegentlich bespöttelte Formel „in dubio pro libertate" ihren Sinn. Vgl. die ironischen Bemerkungen von Isensee in ders. (1983), S. 1 u.ö. Es versteht sich von selbst, dass die Formel weiterer Präzisierung bedarf und auf komplexe Verhältnisse nicht in einem deduktiven Sinne schlichtweg „angewendet" werden kann. Als heuristisches Prinzip bleibt sie jedenfalls sinnvoll.

zur Verteilung von Argumentationslasten verstehen.[22] Es verlangt, dass etwaige Einschränkungen bzw. Eingriffe einem wichtigen und legitimen Zweck dienen sowie für die Erreichung dieses Zwecks geeignet, erforderlich und angemessen sind. Das Kriterium der „Geeignetheit" soll bloß symbolische legislative oder administrative Maßnahmen, die womöglich lediglich dazu dienen, politische Entschlossenheit zu demonstrieren, ausschließen. Das Kriterium der „Erforderlichkeit" verlangt die beständige Suche nach dem jeweils mildesten Eingriff zur Erreichung eines sicherheitspolitischen Ziels. Und schließlich beinhaltet das Kriterium der „Verhältnismäßigkeit im engeren Sinne" die Verpflichtung, die Tiefe und Streubreite eines Eingriffs in Freiheitsrechte in einem angemessenen Rahmen zu halten.

Es geht beim Verhältnismäßigkeitsprinzip also nicht etwa darum, eine diffuse „Mitte" zwischen zwei gleichrangigen Zielen – hier Freiheit, dort Sicherheit – zu finden, wie dies die allseits beliebte Metapher der zu wahrenden „Balance" zwischen Freiheit und Sicherheit fälschlich suggeriert. Vielmehr dient das Verhältnismäßigkeitsprinzip als Prüfstein dafür, dass die für das Selbstverständnis des freiheitlichen Rechtsstaats konstitutive *Orientierung am Respekt der Rechtssubjektivität des Menschen* auch in der Sicherheitspolitik nach Maßgabe des Möglichen maximal zur Geltung kommt.

Ähnlich gilt auch für die anderen rechtsstaatlichen Prinzipien (Normenklarheit, Normenbestimmtheit, Rechtsweggarantie usw.), dass sie die Funktion haben, etwaige Freiheitseinschränkungen transparent zu gestalten und in kontrollierbaren Grenzen zu halten. Sie stehen damit im Dienst menschenrechtlicher Freiheit, die eben nicht auf einige wenige abwägungsfeste Kernbereiche beschränkt bleibt, sondern immer möglichst umfassend zur Geltung kommen soll. In diesem rechtsstaatlich gesicherten Vorrang der Freiheit findet die Würde des Menschen als Verantwortungssubjekt ihre gebotene Anerkennung.

IV. Evaluierung von Sicherheitsgesetzen

Gesetzgebung und gerade auch Sicherheitsgesetzgebung findet vielfach unter Bedingungen gesteigerter Ungewissheit statt. Wirkungsweise, Folgen und Nebenwirkungen bestimmter technisch gestützter Sicherheitsmaßnahmen lassen sich nicht immer von vornherein präzise einschätzen. Daher stößt die Anwendung des Verhältnismäßigkeitsprinzips und anderer rechtsstaatlicher Prinzipien immer wieder auf Schwierigkeiten. Die Evaluierung von Sicherheitsgesetzen kann ein Weg sein, auf solche Schwierigkeiten zu reagieren; wie dies in den vergangenen Jahren wiederholt geschehen ist.

Dieser Weg ist nicht frei von Risiken. Die Gefahr lässt sich nicht von vornherein von der Hand weisen, dass der Hinweis auf eine spätere Evaluierung dazu missbraucht werden könnte, rechtsstaatlich problematische Regelungen vorzusehen und

---

22 Vgl. Groß (2002).

ggf. weit reichende Eingriffe in Freiheitsrechte mit dem Hinweis auf ihren provisorischen, konditionalen Status zu rechtfertigen. Die Evaluierung von Sicherheitsgesetzen darf jedoch kein Argument dafür sein, menschenrechtliche und rechtsstaatliche Prinzipien gleichsam unter – partiellen oder temporären – Vorbehalt zu stellen und einen Experimentierraum für die Schaffung menschenrechtswidriger und rechtsstaatswidriger Eingriffsnormen zu eröffnen.[23]

Die Evaluierung kann menschenrechtliche Gewährleistungen und rechtsstaatliche Grundsätze nicht unter Vorbehalt stellen. Vielmehr muss auch das Verfahren der Evaluierung an rechtsstaatlichen Prinzipien von Klarheit, Transparenz und Gewaltenteilung orientiert sein. Die Kriterien, nach denen sich Geeignetheit, Erforderlichkeit und Angemessenheit von Freiheitseingriffen in der Evaluierung bemessen lassen, sollten eindeutig und in nachvollziehbarer Weise definiert werden. Die Verantwortung für die Durchführung der Evaluierung darf der Gesetzgeber im Prinzip weder an die (womöglich interessierte) Verwaltung noch an die Wissenschaft abgeben, der lediglich eine unerlässliche subsidiäre Funktion zukommt.

Die wirksame Evaluierung von Sicherheitsgesetzgebung ist ein Thema, das über die unvermeidlichen und wichtigen technischen Aspekte hinaus zuletzt auch eine rechtsethische Dimension aufweist. Die Unveräußerlichkeit der in der Menschenwürde begründeten Freiheitsrechte verlangt, Einschränkungen und Eingriffe stets sorgfältig daraufhin zu überprüfen, ob sie sich im Rahmen menschenrechtlicher und rechtsstaatlicher Prinzipien bewegen. Die rechtsstaatliche Transparenz, die durch Evaluierung und andere Kontrollinstrumente bewirkt werden soll, steht dabei nicht nur *indirekt* im Dienste der Menschenwürde, insofern sie die menschenrechtlichen Gewährleistungen und rechtsstaatliche Prinzipien gegen Substanzverluste schützen kann. Sie stellt darüber hinaus auch eine *direkte* Form der Anerkennung der Menschenwürde dar, indem sie sich dem Anspruch stellt, gegenüber dem Menschen als dem Subjekt von Freiheitsrechten Einschränkungen und Eingriffe erläutern und rechtfertigen zu müssen.

V. *Literatur*

Beestermöller (2006), Folter – Daumenschrauben an der Würde des Menschen. Zur Ausnahmslosigkeit eines absoluten Verbotes, in: Beestermöller/Brunkhorst (Hrsg.), Rückkehr der Folter: der Rechtsstaat im Zwielicht?, München, S. 115 ff.
Bielefeldt (1998), Philosophie der Menschenrechte, Darmstadt
Bielefeldt (2003), Symbolic Representation in Kant's Practical Philosophy, Cambridge
Bielefeldt (2007), Menschenwürde und Folterverbot. Eine Auseinandersetzung mit den jüngsten Vorstößen zur Aufweichung des Folterverbots, Berlin

---

23 Vgl. Weinzierl (2006), S. 5.

Depenheuer (2007), Selbstbehauptung des Rechtsstaates, Paderborn

Groß (2002), Terrorbekämpfung und Grundrechte. Zur Operationalisierung des Verhältnismäßigkeitsgrundsatzes, Kritische Justiz 2002, 1 ff.

von Humboldt (1792), Ideen zu einem Versuch, die Grenzen der Wirksamkeit des Staates zu bestimmen, Nachdruck Aalen 1947

Isensee (1983), Das Grundrecht auf Sicherheit. Zu den Schutzpflichten des freiheitlichen Verfassungsstaates, Berlin

Kant (1781), Grundlegung zur Metaphysik der Sitten, 1. Aufl., Akademie-Ausgabe, Bd. IV, 1911, Berlin

Kant (1793), Die Metaphysik der Sitten, Akademie-Ausgabe, Bd. VI, 1914, Berlin

Kant (1793), Über den Gemeinspruch: Das mag in der Theorie richtig sein, taugt aber nicht für die Praxis, Akademie-Ausgabe, Bd. VIII, 1923, Berlin

Weinzierl (2006), Die Evaluierung von Sicherheitsgesetzen. Anregungen aus menschenrechtlicher Perspektive. Policy Paper Nr. 6 des Deutschen Instituts für Menschenrechte, Berlin

Willoweit (1992), Die Veräußerung der Freiheit. Über den Unterschied von Rechtsdenken und Menschenrechtsdenken, in: Bielefeldt (Hrsg.), Würde und Recht des Menschen. Festschrift für Johannes Schwartländer, Würzburg, S. 255 ff.

Funktionen, Entwicklungsstand und Probleme von Evaluationen im Sicherheitsrecht

Marion Albers

I.	Einleitung	25
II.	Funktionen von Evaluationen im „neuen" Sicherheitsrecht	26
	1. Sicherheitsrecht in Governance-Perspektiven	26
	2. Evaluationen als notwendiger Baustein lernenden Sicherheitsrechts	30
	a) Gewährleistung menschen- und verfassungsrechtlicher Anforderungen	30
	b) Wissensgenerierungsverfahren zugunsten der Parlamente	32
II.	Entwickungsstand sicherheitsrechtlicher Evaluationen	33
IV.	Probleme und Ausarbeitungsbedarf bei sicherheitsrechtlichen Evaluationen	39
	1. Ziele und Gegenstände	39
	2. Kriterien	41
	3. Verfahren	44
	4. Methoden	45
	5. Träger und Organisation	46
V.	Schluss	48
VI.	Literatur	49

I. Einleitung

Evaluationen sicherheitsbehördlicher Kompetenzen entwickeln sich zu einem zentralen Baustein des neuen Sicherheitsrechts. Die darauf gerichteten Forderungen bleiben allerdings meist vage.[1] Auch die gesetzlichen Vorschriften geben nur wenig her. Rückkoppelungen an bereits etablierte Verfahren der Gesetzesfolgenabschätzung[2] oder der Technikfolgenabschätzung[3] finden nicht statt. Der Regelungs- und

---

1   Zu den Forderungen z.B. Bizer (1998), S. 310; Trute (1999), S. 415 f.; Kastner (2001), S. 248, 257; Hoffmann-Riem (2002), S. 500; Schulze-Fielitz (2003), S. 37 f.
2   Zur Gesetzesfolgenabschätzung als interdisziplinär ausgelegte Verfahren zur Ermittlung und vergleichenden Bewertung der Folgen intendierter oder bereits in Kraft getretener Rechtsvorschriften und als „Schlüsselbegriff der Rechtsetzungswissenschaft" Böhret (1999), S. 51; Köck (2002), S. 2; Böhret/Konzendorf (2001), S. 1 f.; Brocker (1999), S. 35 ff. Zu anderen Ländern und zur europäischen Ebene Karpen (1999), S. 413 ff.; und die ländervergleichenden Beiträge in Karpen/Hof (2003), S. 85 ff. Zur Differenzierung der prospektiven, begleitenden und retrospektiven Gesetzesfolgenabschätzung Böhret/Konzendorf (2001), S. 2, 5 ff.

der Ausarbeitungsbedarf werden oft unterschätzt, während die Leistungskraft von Evaluationen überschätzt wird.

Der folgende Beitrag geht zunächst den Funktionen nach, die Evaluationen in einem Sicherheitsrecht erfüllen, dessen Grundstrukturen sich zunehmend verändern und das inzwischen eher unter Rückgriff auf Governance-Perspektiven als mit dem Modell des klassischen Rechtsstaats zu begreifen ist (Punkt II.). Ein Blick auf den Entwicklungsstand sicherheitsrechtlicher Evaluationen zeigt, dass sie sich trotz ihrer wichtigen Funktionen noch im Anfangsstadium der notwendigen Ausarbeitung befinden (Punkt III.). Im letzten Punkt werden Probleme und Ausarbeitungserfordernisse bei sicherheitsrechtlichen Evaluationen im Hinblick auf Ziele und Gegenstände, Kriterien, Verfahren, Methoden und Organisation erörtert (Punkt IV.).

II. Funktionen von Evaluationen im „neuen" Sicherheitsrecht

1. Sicherheitsrecht in Governance-Perspektiven

Das Sicherheitsrecht ist immer Kernelement des Rechtsstaates gewesen. Erstens zeichnet es den Rechtsstaat aus, dass er gerade auch im Bereich der Gefahrenabwehr oder der Strafverfolgung machtverteilenden und -begrenzenden Rechtsbindungen unterliegt, darüber hinaus fundamentale Standards nicht unterschreitet und zugleich individuelle Menschen- und Grundrechte ebenso wie Rechtsschutzmöglichkeiten anerkennt. Zweitens gehört es zu seinen zentralen Aufgaben, Schutz vor privaten Übergriffen im Verhältnis der Bürger untereinander zu gewährleisten. Zwischen dem Schutz vor staatlichen Eingriffen und dem Schutz vor privater Gewalt besteht kein eindimensionales „Spannungsverhältnis", das in eine Balance zu bringen wäre.[4] Ein solches Bild impliziert die unzutreffende Vorstellung, den Schutz vor der Gewalt Privater könne am besten ein rechtlich ungebundener, das Spektrum faktisch bestehender Möglichkeiten ausnutzender Staat gewährleisten. In einem angemessen komplex gedachten und erst damit auch traditionsgerechten Rechtsstaatsmodell stellt sich der Schutz vor staatlichen Eingriffen und der Schutz vor privater Gewalt jedoch als ein Korrelatsverhältnis dar.

Die Strukturen des klassischen Sicherheitsrechts sind erkennbar von dem Modell des liberalen Rechtsstaates geprägt. Zu den Kernelementen zählen die inhaltliche und organisatorische Unterscheidung zwischen Gefahrenabwehr, Strafverfolgung und Verfassungsschutz, die im jeweiligen Kontext näher präzisierten Einschreitschwellen der polizeirechtlichen Gefahr und des strafprozessualen Verdachts sowie die Differenzierung der Zugriffsmöglichkeiten auf Bürger und Bürgerinnen je nach

---

3   Zur Technikfolgenabschätzung Grunwald (2002), und die Beiträge in: Petermann/Coenen (1999) sowie in: Petermann (1991). Außerdem am Bsp. der Biometrie Petermann (2010).
4   Bielefeldt (2008), S. 10 ff., bes. S. 14.

Rolle und Nähe zum gefahren- oder verdachtsauslösenden Ereignis.[5] Seit gut zwei Jahrzehnten erfährt die Ausgestaltung des Sicherheitsrechts jedoch grundlegende Veränderungen. Zu den Hintergründen gehören neue gesellschaftliche Bedingungen: Kriminalität bewegt sich zunehmend in organisierten und internationalisierten Handlungs- und Kommunikationszusammenhängen, die schon wegen ihrer Komplexität, vor allem aber auch wegen der Verknüpfung legaler und illegaler Elemente schwer zu fassen sind.[6] Hinzu kommt der internationale Terrorismus, der aufgrund seiner Charakteristika – Gewalttaten mit Anschlagsqualität, Beliebigkeit des Opferkreises, partiell religiöse Fundierung – eine globale Herausforderung bedeutet.[7] Das „neue" Sicherheitsrecht setzt sich aus mehreren Bausteinen zusammen: Die Aufgaben und Befugnisse der Polizeien werden inhaltlich in das Vorfeld der traditionellen Gefahrenabwehr und Strafverfolgung ausgedehnt; sie umfassen zusätzlich das breite, schwer eingrenzbare Spektrum der Straftatenverhütung und der Verfolgungsvorsorge.[8] Organisatorisch wird die Polizei zunehmend zentralisiert; die Bundespolizeien werden mit neuen und erweiterten Kompetenzen ausgestattet sowie reorganisiert.[9] Parallel dazu werden die Aufgaben und Befugnisse der Nachrichtendienste inhaltlich ausgedehnt. Während ehemals die Berichtspflicht gegenüber den Regierungen im Vordergrund stand, erscheinen die Nachrichtendienste mittlerweile mehr und mehr als übergreifende Informationsdienste in einem sicherheitsbehördlichen Netzwerk.[10] Polizeien und Nachrichtendienste gleichen sich in ihren Kompetenzen teilweise einander an. Zugleich wird ihre Zusammenarbeit ausgebaut und vertieft.[11] Ein weiterer Baustein sind neuartige, sich ganz unterschiedlich gestaltende Formen der Mitwirkung Privater bei der Realisierung von Sicherheitsaufgaben. Das Auftreten privater Sicherheitsdienste ist hier ebenso markant wie die Verpflichtung der Telekommunikations- und Telemediendienstleister im Kontext der Vorratsdatenspeicherung[12] oder die – zumindest partiell mit Eigeninteressen einhergehende – Einbeziehung der Banken in die Bekämpfung der Terrorismusfinanzierung[13]. Das Gesamtbild wird ergänzt durch die sich beschleunigende Europäisierung und Internationalisierung des Sicherheitsrechts.[14] Das neue Bild ist das eines „operativintegrierten Eingriffsrechts von hoher Komplexität"[15], bei dem auch die parlamenta-

---

5 Albers (2001), S. 19 ff.; Bäuerle (2008), S. 15 f.
6 Albers (2001), S. 100 ff.
7 Dazu Wandscher (2006), S. 90 ff.; Middel (2007), S. 46 ff.
8 Albers (2001), S. 116 ff.
9 Näher Möllers/van Ooyen (2008).
10 Dazu Roggan (2006), S. 411 ff.; Zöller (2007), S. 763 ff.
11 Dazu Ziercke (2003), S. 14 ff.; Nehm (2004), S. 3292 ff.; Baumann (2005), S. 798 ff.; Roggan/Bergemann (2007), S. 876 ff.
12 Näher und differenziert Graulich (2008).
13 Ausführlicher Schily (2003); van Aaken (2004); Gille (2004); Al-Jumaili (2008); Ohler (2008). Übergreifend die Beiträge in Giraldo/Trinkunas (2007).
14 S. z.B. die Informationen unter http://ec.europa.eu/justice_home/fsj. Ansonsten dazu etwa Baldus (2001); Hecker (2001), S. 828 ff.; Aden/Busch (2006), S. 511 ff.; die Beiträge in Möllers/van Ooyen (2006); Mokros (2007) sowie Knelangen (2008).
15 Bäuerle (2008), S. 19.

rische Steuerung und Kontrolle sicherheitsbehördlichen Handelns mittels gesetzlicher Vorgaben deutlich reduziert ist.

Vor allem die Erweiterungen der Kompetenzen und der Zusammenarbeit von Polizeien und Nachrichtendiensten werden unter dem Stichwort „Neue Sicherheitsarchitektur" äußerst kontrovers diskutiert. Meist liefert das Modell des tradiert-bewährten Rechtsstaates dabei die Diskussions- und Beurteilungsgrundlage. Die jüngeren Entwicklungen können aber besser analysiert und besser beurteilt werden, wenn man Perspektiven nutzt, wie sie bisher vor allem allgemein-verwaltungswissenschaftlich und ansonsten in einigen Spezialfeldern ausgearbeitet worden sind, nämlich Governance-Perspektiven. Deren Einsatz bedeutet nicht, dass rechtsstaatliche Ideale aufzugeben wären. Sie zeigen im Gegenteil, dass man die rechtsstaatlichen Problemlösungsmuster unter veränderten Rahmenbedingungen oder bei verändertem Blickwinkel angemessen weiterentwickeln muss oder funktionale Äquivalente braucht. Es wäre auch verfehlt, die Entwicklung des Sicherheitsrechts ausschließlich als rechtsstaatlichen Verfall wahrzunehmen.[16]

Governance-Perspektiven lösen die kontinentaleuropäischen Staatsvorstellungen und akteurs- oder steuerungsorientierte Denkansätze durch multidisziplinär angelegte Beobachtungs- und Beschreibungsmuster ab, bei denen problem- oder aufgabenbezogene institutionalisierte Handlungs- und Kommunikationsnetzwerke („institutionellen Arrangements") im Mittelpunkt stehen.[17] In diesem Rahmen ist das Recht ein Teilsystem mit Eigenrationalitäten und einer eigenen Wirklichkeitskonstruktion. Die Aufmerksamkeit der Governance-Ansätze richtet sich dann unter anderem auf die Internationalisierung und auf die Pluralisierung der Rechtsetzung und Rechtsumsetzung, auf die Mitwirkung nichtstaatlicher Akteure, auf neue Formen des Rechts und das Ineinandergreifen unterschiedlicher Regelungsmechanismen, auf netzwerkartige Zusammenhänge statt hierarchischer Organisationsmuster, auf das Zusammenspiel mehrerer Beteiligter statt einer Steuerung durch eine Instanz an der Spitze und auf die Bedeutung der Wissensgenerierung in diesem Zusammenspiel und bei der Problemlösung.[18] Governance-Perspektiven werden im Polizei- und Sicherheitsrecht bisher kaum herangezogen.[19] Mit Blick auf die Internationalisierung und Europäisierung des Sicherheitsrechts, die Einbeziehung Privater in die Erfüllung von Si-

---

16 Vgl. dazu Bäuerle (2008), S. 17, mit dem Hinweis, dass die ursprüngliche Struktur des Polizeirechts ihre Überschaubarkeit nicht nur ihrer liberalen Tradition, sondern auch rechtsstaatlichen „Leerstellen" verdankte, wie sie etwa hinsichtlich des Umgangs mit personenbezogenen Daten und Informationen bestanden. Diese Erkenntnis trägt freilich nicht die unzutreffende umgekehrte Behauptung, das Polizeirecht habe sich strukturell überhaupt nicht geändert; so aber Möstl (2008), S. 240 ff.
17 Prägnant dazu Trute/Kühlers/Pilniok (2008), S. 175 ff. Übergreifend außerdem Schuppert (2008), S. 100 ff. Kritisch, aber die Grundideen des Governance-Ansatzes nicht treffend Engi (2008), bes. S. 580 ff.
18 Näher Trute/Denkhaus/Kühlers (2004), S. 452 ff.; Franzius (2006), S. 187 ff.; Mayntz (2008), S. 45 ff.; Schuppert (2007), S. 464 ff.; Schuppert (2008a), S. 19 ff.
19 Zu Governance-Perspektiven zur Beschreibung neuer Formen der Außen- und Sicherheitspolitik Daase/Engert (2008), S. 475 ff.

cherheitsaufgaben oder die veränderten Beziehungen zwischen Behörden untereinander oder gegenüber dem Parlament können sie jedoch ebenso weiterführende Einsichten liefern wie der Sicherheitsbereich umgekehrt Beispiele für spezifische Governance-Ausprägungen hergibt.

Im hier interessierenden Kontext sind die Erkenntnisse zur Bedeutung der Wissensgenerierung hilfreich. Wenn das Rechtssystem als ein gesellschaftliches Teilsystem zu begreifen ist, das normative Standards setzt und deren Verwirklichung anstrebt, dann ist es bei zunehmender Eigen- und Umweltkomplexität darauf angewiesen, seine Realitätskonstruktionen und seine eigenen Auswirkungen zu beobachten und zu überprüfen. Insofern müssen im Rechtssystem neuartige Komponenten verankert werden, die seine Beobachtungsfähigkeiten steigern und es lernfähig machen.[20] Auf einer übergreifenden Ebene betrifft dies sämtliche Beteiligte, und demzufolge etwa die Behörden, Gerichte oder sonst relevante Gremien ebenso wie die Legislative. Im Verhältnis zwischen den staatlichen Akteuren lässt sich dies mit Blick auf den Gesetzgeber aber auch noch einmal anders akzentuieren. Die besondere Rolle des spezifisch legitimierten Parlaments ergibt sich nicht mehr auf der Basis eines hierarchischen Modells gleichsam von selbst in Gestalt einer übergeordneten Steuerungsinstanz. Sie wird im Gegenteil durch transnationale Kontexte sowie durch die zunehmende Eigenständigkeit der Verwaltungs-, hier auch der Sicherheitsbehörden, relativiert. Die Behörden realisieren die Gesetze auf der Basis ihrer Problembeschreibungen, ihrer Norm- und Situationsinterpretationen und ihrer Handlungspraxis. Mit dieser Umsetzung prägen sie die Gesetzesrealität: „Rechtsetzung ist aus der Perspektive des Gesetzgebers damit ein Entwurf, dessen Realisierung immer auch nichtintendierte Effekte ebenso unterstellen muss wie die Veränderung des Entwurfs durch die Praxis seiner Realisierung."[21] Deshalb braucht das Parlament institutionalisierte Beobachtungs- und Wissensgenerierungsformen, ohne die es seine besondere Rolle, die ihm auch in neu zu definierenden Arrangements zukommt, nicht angemessen ausfüllen könnte.

Evaluationen sind die Antwort sowohl hinsichtlich der übergreifenden Ebene der im Rechtssystem notwendigen Vergewisserung über Realitätskonstruktionen als auch im Hinblick auf die Gewährleistung der Rolle des Parlaments. Gerade auch die sicherheitsrechtliche Gesetzgebung ist aufgrund der gesellschaftlichen und der sicherheitspolitischen Veränderungen mehr als früher durch Ungewissheiten gekennzeichnet: Die zugrunde gelegten Tatsachen, die Prognosen zur Realitätsentwicklung und die Wirkungen von Gesetzen im Hinblick auf Ziele, Nebeneffekte und Folgewirkungen sind für den Gesetzgeber selbst typischerweise relativ ungewiss.[22] Evaluationen können „die Wirklichkeit" im Rechtssystem nicht widerspiegeln, aber sie

---

20 Dass soziale Systeme „lernen", ist weitgehend anerkannt, ohne dass die Forschung hierzu ausgereift wäre. Zum Verhältnis zwischen gesellschaftlichem Lernen und Recht sowie zum „lernenden Recht" Ladeur (1995); Roßnagel (1997), S. 122 ff. Zur „lernenden Politik" Malek/Hilkermeier (2003), S. 78 ff.
21 Trute/Kühlers/Pilniok (2008), S. 185.
22 Vgl. Albers (2001), S. 256 ff.

können Wirklichkeitskonstruktionen besser absichern und die Lernfähigkeit steigern. Dadurch sichern sie die Funktionen des Rechts selbst. Als Rückkoppelung der Praxiserfahrungen an den Gesetzgeber stärken sie im Übrigen dessen Rolle. Sie verbessern zum einen dessen Wissensbasis. Zum anderen machen sie die Informations- und Rechtfertigungspflichten der Sicherheitsbehörden deutlich.

2. Evaluationen als notwendiger Baustein lernenden Sicherheitsrechts

a) Gewährleistung menschen- und verfassungsrechtlicher Anforderungen

Menschen- und Grundrechte sowie weitere verfassungsrechtliche Vorgaben, insbesondere zur machtbalancierenden Kompetenzverteilung und zur staatlichen Organisation, haben im Sicherheitsrecht immer eine zentrale Rolle gespielt. Traditionell standen die grundrechtlichen Funktionen der individuellen Abwehr sicherheitsbehördlicher Eingriffe oder auch des staatlichen Schutzes vor privater Gewalt sowie die Bestimmtheit polizei- oder strafgesetzlicher Regelungen im Mittelpunkt. Vor dem Hintergrund gesellschaftlichen Wandels entwickelt sich die Verfassung aber ihrerseits weiter und stellt neue Anforderungen.

Die schrittweise Herauskristallisierung von Evaluierungspflichten in der Rechtsprechung der Verfassungsgerichte zeichnet die Verfassung als Produkt und als Faktor lernenden Rechts aus. Angesichts der Konstellationen gesteigerter Ungewissheit, die das Sicherheitsrecht zunehmend kennzeichnen, wird die Bindung des Gesetzgebers an die Verfassung im ersten Schritt dynamisiert: Ein Gesetz kann nach gegenwärtigem Erkenntnisstand verfassungsmäßig sein, aber durch einen verbesserten oder durch neue Entwicklungen veränderten künftigen Erkenntnisstand verfassungswidrig werden.[23] Im zweiten Schritt wird der Gesetzgeber verpflichtet zu beobachten, ob die zugrunde gelegten Tatsachen und Prognosen tatsächlich zutreffend sind, und das Gesetz gegebenenfalls zu korrigieren.[24] Ihm obliegt somit eine Beobachtungspflicht, die mit der Nachbesserungspflicht rechtlich verbunden ist, ihr vorhergeht und sie sowie die dahinter liegende permanente Verfassungsbindung erst effektiviert.[25] Kommt der Gesetzgeber seinen Beobachtungs- und Nachbesserungs-

---

23 Ausführlicher dazu Mayer (1996), S. 101 ff. m.w.N.
24 Da die Pflichten zur Beobachtung und Nachbesserung sowie zur Befristung und Evaluation gesetzlicher Ermächtigungen eine rechtliche Reaktion auf Ungewissheiten sind, bedeuten sie nicht, dass der Gesetzgeber sich durch deren Verankerung zusätzliche Eingriffsspielräume verschaffen könnte, die ihm eigentlich nicht zustünden. Vgl. auch Weinzierl (2005), S. 98. Ebenso – zum Experimentiergesetz – Hoffmann-Riem (1993), S. 64 ff.; Schulze-Fielitz, (1994), S. 161.
25 BVerfG, Beschluss vom 08.08.1978, BVerfGE 49, 89 (130 ff.); Beschluss vom 14.01.1981, BVerfGE 56, 54 (78 ff.); Urteil vom 28.05.1993, BVerfGE 88, 203 (309 ff.); Beschluss vom 08.04.1997, BVerfGE 95, 267 (313 ff.); Beschluss vom 18.02.1998, BVerfGE 97, 271 (292 f.). Vgl. auch – jeweils zu neuen Befugnissen in den Landespolizeigesetzen – Verfassungsge-

pflichten gar nicht oder nur unzureichend nach, sind Eingriffsermächtigungen, hinsichtlich derer Realitätsannahmen oder Wirkungsprognosen in gesteigerter Weise ungewiss sind, verfassungswidrig. Denn erst die begleitenden Beobachtungs- und Nachbesserungspflichten und die entsprechende gesetzliche Institutionalisierung von Evaluations- und Informationsverfahren rechtfertigen es, die jeweiligen Eingriffsbefugnisse als (nach gegenwärtigem Erkenntnisstand) verfassungsmäßig zu beurteilen. Die zu institutionalisierenden Wissensgenerierungs- und Lernprozesse sind ein notwendiges Gegenstück der gesetzgeberischen Kompetenz zur Einführung neuer Eingriffsermächtigungen trotz bestehender Ungewissheit über Sachlagen und Regelungsfolgen.

Evaluationspflichten zielen somit aus verfassungsrechtlicher Perspektive darauf, zunächst und vor allem der Gesetzgebung, aber auch anderen beteiligten Akteuren, unter anderem den Sicherheitsbehörden selbst, Wissen über grundrechtsrelevante Gesichtspunkte der Umsetzung sicherheitsgesetzlicher Ermächtigungen in der Praxis zu vermitteln. Mit Blick auf gesteigerter Ungewissheitslagen sollen sie Aufschluss darüber geben, ob bestimmte tatsächliche Gegebenheiten und Entwicklungen den Einschätzungen und Prognosen entsprechen, die der Gesetzgeber zum Zeitpunkt der Entscheidung über das Gesetz zugrunde gelegt hat[26], und welche Wirkungen die gewählten gesetzlichen Regelungen mit ihren jeweiligen Tatbestandsmerkmalen in bestimmten Dimensionen entfalten.

In inhaltlicher Hinsicht können sich Evaluationspflichten dabei aus der Perspektive mehrerer Grundrechte, hier sowohl aus Freiheitsrechten als auch aus dem Gleichheitssatz[27], und aus der Perspektive sonstiger verfassungsrechtlicher Vorgaben, etwa aus dem Bestimmtheitsgebot[28], ergeben. Im Spektrum gesetzlicher Vorschriften betreffen sie keineswegs nur die Erhebungsbefugnisse und Ermittlungsmethoden. Sie erstrecken sich beispielsweise auf Speicher-, Nutzungs- oder Übermittlungsbefugnisse, organisatorische oder technische Schutzvorkehrungen oder die Kenntnisrechte Betroffener. So können sich Evaluationserfordernisse hinsichtlich der Beurteilung der Eignung, Erforderlichkeit oder Verhältnismäßigkeit vorgesehener Ermittlungsmethoden, hinsichtlich der Wirksamkeit des Richtervorbehalts, hinsichtlich der Funktionsfähigkeit von Kennzeichnungspflichten im Verarbeitungsablauf oder hinsichtlich des Umgangs mit den Kenntnisrechten Betroffener ergeben. Häufig wird es

---

richtshof des Freistaates Sachsen, Urteil vom 14.05.1996, Vf. 44-II-94, S. 57 f., 78, abrufbar unter www.verfassungsgerichtshof.sachsen.de: „Insoweit entspricht der Experimentierpflicht eine Evaluationspflicht, die eine Nachbesserung erforderlich machen kann."; Verfassungsgericht des Landes Mecklenburg-Vorpommern, Urteil vom 21.10.1999, LVerfG 2/98, DVBl 2000, 262 (267): „... einem experimentierenden Charakter aber entspricht eine begleitende Beobachtung."

26 BVerfG, Urteil vom 03.04.2001, BVerfGE 103, 242 (267 ff.); Urteil vom 16.03.2004, BVerfGE 110, 141 (158).
27 BVerfG, Urteil vom 16.03.2004, BVerfGE 110, 141 (166, 169). Vgl. zum Gleichheitssatz als Anknüpfungspunkt einer Beobachtungs- und Nachbesserungspflicht auch BVerfG, Urteil vom 03.04.2001, BVerfGE 103, 242 (263 ff., 267 ff.).
28 BVerfG, Urteil vom 12.04.2005, BVerfGE 112, 304 (316 f.).

auch darum gehen, ob die Auslegung und Anwendung vager Tatbestandsmerkmale in der Praxis in Einklang mit dem gesetzgeberischen Gesamtkonzept erfolgt oder ob sie sich bei Ermittlungsermächtigungen zu extensiv und bei der Kenntnisgewähr zu restriktiv gestaltet.[29]

Aus den Funktionen verfassungsgebotener Evaluationen ergeben sich zudem Anforderungen an die Gestaltung der Träger, der Verfahren und der Methoden der Evaluation. Die Gestaltung der Träger muss gewährleisten, dass die Evaluation in allen relevanten Hinsichten sach- und beurteilungskompetent, im Gesamtergebnis nicht interessengeleitet und hinreichend wissenschaftlich abgesichert erfolgt. Die Gestaltung des Verfahrens und der Methoden muss gewährleisten, dass das für die Evaluation benötigte Material auf den verschiedenen Ebenen und in den verschiedenen Phasen, in denen die zu evaluierenden Maßnahmen und dann die Evaluation selbst durchgeführt werden, in wissenschaftlich und methodisch valider Weise erfasst, verarbeitet und ausgewertet wird. Im Ergebnis muss der Gesetzgeber zu einem angemessenen Zeitpunkt sachgerechte, also hinreichend umfangreiche, qualitativ richtige und sinnvoll aufbereitete Informationen über die tatsächlichen Sachverhalte und Entwicklungen sowie über die relevanten Wirkungen der zu evaluierenden Ermächtigungen erhalten.[30]

Beobachtungs- und Nachbesserungspflichten und die damit verbundenen Evaluationspflichten dienen somit als ein neuartiges Element der Wahrung der Menschen- und Grundrechte. Zugleich dienen sie der Gewährleistung der Rolle der Parlamente.

b) Wissensgenerierungsverfahren zugunsten der Parlamente

Auch unabhängig von den verfassungsrechtlichen Vorgaben zählt es zu den Funktionen von Evaluationen, Praxiserfahrungen mit gesetzlichen Bestimmungen an die Gesetzgebung rückzuvermitteln und als Wissensgenerierungsverfahren die Rolle des Parlaments zu stärken. Eine solche Institutionalisierung von Evaluationen und der entsprechenden Pflichten der Behörden steht den Parlamenten im Rahmen der verfassungsrechtlichen Kompetenzverteilung zu.

Die Funktion der Unterstützung der Rolle und der Leistungskraft der Parlamente wird im Zusammenhang mit anderweitigen Gesetzesfolgenabschätzungen und mit Technikfolgenabschätzungen ebenfalls herausgestellt.[31] Hier wie dort geht es aber keineswegs um bloße Effektivitätskonzepte, wie sie sich unter den Stichworten „rationale Gesetzgebung" und „moderne Verwaltung" damit beschäftigen, ob, in welchem Grad und mit welchen Kosten/Nutzen-Relationen Gesetzgebung und Verwal-

---

29 Ausführlicher mit Rechtsprechungsnachweisen Albers (2006).
30 Ausführlicher insgesamt Albers (2008), S. 484 ff.
31 Zu den Hintergründen der Institutionalisierung von Gesetzesfolgenabschätzungen gehören Debatten um die Rolle und Leistungskraft des Parlaments und die verstärkt finale Programmierung in Gesetzen, vgl. Hellstern/Wollmann (1980), S. 549; König (1986), S. 96 f.; Steinberg (1976), S. 185, bes. 201 ff.

tung die intendierten Ziele erreichen.[32] Evaluationen zielen darauf, der Gesetzgebung das für eine angemessene Erfüllung der gesetzgeberischen Kompetenzen notwendige Wissen zu vermitteln, und sind entsprechend vielschichtig. Im Sicherheitsbereich drehen sie sich insbesondere um die Folgen, die neue Ermächtigungen für die Menschen- und Grundrechte haben.

Evaluationen sicherheitsrechtlicher Kompetenzen liegen also im ureigenen Interesse der Parlamente. Dementsprechend werden sie mit einer sich verstärkenden Aufmerksamkeit als notwendiges und nützliches Instrumentarium wahrgenommen. Das wird allerdings dadurch überlagert, dass sich die Interessen auf Seiten der Regierungsfraktionen anders gestalten können als auf Seiten der Oppositionsfraktionen.

III. Entwicklungsstand sicherheitsrechtlicher Evaluationen

Bisher werden Evaluationen im Sicherheitsbereich recht uneinheitlich eingesetzt. Denn vielfach hängt die Frage, ob und welche sicherheitsbehördlichen Befugnisse evaluiert werden, nicht vorrangig von verfassungsrechtlichen Anforderungen und gesteigertem Ungewissheiten über Eignung sowie beeinträchtigende Folgen, sondern primär von politischen Konstellationen und Diskussionsverläufen ab. Gegenstand von Evaluationen waren oder sind etwa die Telefonüberwachung, die Schleierfahndung als großflächige, verdachtslose Überwachung, die Videoüberwachung öffentlicher Räume, die Rasterfahndung oder der verdeckte Eingriff in informationstechnische Systeme („Online-Durchsuchung").[33] In der Regel wird eine retrospektive Gesetzesfolgenabschätzung in Form der Untersuchung einer neu eingeführten Befugnis in den ersten fünf Jahren ihres Einsatzes gewählt.

Die Entwicklung sicherheitsrechtlicher Evaluationen kann man gut anhand dreier Beispiele beschreiben. Das erste Beispiel ist die Wohnraumüberwachung, die nach heftigen politischen Kontroversen im Jahre 1998 in Form von Änderungen sowohl des Grundgesetzes als auch der Strafprozessordnung eingeführt worden ist. Das zweite Beispiel ist das ebenfalls nach heftigen Auseinandersetzungen beschlossene Gesetz zur Bekämpfung des internationalen Terrorismus aus dem Jahre 2002, das Anfang 2007 durch das Terrorismusbekämpfungsergänzungsgesetz modifiziert worden ist.[34] Das dritte Beispiel ist das Ende 2008 verkündete Gesetz zur Abwehr von

---

32 Dazu etwa Wollmann (2002), S. 418 ff.
33 Eine der bisher umfangreichsten Evaluationen ist die vom BMJ in Auftrag gegebene Studie des Max-Planck-Instituts für ausländisches und internationales Strafrecht zur Telekommunikationsüberwachung, Albrecht/Dorsch/Krüpe (2003). S. dazu auch die kritischen Anmerkungen von Bizer (2003), S. 280, bes. 290 ff.
34 Gesetz zur Bekämpfung des internationalen Terrorismus (Terrorismusbekämpfungsgesetz) vom 9. Januar 2002, BGBl I 2002, S. 361; Gesetz zur Ergänzung des Terrorismusbekämpfungsgesetzes (Terrorismusbekämpfungsergänzungsgesetz) vom 5. Januar 2007, BGBl I 2007, S. 2.

Gefahren des internationalen Terrorismus durch das Bundeskriminalamt.[35] In allen Fällen gehörte die Institutionalisierung begleitender Evaluations- und Berichtspflichten zum politischen Kompromiss.

Für die Wohnraumüberwachung sieht Art. 13 Abs. 6 GG vor, dass die Bundesregierung den Deutschen Bundestag jährlich über den Einsatz technischer Mittel zur Wohnraumüberwachung unter anderem zu Zwecken der Strafverfolgung unterrichtet. § 100e StPO a.F. hat diese Berichtspflicht zunächst dahin präzisiert, dass die Bundesregierung den Bundestag auf der Grundlage von Ländermitteilungen über Anlass, Umfang, Dauer, Ergebnis und Kosten der Maßnahmen sowie über die Handhabung der Benachrichtigung an die Betroffenen zu unterrichten hat. Auf dieser Grundlage hat die Bundesregierung entsprechende jährliche Unterrichtungen an den Bundestag geliefert.[36] Gleichzeitig mit den Grundgesetz- und Gesetzesänderungen hat der Bundestag beschlossen, dass die Bundesregierung unabhängig von der jährlichen Berichtspflicht nach knapp vier Jahren einen detaillierten Erfahrungsbericht zu den Wirkungen der Wohnungsüberwachung vorlegen soll. Dieser Bericht sollte eine Gesetzesfolgenabschätzung mit einer verfassungsrechtlichen und kriminalpolitischen Würdigung einschließen. Die Wirkungen der bis dahin durchgeführten Überwachungsmaßnahmen sollten insbesondere darauf überprüft werden, welche Erfolge sie bei der Bekämpfung der organisierten Kriminalität erbracht hätten und inwieweit dabei Grundrechte und Zeugnisverweigerungsrechte eingeschränkt worden sind.[37]

Der entsprechende Erfahrungsbericht der Bundesregierung[38] ist sehr aufschlussreich, denn er zählt die Schwierigkeiten der Evaluation auf. Für die Länderberichte, auf denen die Unterrichtungen der Bundesregierung wesentlich beruhen, würden nach dem von der Justizministerkonferenz gebilligten bundeseinheitlichen Erhebungsraster nur knappe Informationen zu Anlass, Umfang, Dauer, Ergebnis und Kosten der Überwachungsmaßnahmen sowie über die erfolgte Benachrichtigung der Beteiligten erfragt. Auf dieser Grundlage würden aber, so die Kritik in dem Erfahrungsbericht, vorwiegend statistische Aussagen über die Wohnraumüberwachungsmaßnahmen produziert. Zum Beispiel seien Aussagen zu den zufällig von den Maßnahmen Mitbetroffenen nicht möglich, weil Betroffene nur im Rahmen der Benachrichtigungspflichten erfasst würden und zufällig Betroffene in der Regel nicht zu benachrichtigen seien. Daher ist die Aussagekraft der Berichte mehrfach vom par-

---

35 Gesetz zur Abwehr von Gefahren des internationalen Terrorismus durch das Bundeskriminalamt vom 25. Dezember 2008, BGBl I 2008, S. 3083.
36 S. die Berichte der Bundesregierung gemäß Art. 13 Abs. 6 Satz 1 GG: BTDrucks. 14/2452, BTDrucks. 14/3998, BTDrucks. 14/6778, BTDrucks. 14/9860, BTDrucks. 15/1504, BTDrucks. 15/3699, BTDrucks. 15/5971, BTDrucks. 16/3068, BTDrucks. 16/6363, BTDrucks. 16/10300.
37 Beschluss des Bundestages vom 16. Januar 1998, Plenarprotokoll 13/214; BTDrucks. 13/9662.
38 Unterrichtung durch die Bundesregierung: Erfahrungsbericht der Bundesregierung zu den Wirkungen der Wohnungsüberwachung durch Einsatz technischer Mittel (Art. 13 Abs. 3 bis 5 GG, § 100c bis f StPO), BTDrucks. 14/8155.

lamentarischen Kontrollgremium beanstandet worden. Mitte 2001 hat das Bundesjustizministerium dann die Landesjustizverwaltungen gebeten, möglichst umfassend über die Erfahrungen zu berichten, die mit den Überwachungsmaßnahmen in rechtlicher und tatsächlicher Hinsicht gemacht wurden. Als Gesichtspunkte gesondert hervorgehoben wurden dabei unter anderem die Beweismittel, die den Tatverdacht begründet haben, die Eingriffsintensität der konkreten Überwachungsmaßnahme, die Gewährleistung der beruflichen und persönlichen Zeugnisverweigerungsrechte, die Anwendung der Subsidiaritätsklauseln, die Handhabung der Benachrichtigungspflichten, die Relevanz der durch die Überwachung erzielten Ergebnisse für einen möglichen Tatnachweis, die Relevanz für die Bekämpfung der Organisierten Kriminalität und der mögliche Änderungsbedarf bei den Vorschriften. Die Evaluationskriterien wurden also enorm erweitert. Aufgelistet werden insbesondere auch Kriterien, die sich empirisch nicht so leicht erfassen lassen und für die ein standardisierter knapper Formularfragebogen nicht genügt. Der Erfahrungsbericht kommt zu dem Schluss, dass eine verlässliche Bewertung der akustischen Wohnraumüberwachung als Instrument zur Bekämpfung schwerer Kriminalität aufgrund der vorhandenen Länderberichte nicht möglich ist.

Dieser Bericht hat dazu geführt, dass die Erhebungsbögen geändert wurden und seitdem zum Beispiel die Art des überwachten Raums als Kriterium für die Eingriffsintensität miterfassen. Die jährlichen Unterrichtungen ab 2002 sind zwar nicht wesentlich erweitert worden, aber immerhin um Verbesserungen bemüht.[39]

§ 100e StPO ist dann mit dem neuen Gesetz zur Umsetzung des Urteils des Bundesverfassungsgerichts vom 3. März 2004 (akustische Wohnraumüberwachung) aus dem Juni 2005 wesentlich präzisiert worden. Die neue Regelung „ersetzt die bisher in § 100e Abs. 1 Satz 1 genannten wenig differenzierenden Kriterien und soll eine aussagefähige Fassung der Berichte gewährleisten und damit eine verantwortungsvolle Wahrnehmung der gesetzgeberischen Beobachtungspflicht ermöglichen."[40] § 100e Abs. 1 StPO sieht ein mehrfach gestuftes jährliches Berichtsverfahren von den Staatsanwaltschaften über die Länder über die Bundesregierung an den Bundestag vor. § 100e Abs. 2 StPO zählt die Angaben, die in den Berichten vorhanden sein müssen, im Einzelnen auf. Allerdings handelt es sich um ein im Wesentlichen quantifizierendes Konzept, das in einigen Punkten hinter den im Erfahrungsbericht genannten Kriterien zurückbleibt.[41] Grundlegend geändert haben sich die neuen jährli-

---

39 Vgl. die Berichte der Bundesregierung gemäß Art. 13 Abs. 6 Satz 1 Grundgesetz für die Jahre 2002 bis 2004, BTDrucks. 15/1504; 15/3699, 15/5971, jeweils mit Hinweisen auf die Erweiterungen der Erhebungsbögen.
40 So die Begründung des Entwurfs eines Gesetzes zur Umsetzung des Urteils des Bundesverfassungsgerichts vom 3. März 2004 (akustische Wohnraumüberwachung) zu § 100e StPO, BTDrucks. 15/4533, S. 13.
41 Die Liste der Kriterien hat sich an der Qualifizierung der Daten orientiert, die im Rahmen des MPI-Gutachtens zur Praxis und Effizienz der akustischen Wohnraumüberwachung erhoben wurden, so die Begründung des Entwurfs eines Gesetzes zur Umsetzung des Urteils des Bundesverfassungsgerichts vom 3. März 2004 (akustische Wohnraumüberwachung) zu § 100e StPO, BTDrucks. 15/4533, S. 19.

chen Unterrichtungen nicht.[42] Dementsprechend ist es bislang bei einer begrenzten Aussagekraft der Evaluationen und ihrer Ergebnisse geblieben.

Mit dem Gesetz zur Bekämpfung des internationalen Terrorismus (TBG) erhielten die Nachrichtendienste unter anderem Ermächtigungen zur Einholung von Auskünften über Verbindungs- und Nutzungsdaten von Telekommunikations- und Teledienstteilnehmern[43] oder zu Konten und Konteninhabern sowie zu Geldbewegungen und Geldanlagen[44]. Auch bei diesem Gesetz gehörte es zum politischen Kompromiss, die neuen Ermächtigungen mit Evaluationspflichten zu begleiten.

Art. 22 Abs. 2 TBG sah eine fünfjährige Befristung der wesentlichen neuen sicherheitsbehördlichen Ermächtigungen, Art. 22 Abs. 3 TBG deren Evaluation vor Ablauf der Befristung vor. Hierzu war in den jeweiligen Sicherheitsgesetzen ein inhaltlich und zeitlich gestuftes Verfahren vorgesehen. Das zuständige Ministerium bzw. der Chef des Bundeskanzleramtes waren verpflichtet, das Parlamentarische Kontrollgremium[45] im Abstand von höchstens sechs Monaten über die Realisierung der neuen Befugnisse zu unterrichten, hier insbesondere einen Überblick über Anlass, Umfang, Dauer, Ergebnis und Kosten der durchgeführten Maßnahmen zu geben.[46] Das Parlamentarische Kontrollgremium musste dann seinerseits dem Deutschen Bundestag einen Bericht über die Durchführung sowie über Art, Umfang und Anordnungsgründe der Maßnahmen liefern, und zwar zum einen jährlich, zum anderen nach Ablauf von drei Jahren zusammenfassend zum Zwecke der Evaluierung.[47] In der Folgezeit hat das Parlamentarische Kontrollgremium vier jährliche Unterrichtungen und den zusammenfassenden Bericht zum Zwecke der Evaluierung vorgelegt.[48] Zusätzlich hat die Bundesregierung einen Evaluationsbericht verfasst.[49]

---

42 Siehe die Berichte der Bundesregierung gemäß Art. 13 Abs. 6 Satz 1 Grundgesetz für die Jahre 2005 bis 2007, BTDrucks. 16/3068, 16/3068, 16/6363 und 16/10300.
43 §§ 8 Abs. 8 BVerfSchG, 10 Abs. 3 MADG, 8 Abs. 3a BNDG, jeweils i.d.F. des TBG.
44 §§ 8 Abs. 5 BVerfSchG, 2 Abs. 1a BNDG, jeweils i.d.F. des TBG.
45 Das Parlamentarische Kontrollgremium ist die aus gewählten Abgeordneten bestehende Kontrollinstanz des Parlaments gegenüber der Bundesregierung hinsichtlich der Tätigkeit des Bundesamtes für Verfassungsschutz, des Militärischen Abschirmdienstes und des Bundesnachrichtendienstes, vgl. § 1 Abs. 1 des Gesetzes über die parlamentarische Kontrolle nachrichtendienstlicher Tätigkeit des Bundes (PKGrG). Die näheren Kontrollbefugnisse des Gremiums werden in den einzelnen Gesetzen (G 10, BVerfSchG, MADG, BNDG) geregelt.
46 §§ 8 Abs. 10 S. 1 BVerfSchG, 10 Abs. 3 S. 6 MADG i.V.m. 8 Abs. 10 S. 1 BVerfSchG, 8 Abs. 3a S. 6 BNDG i.V.m. 8 Abs. 10 S. 1 BVerfSchG, jeweils i.d.F. des TBG.
47 §§ 8 Abs. 10 S. 2 BVerfSchG, 10 Abs. 3 S. 6 MADG i.V.m. 8 Abs. 10 S. 2 BVerfSchG, 8 Abs. 3a S. 6 BNDG i.V.m. 8 Abs. 10 S. 2 BVerfSchG, jeweils i.d.F. des TBG.
48 Siehe die Unterrichtungen durch das Parlamentarische Kontrollgremium (PKGr), BTDrucks. 15/981, BTDrucks. 15/3391, BTDrucks. 16/2550, BTDrucks. 16/5982, BTDrucks. 16/11560, und die Unterrichtung durch das Parlamentarische Kontrollgremium (PKGr), BTDrucks. 15/5506.
49 Bericht der Bundesregierung zu den Auswirkungen der nach Art. 22 Abs. 2 des Terrorismusbekämpfungsgesetzes befristeten Änderungen des Bundesverfassungsschutzgesetzes, des MAD-Gesetzes, des BND-Gesetzes, des Artikel 10-Gesetzes, des Sicherheitsüberprüfungsgesetzes und des § 7 Abs. 2 des BKA-Gesetzes, Innenausschussdrucks. 15(4) 218.

Kriterien, Verfahren, Methoden und Organisation der Evaluation sind allerdings vage geblieben. Die jährlichen Unterrichtungen des Parlamentarischen Kontrollgremiums sind – selbst bei Berücksichtigung der Geheimhaltungserfordernisse[50] – inhaltlich eher dürftig. Etwas mehr gibt der zusammenfassende Bericht zum Zwecke der Evaluierung her. Der zusätzliche Evaluationsbericht der Bundesregierung ist ebenfalls etwas ausführlicher gehalten. Der deutliche Schwerpunkt liegt hier allerdings darauf, die Häufigkeit des Einsatzes einer Befugnis zu beschreiben und beispielhaft darzulegen, inwiefern mit den neuen Befugnissen relevante Informationen gewonnen werden konnten. Dagegen wird die Betroffenheit von Bürgern in Grundrechten vor allem quantitativ mit der Zahl derer erfasst, auf die sich ein Auskunftsersuchen richtete. Zumindest an einigen Stellen setzt sich der Evaluierungsbericht der Bundesregierung aber auch damit auseinander, wie bestimmte Tatbestandsmerkmale der Ermächtigungen in der Praxis ausgelegt und angewendet werden, z.B. was als „schwerwiegende Gefahr" für die in den Aufgaben genannten Schutzgüter eingestuft wird und ein Auskunftsersuchen über Konten und Geldbewegungen bei Banken auslöst.[51] Insgesamt ist er allerdings alsbald mehrfach als unzureichend kritisiert worden.[52] Die Bundesregierung hat jedoch erklärt, sie sehe zu einer Ergänzung keinen Anlass.[53]

Nach Ablauf der Befristung sind die Befugnisse des TBG durch diejenigen des Terrorismusbekämpfungsergänzungsgesetzes abgelöst worden. Voraussetzungen und Verfahren der Auskunftsbefugnisse sind nunmehr eingriffsintensitätsbezogen abgestuft; außerdem hat man die Auskunftsbefugnisse des Bundesnachrichtendienstes und des Militärischen Abschirmdienstes im Wesentlichen denjenigen des Bundesamtes für Verfassungsschutz angeglichen. Aus Sicht des Gesetzgebers werden damit die Erkenntnisse aus der Evaluierung des Terrorismusbekämpfungsgesetzes umgesetzt.[54] Die Kritik an der vorherigen Evaluation ist trotzdem nicht ganz folgenlos geblieben. Die Regelungen sind erneut auf fünf Jahre befristet worden und nach Art. 11 TBEG vor Ablauf der Befristung „unter Einbeziehung eines wissenschaftlichen Sachverständigen, der im Einvernehmen mit dem Deutschen Bundestag bestellt wird", zu evaluieren. Die erneute Evaluation wird damit nunmehr zumindest wissenschaftlich begleitet.

Das Gesetz zur Abwehr von Gefahren des internationalen Terrorismus durch das Bundeskriminalamt, das Ende 2008 in Kraft getreten ist, enthält in Art. 6 eine Eva-

---

50 §§ 8 Abs. 10 BVerfSchG, 10 Abs. 3 S. 6 MADG, 8 Abs. 3a S. 6 BNDG, jeweils i.d.F. des TBG, i.V.m. den Geheimhaltungspflichten nach dem PKGrG.
51 Bericht der Bundesregierung (Fußn. 49), S. 9 f., 12, 15.
52 Vgl. den Antrag mehrerer Abgeordneter und der Fraktion der FDP, Evaluierung des Terrorismusbekämpfungsgesetzes präziser gestalten, BTDrucks. 16/2671, sowie den Antrag mehrerer Abgeordneter und der Fraktion Bündnis 90/Die Grünen, Bessere Evaluierung der Anti-Terror-Gesetze, BTDrucks. 16/2072. Außerdem Gusy (2006), S. 147 ff.
53 Antwort der Bundesregierung auf die Kleine Anfrage der Abgeordneten Ulla Jelpke u.a., BTDrucks. 16/2285.
54 S. die Begründung des Gesetzes zur Ergänzung des Terrorismusbekämpfungsgesetzes, BTDrucks 16/2921, S. 12.

luationsklausel. In den Ausgangsentwürfen war sie noch nicht vorgesehen.[55] Sie ist erst im Laufe der Abschlussberatungen des federführenden Innenausschusses aufgenommen worden. Dessen Bericht hebt zum einen das Ziel der vorgesehenen Evaluierung hervor: Überprüft werden sollten die Auswirkungen der Teile der Novellierung, zu denen bisher mangels Regelungsvorbildern oder zumindest mangels Regelungsvorbildern in Bundesgesetzen keine Erfahrungswerte vorlägen.[56] Die Evaluierungsgegenstände werden vor diesem Hintergrund begrenzt: Sie umfassen (nur) die dem Bundeskriminalamt neu zugestandenen Befugnisse zur Rasterfahndung und zum verdeckten Eingriff in informationstechnische Systeme („Online-Durchsuchung"). Darüber hinaus erstrecken sie sich auf das „Funktionieren der Zusammenarbeit von Bund und Ländern".[57] Damit lässt sich festhalten, dass die Gegenstände der Evaluierung erstens deutlicher als bislang focussiert werden, und zwar orientiert an den Evaluationszielen. Zweitens betreffen sie nicht allein neue Eingriffsermächtigungen, sondern auch anderweitige Bestimmungen, hier zur Kompetenzverteilung und zur behördlichen Zusammenarbeit, im Hinblick auf deren Funktionieren ein besonderer Untersuchungs- und Wissensbedarf besteht. Wie Art. 11 TBEG sieht Art. 6 des Gesetzes zur Abwehr von Gefahren des internationalen Terrorismus außerdem die Einbeziehung eines wissenschaftlichen Sachverständigen vor, der im Einvernehmen mit dem Deutschen Bundestag bestellt wird. Im Übrigen enthält er zu den näheren Kriterien, den Verfahren, den Methoden oder der Organisation der Evaluation jedoch keinerlei Vorgaben.

Die Beispiele zeigen, dass sich sicherheitsrechtliche Evaluationen zwar im Fluss, aber insgesamt noch im Anfangsstadium ihrer Entwicklung befinden. Mit Blick auf die gegenwärtige Praxis und die allenfalls begrenzt überzeugenden bisherigen Ergebnisse werden sie oft als „Feigenblatt" bezeichnet.[58] Im Grundsatz haben die Parlamente jedoch gesteigerte Interessen an einer verbesserten Wissensbasis. Daher wäre es vorschnell, Evaluationen als rein symbolische Politik einzustufen.[59] Es kommt vielmehr darauf an, die zentralen Probleme, weitere Ausarbeitungserfordernisse und passende Lösungen herauszukristallisieren. Erst dann lassen sich auch Leistungsmöglichkeiten und Leistungsgrenzen richtig einschätzen.

---

55 S. den Gesetzentwurf der Fraktionen des CDU/CSU und SPD, BTDrucks. 16/9588, und den Gesetzentwurf der Bundesregierung, BTDrucks 16/10121.
56 Beschlussempfehlung und Bericht des Innenausschusses, BTDrucks 16/10822, S. 8.
57 Beschlussempfehlung und Bericht des Innenausschusses, BTDrucks 16/10822, S. 8, in Erläuterung der Evaluationsregelung.
58 Kritisch zur Evaluation des Terrorismusbekämpfungsgesetzes Roggan/Bergemann (2007), S. 879. Vgl. auch Weinzierl (2005), S. 93 f.
59 Zum Begriff der „symbolischen Politik" grundlegend Edelmann (2005). S. außerdem Meyer (1992). Zur Übertragung auf Recht und Gesetzgebung Voß (1989); Lübbe-Wolff (2000), S. 25 ff.; Newig (2003).

IV. Probleme und Ausarbeitungsbedarf bei sicherheitsrechtlichen Evaluationen

Grundlagen und Funktionen sicherheitsrechtlicher Evaluationen sind bisher nur begrenzt geklärt. Für Gegenstände, Kriterien, Verfahren, Methoden, Organisation und Träger gilt noch weitergehend, dass es an einer systematischen Thematisierung und Analyse ebenso fehlt wie an stimmigen Gesamtkonzepten.[60]

Man bewegt sich allerdings nicht in einem vollständig neuen Feld. Vielmehr kann man auf Erfahrungen mit der Gesetzesfolgenabschätzung und mit der Technikfolgenabschätzung zurückgreifen, die im Rahmen allgemeiner Forschungen oder bei speziellen Projekten im Kontext von Planungs-, Leistungs- oder Experimentiergesetzen oder im Kontext neuer Techniken gesammelt worden sind.[61] Daraus ergeben sich eine Reihe nützlicher Erkenntnisse, selbst wenn die einschlägigen Erfahrungen nicht einfach übertragen werden können, sondern transformiert und auf den sicherheitsrechtlichen Kontext zugeschnitten werden müssen.

1. Ziele und Gegenstände

Ziele und Gegenstände sicherheitsrechtlicher Evaluationen werden gegenwärtig meist unzureichend ausgearbeitet. Das spiegelt sich zum einen darin wider, dass Evaluierungen unsystematisch und uneinheitlich erfolgen. Diese Selektivität ist mit Blick auf den Grad der öffentlichen Aufmerksamkeit oder als Ergebnis der Auseinandersetzungen zwischen Regierung und Opposition, nicht zuletzt aber auch mit Unklarheiten über Funktionen und Einsatzfelder von Evaluationen erklärbar. Sie ist besonders problematisch, wenn Verfassungsgebote zu kurz kommen.

Zum anderen erstrecken sich gesetzlich verankerte Berichts- und Evaluierungspflichten meist pauschal auf sämtliche Komponenten der Durchführung neuer sicherheitsrechtlicher Regelungen. Ein solch umfassendes Ziel und ein so breit gefasster Gegenstand mögen sogar einen adäquaten Eindruck vom Umfang des Informations- und Wissensbedarfs im parlamentarischen Kontext vermitteln. Sie wirken jedoch kontraproduktiv. In Kombination mit der defizitären Ausarbeitung der Kriterien, Organisation und Verfahren der Evaluation führen sie in der Praxis zu den selektiven, im Wesentlichen auf statistische Datensammlungen hinauslaufenden Ergebnissen, die in den Evaluationsberichten nachzulesen sind. Der weit reichende Anspruch ist nämlich nicht realisierbar.

---

60 Vgl. auch Gusy (2006), S. 144 ff.
61 Zum heterogenen Bild der Gesetzesfolgenabschätzung Schulze-Fielitz (1988), S. 511 ff.; Höland (1994), S. 373 f.; Hellstern/Wollmann (1980), S. 554 ff. Zu Beispielen Smeddinck (2002), S. 295 ff.; Roßnagel (1999), S. 1591 ff. Zur Evaluation unter dem Stichwort „Wettbewerb der Rechtssysteme" im internationalen oder europäischen Kontext Vogel (2004), S. 489 ff.

Wirft man einen vergleichenden Blick auf die Gesetzes- und die Technikfolgenabschätzung, war der Anspruch an die Möglichkeiten einer Folgenabschätzung in deren Anfängen ähnlich. Insbesondere in der Technikfolgenabschätzung erschien ein Vollständigkeitsanspruch zwingend: Würden Technikfolgen nur unvollständig analysiert, könnten die unbekannt bleibenden Auswirkungen gerade die Probleme verursachen, zu deren Vermeidung die Folgenabschätzung beitragen soll. Daher richteten sich die Ziele anfangs darauf, das Spektrum der zu identifizierenden, abzuschätzenden und zu bewertenden Auswirkungen einer Techniknutzung umfassend zu erfassen. Dies schloss die nicht beabsichtigten Nebenwirkungen, die kumulativen und synergetischen Effekte, die Wirkungen komplementärer Techniken oder die Rückwirkungen gesellschaftlicher Entwicklungen ein. Die Probleme, zu denen ein so umfassender Anspruch führt, wurden schnell deutlich: Die Praxis der Technikfolgenabschätzung hatte mit enormen Theorie- und Methodenproblemen zu kämpfen. Die Idee, dass empirische Untersuchungen die Realität widerspiegelten, ist ebenso verfehlt wie die Vorstellung, dass man sämtliche Folgen, Nebenfolgen oder Folgefolgen einer neuen Technik aufzeigen und analysieren könnte; Folgenbetrachtungen sind stets mit Selektionen und Abbrüchen verbunden.[62] Mittlerweile ist sowohl in der Technikfolgenabschätzung als auch in der allgemeinen Gesetzesfolgenabschätzung klar, dass die Untersuchungsgegenstände, Parameter, Folgendimensionen und Handlungsoptionen über Relevanz- und Auswahlentscheidungen ein- und abgegrenzt werden müssen.[63] Der Vollständigkeitsanspruch ist abgelöst worden durch Anforderungen an die Legitimität, an die Problemlösungskapazität, an die Ergebnisoffenheit, an die Transparenz und an die transsubjektive Nachvollziehbarkeit dieser Entscheidungen.[64]

In Abgrenzung zum Pauschalverweis auf den gesamten Komplex neu eingeführter Ermächtigungen sollten sich sicherheitsrechtliche Evaluationen daher nicht auf eine umfassende Gesetzesfolgenabschätzung richten. Sie müssen sich auf verfassungsrechtlich relevante und weiter ausgewählte Punkte konzentrieren, bei denen die Wissensbasis hinsichtlich der tatsächlichen Grundlagen oder der Wirkungen einer Regelung wegen gesteigerter Ungewissheiten verbessert werden muss. Der Gesetzgeber hat hier Beurteilungsspielräume, da er entscheiden muss, was er näher wissen will.[65] Ein Beispiel für einen differenzierten Zugriff hinsichtlich der Evaluationsgegenstände bietet nunmehr Art. 6 des Gesetzes zur Abwehr von Gefahren des interna-

---

62 Grunwald (2002), S. 72; Gethmann/Grunwald (1996), S. 20; Paschen (1999), S. 82.
63 Hellstern/Wollmann (1980), S. 552 f.; Grunwald (2002), S. 72, 165 ff.; Grunwald (2002a), S. 24 ff.
64 Zur Konzeption der Technikfolgenabschätzung als ein „strategisches Rahmenkonzept" mit dem Anspruch, bestimmte Qualitätsanforderungen sicherzustellen Paschen/Petermann (1991); Gethmann/Grunwald (1996), S. 14 f.
65 Das geht in der Rechtsprechung des BVerfG zu Beobachtungs- und Nachbesserungspflichten etwas unter, weil das BVerfG dazu seinerseits noch kein systematisches Konzept hat. Auch scheint es die Forderung nach Evaluationen gelegentlich zu nutzen, um inhaltlichen Entscheidungen auszuweichen und den Ball an die Gesetzgebung zurückzuspielen.

tionalen Terrorismus.[66] Mit der Auswahl der Evaluationsgegenstände wird der weitere Ausarbeitungsbedarf deutlich: Man muss die Evaluationskriterien präzisieren, sich mit den methodischen Möglichkeiten auseinandersetzen sowie das Verfahren, Träger und Organisation gestalten.

2. Kriterien

Während mit den Evaluationsgegenständen der zu evaluierende Bereich abgesteckt wird, beschreiben die Evaluierungskriterien die Aspekte, im Hinblick auf die evaluiert wird. Die gegenwärtigen Regelungen geben hinsichtlich der Kriterien bestenfalls vor, dass über Anlass, Umfang, Dauer, Ergebnis und Kosten der durchgeführten Maßnahmen und über die Benachrichtigung Betroffener zu berichten ist.[67] Bei derart vage gefassten und rein quantitativ angelegten Gesichtspunkten fühlt man sich an die Anfänge der Gesetzesfolgenabschätzung erinnert. Das Ergebnis ist vorhersehbar: Statt einer gehaltvollen Evaluation entsteht lediglich statistisches Datenmaterial.

Demgegenüber müssen die Evaluierungskriterien auf verschiedenen Konkretionsebenen in Rückkoppelung zu den Problemen ausgearbeitet werden, die sich im Anwendungsbereich der zu evaluierenden Normen stellen. Dies erfordert erhebliche interdisziplinäre Qualifikationen. Man ist auf eine gründliche rechtswissenschaftliche Normbereichsanalyse ebenso angewiesen wie auf die empirische Kompetenz, die Aufschluss darüber gibt, welche Aspekte sich mit welchen Methoden sachgerecht empirisch erforschen lassen. Juristen betrachten dies gern in Form einer Hierarchie: Auf einer vorgeschalteten Stufe werden mit Blick auf die Normen die jeweils aufgeworfenen Fragen präzisiert, und auf einer nachgeschalteten Stufe sorgt die Empirie für validierte Antworten. Es handelt sich aus verschiedenen Gründen jedoch eher um ein wechselseitiges und verflochtenes als um ein hierarchisches Verhältnis. Das gilt unter anderem deshalb, weil Evaluationen die Umsetzungspraxis aufzeigen, die den Normbereich mitprägt, weil empirische Ergebnisse zu neuen normativen Fragen führen können oder weil man bei den zu evaluierenden normativen Fragen die empirischen Möglichkeiten mitbedenken muss.

Anhand häufiger diskutierter Aspekte lässt sich einerseits aufzeigen, welche Kriterien relevant sein können, und andererseits verdeutlichen, wie anforderungsreich Evaluationen nach Maßgabe dieser Kriterien sind. Besonders oft wird in Frage gestellt, ob neue sicherheitsbehördliche Instrumente mit dem Übermaßverbot vereinbar sind. Unter dem Aspekt der Geeignetheit einer sicherheitsbehördlichen Befugnis lässt sich evaluieren, ob und inwieweit ihr Einsatz in der Praxis überhaupt zu ermittlungsrelevanten Ergebnissen führt. Dabei ist zu berücksichtigen, dass nicht nur Er-

---

66 Dazu oben Punkt III.
67 S. als Beispiel § 23c Abs. 8 ZFG, bei dem diese Konkretisierung der Anforderungen an die Berichtspflicht erst auf Vorschlag des Rechtsausschusses erfolgte, vgl. die Beschlussempfehlung und den Bericht des Rechtsausschusses, BTDrucks. 15/4416, S. 11, 22.

gebnisse, die in Strafverfahren oder sonstige Maßnahmen münden, sondern auch Ergebnisse, die zur Einstellung der Ermittlungen in der Sache oder gegen die überwachte Person führen, als Informationen für die Sicherheitsbehörden relevant sind. Die empirische Konkretisierung der „Ermittlungsrelevanz" ist nicht einfach und beeinflusst die Evaluationsergebnisse. Unter dem Aspekt der Geeignetheit können sich auch konkrete Fragen stellen, z.B. ob sich eine neue technische Überwachungsmöglichkeit als ungeeignet erweist, weil die „Zielpersonen" ihre Kommunikationen selbst mit neuen (Stör-, Verschlüsselungs- oder Anonymisierungs)Techniken zu schützen verstehen.[68] Die Eignung der Videoüberwachung eines öffentlichen Platzes zur Verringerung des Kriminalitätsaufkommens lässt sich nicht beurteilen, wenn nicht auch die nahe liegenden Effekte der bloßen Verdrängung der Kriminalität auf andere Plätze mituntersucht werden.[69] Bereits die Untersuchung der Eignung kann somit aufwändig und anspruchsvoll sein.

Die Erforderlichkeit einer neuen sicherheitsbehördlichen Befugnis wird häufig mit dem Argument bezweifelt, es gebe schon genügend Eingriffskompetenzen, die erst einmal auszuschöpfen seien. Eine Evaluation anhand des Erforderlichkeitskriteriums verlangt somit den Blick auf Alternativen. Danach wäre zu prüfen, wie sich Alternativen entwickeln und ob sie sich von einem bestimmten Zeitpunkt an als vorzugswürdig erweisen; in rechtlicher Hinsicht wären die jeweils beeinträchtigenden Wirkungen (unter Umständen: hypothetisch) zu erfassen und zu vergleichen. Gegebenfalls ist eine komplementäre Befugnis mitzuuntersuchen.[70] Wie schwierig dies ist, ist bereits im Kontext der Technikfolgenabschätzung deutlich geworden, von der des öfteren die Analyse alternativer Szenarien erwartet wird.

Die Verhältnismäßigkeit eines sicherheitsbehördlichen Instruments ist in den öffentlichen Diskussionen ebenfalls ein zentraler Punkt. Sie wird mit Hilfe einer Abwägung des Nutzens, der für die zu schützenden öffentlichen und privaten Interessen erreicht wird, mit den Beeinträchtigungen auf Seiten betroffener Grundrechtsträger beurteilt. Das ist breit und vage gefasst, und deswegen wird bereits aus Perspektive der juristischen Methodik kritisiert, dass bei der Abwägung erstens wenig geklärt ist, welche Folgen aus der Vielzahl der von einer Ermächtigung und ihrer Umsetzung ausgelösten Wirkungen eigentlich rechtlich relevant und zu berücksichtigen sind, und dass es zweitens regelmäßig an empirischen Belegen darüber fehlt, welche Folgen mit welcher Intensität tatsächlich eintreten. Das Bundesverfassungsgericht hält es auf Seiten der betroffenen Grundrechtsträger für maßgeblich, wie viele Personen

---

68 Dieser Aspekt ist in der Entscheidung des Bundesverfassungsgerichts zur strategischen Telekommunikationsüberwachung durch den Bundesnachrichtendienst thematisiert worden, BVerfG, Urteil vom 14.07.1999, BVerfGE 100, 313 (374 f.). Das BVerfG hat den Kontrollgremien auferlegt, mit Blick auf die Verschlüsselungsmöglichkeiten auf die Eignung der Maßnahmen zu achten. Vgl. auch BVerfG, Urteil vom 27.02.2008, 1 BvR 370/07 u. 595/07, www.bverfg.de, Rn. 222.
69 Ausf. zur Evaluation der Videoüberwachung öffentlicher Plätze Boers (2004); Füth (2010).
70 Unter dem Gesichtspunkt der Erforderlichkeit hat das BVerfG beispielsweise die Stichprobenerhebung als ein im Vergleich zur Totalerhebung weniger beeinträchtigendes Mittel thematisiert, BVerfG, Urteil vom 15.12.1983, BVerfGE 65, 1 (55 ff.).

in welcher Rolle welchen wie intensiven Rechtsbeeinträchtigungen ausgesetzt sind. Es berücksichtigt hier neben unmittelbaren Nachteilen für die geschützten Rechtsgüter auch übergreifende Aspekte wie die Anpassung grundrechtlich geschützter Verhaltensweisen oder Kommunikationen („chilling effect").[71] Selbst wenn man die rechtsrelevanten Folgen in juristisch begründeter Weise eingrenzt, ist die transsubjektiv nachvollziehbare Ermittlung der positiven und negativen Folgen einer neuen sicherheitsrechtlichen Ermächtigung und ihrer Anwendung empirisch allerdings mehr oder weniger kompliziert. Unter dem Aspekt der Verhältnismäßigkeit kann die Streubreite einer Ermittlungsmethode bedeutsam sein, also die Frage, wie viele (von Vornherein) unbeteiligte Dritter wie häufig vom Einsatz einer Methode betroffen sind. Dies lässt sich noch recht gut ermitteln. Weiter kann zu untersuchen sein, in welcher Breite und Vielfalt bestimmte sicherheitsbehördliche Befugnisse Informationen über eine Person vermitteln, wie tiefgreifend sie die Privatsphäre betreffen, indem etwa persönlichkeitsnahe und typischerweise nicht nach außen getragene Informationsgehalte über Personen bekannt werden, und ob die Gefahr von Persönlichkeitsprofilen entsteht. Die Untersuchung solcher Fragen ist empirisch bereits diffiziler. Mehr noch gilt dies für übergreifende Verhaltens- oder Kommunikationsanpassungen und Einschüchterungseffekte, die einer freien Gesellschaft abträglich sind. Die Beurteilung wird weiter erschwert durch das aus der Gesetzes- und aus der Technikfolgenabschätzung bekannte Problem, dass häufig kaum feststellbar ist, in welchem Maße empirisch nachgewiesene soziale Veränderungen auf die untersuchte rechtliche Regelung oder auf andere Ursachen zurückzuführen sind.[72] Vor allem mittel- oder langfristige Auswirkungen, Nebenwirkungen oder Folgewirkungen lassen sich schwer ab- und einschätzen.[73] Das gilt umso mehr, als sich der jeweilige soziale Kontext seinerseits weiter- oder im Falle eines realisierten Gesetzes mitentwickelt.[74]

Das Übermaßverbot ist nicht der einzige Maßstab, aus dem Kriterien für notwendige Evaluationen zu entwickeln sind. Immer wichtiger wird etwa die Frage, ob organisations-, verfahrens- und technikbezogene Schutzvorkehrungen die ihnen zugewiesenen Funktionen angemessen erfüllen. Das betrifft zum Beispiel den Richtervorbehalt, dem Objektivierungs-, Kontroll- und Schutzfunktionen zugeschrieben werden. Hierzu ist bereits des Öfteren festgestellt worden, dass die Praxis dies unter den gegebenen Bedingungen nicht einlösen kann und nicht einlöst.[75] Andere Beispiele wären die organisatorische und technische Realisierbarkeit der rechtlich zentralen Zweckbindung und der Kennzeichnungspflicht, die technische Abschottbarkeit von Datenbeständen, die in einer einheitlichen Datenbank getrennt zu führen sind,

---

71 Z. B. BVerfG, Urteil vom 14.07.1999, BVerfGE 100, 313 (359, 381).
72 Maiwald (1993), S. 132.
73 Vgl. Köck (2002), S. 10; König (1986), S. 106. Für die Technikfolgenabschätzung näher Grunwald (1994), S. 62 ff.
74 Höland (1989), S. 210 ff. Für die Technikfolgenabschätzung vgl. Petermann (1999), S. 154 ff.
75 Dazu, jeweils mit Hinweisen auf Defizite, Albrecht/Dorsch/Krüpe (2003), S. 261 ff.; Backes/Gusy (2003).

oder die Verwirklichung differenzierter Zugriffsberechtigungen. Soweit die Eingriffsbreite oder -intensität von Ermittlungsmethoden durch gesetzliche Maßgaben für nachfolgende Verarbeitungsschritte abgeschwächt werden sollen, könnten sich Evaluationen darauf richten, ob diese Regelungen so wirken, wie es der Gesetzgeber bei der Gestaltung seines gesamten Schutzkonzepts zugrunde gelegt hat. Dies betrifft zum Beispiel die Handhabung von Verwertungsverboten oder von Prüf- und Löschungspflichten. Bei Benachrichtigungspflichten kann sich die Frage stellen, ob die tatbestandskonstituierenden und -begrenzenden Merkmale der gesetzlichen Regelung grundrechtsgerecht ausgelegt werden, also ob etwa alle zu benachrichtigenden Personen tatsächlich benachrichtigt werden oder ob die sachlichen, zeitlichen oder personellen Einschränkungsgründe zu extensiv interpretiert werden.[76] Ebenso wie die aus dem Übermaßverbot herzuleitenden Kriterien verweisen auch die hinsichtlich der weiteren Punkte bedeutsamen Evaluierungskriterien darauf, wie komplex Evaluationen sind.

Deswegen sind die zu klärenden Punkte mit der Konkretisierung der Evaluierungskriterien nicht erschöpft. Evaluationen erfordern ein geordnetes Verfahren. Darüber hinaus sind – gegebenenfalls: in diesem Verfahren – die einzusetzenden Methoden zu spezifizieren. Außerdem muss man sich mit den Trägern und der Organisation auseinandersetzen.

3. Verfahren

Das Evaluationsverfahren spielt eine zentrale Rolle für die Qualität der Evaluationsergebnisse. Der Ausarbeitungsbedarf hinsichtlich der Verfahrensphasen und ihrer Koordination wird bislang jedoch nur begrenzt thematisiert. Dabei wird die für eine sachgerechte Evaluation zwingende Koordination gerade im Sicherheitsbereich durch die föderalismusbedingte Kompetenzverteilung zwischen Bund und Ländern erschwert.

Mit Blick auf die Evaluationsziele muss das Verfahren sicherstellen, dass die Adressaten, vor allem der Gesetzgeber, zu angemessenen Zeitpunkten sachgerechte, also hinreichend umfangreiche, qualitativ richtige und sinnvoll aufbereitete Informationen über die tatsächlichen Sachverhalte und Entwicklungen sowie über die relevanten Wirkungen des Gesetzes erhalten. Es braucht nicht linear zu verlaufen. Es können auch zwischenzeitliche Rückkoppelungen an die Gesetzgebung oder an die Behörden und Ministerien eingebaut werden, die dann gegebenenfalls Modifikationen, etwa des weiteren Verfahrens oder der Methoden, ermöglichen.

---

76 Albrecht/Dorsch/Krüpe (2003), S. 276 ff., stellen in ihrer Untersuchung fest, dass die Frage, ob eine Benachrichtigung erfolgt ist oder nicht, oft nicht einmal in den Akten vermerkt ist. In personeller Hinsicht wird die Benachrichtigungspflicht in der Praxis restriktiv, teilweise ersichtlich rechtswidrig gehandhabt, während die Einschränkungsgründe extensiv interpretiert werden.

Zu den – wechselbezüglichen – Verfahrensschritten gehören die Konzeptionierung, die Durchführung der Daten- und Materialsammlung, die Auswertung und Aufbereitung sowie die Vermittlung.[77] Die Verfahrensstufen sind untereinander abzustimmen. Die Evaluierungsgegenstände und -kriterien bestimmen, welche Daten und welches Material benötigt werden. Die Materialsammlung kann sehr aufwändig sein, etwa wenn und weil das notwendige Material nicht allein den Einsatz der neuen Befugnis betreffen darf, sondern auch die ohne Einsatz der Befugnis oder die im Falle von Regelungsalternativen bestehende Lage erfassen muss. Konzeptionierung und Durchführung sind so zu gestalten, dass das für die Auswertung benötigte Material auf den verschiedenen Ebenen und in den verschiedenen Phasen in einer Weise erfasst und verarbeitet wird, die dem verantwortlichen Träger eine umfassende, valide und ergebnisoffene Evaluation ermöglicht.[78] In den Abschlussphasen müssen die Ergebnisse systematisch ausgewertet und aufbereitet werden. Zur Seriosität gehört eine Dokumentation des Vorgehens.

Die notwendigen Evaluationsverfahren sind somit vielschichtig und komplex. Sie sind nicht ohne weiteres vorhanden und ergeben sich auch nicht von selbst. Vielmehr müssen sie ihrerseits geregelt und organisiert werden.

4. Methoden

Einer der wichtigsten Punkte bei der Konzeptionierung der Evaluation sind die Methoden. Auch dazu fehlt es im Sicherheitsrecht noch an zureichenden Konzepten. Die Konzeption der Methodik wird bei vielen der bisher durchgeführten Evaluationen nicht einmal erkennbar. Das hängt damit zusammen, dass die Evaluationsgegenstände und -kriterien nicht deutlich genug sind, dass als Evaluationsträger bislang oft das entsprechende Fachreferat im Ministerium fungiert, das eine methodisch abgesicherte Evaluation gar nicht leisten kann, und dass jedenfalls zunächst nicht einmal eine wissenschaftliche Begleitung vorgesehen war.

Dabei ist die Relevanz der Methoden allgemein bekannt. Deren Wahl ist wegen der Methodenvielfalt und des Einflusses der gewählten Methoden auf die Erkenntnisse immer eine ergebnisbeeinflussende Selektion. Je nachdem, wie Modelle aufgebaut und wie welche Daten erhoben werden, verändern sich die Ergebnisse der Evaluation. Gerade deswegen müssen Methodenwahl und -einsatz strengen Anforderungen etwa hinsichtlich der Selektivität, der Eignung und der Transparenz von Leistungskraft und -grenzen unterliegen.

Die Gesetzes- und die Technikfolgenabschätzung könnten dazu zumindest einige Anknüpfungspunkte liefern. Hier hat man ein recht breites Spektrum von Methoden und Methodenkombinationen ausgearbeitet. Es umfasst zum Beispiel Modellsimulationen, Szenario-Techniken, Befragungen, Fallstudien oder Akten- und Dokumen-

---

77 Ausf. zu den Phasen und Vorgehensweisen Böhret/Konzendorf (2001), S. 5 ff.
78 Vgl. dazu auch Gusy (2006), S. 145.

tenanalysen.[79] Die Methodenwahl hängt unter anderem davon ab, ob es um eine prospektive oder um eine retrospektive Folgenabschätzung geht, wie Evaluationsgegenstände und -kriterien formuliert sind und wie geeignet eine Methode mit Blick auf die präzisierten Fragestellungen erscheint. Insgesamt muss sie die Anforderungen erfüllen, an denen auch die Folgenforschung als solche zu messen ist: Inter- und Transsubjektivität, Transparenz, dies insbesondere auch hinsichtlich der Bedingungen und Grenzen der Leistungskraft einer gewählten Methode, Neutralität und Problemlösungskapazität.[80]

5. Träger und Organisation

Verglichen mit den Evaluationskriterien, -verfahren und -methoden ist im Sicherheitsbereich immer aufmerksam beobachtet worden, wer die Evaluation als Träger steuert und verantwortet und wie sie organisiert wird. Dieser Frage kommt in der Tat eine große Bedeutung zu, dies umso mehr, als der Träger im Verfahren Kriterien und Methoden in mehr oder weniger weit reichendem Umfang erst noch spezifiziert und beide Einfluss auf das Evaluationsergebnis haben.

Aus dem Spektrum der denkbaren Evaluationsträger –Behörden oder Ministerien, parlamentarische Gremien, wissenschaftliche Institute, gesondert institutionalisierte Gremien, bei denen gegebenenfalls Nichtregierungsorganisationen oder Datenschutzbeauftragten als Vertretung der Bürgerinteressen einbezogen werden könnten[81] – werden in der bisherigen Praxis meist die (Innen)Ministerien als Verwaltungsspitze betraut. Freilich liegt nahe, dass „die Ministerialbürokratie eher in ihrer eigenen Wirkungsoptik befangen sein und solche Wirkungen verfolgen (dürfte), die sie durch die gesetzliche Regelung intendieren wollte; ein sektoral spezialisiertes Fachreferat wird Nebenwirkungen schon außerhalb seines Zuständigkeitsbereichs eher vernachlässigen".[82] Die Kritik an der bisherigen Evaluationspraxis gilt deswegen gerade auch der Gestaltung der Trägerschaft.

Hervorzuheben sind dazu im Wesentlichen zwei Aspekte: Bereits aus verfassungsrechtlichen Gründen muss die Gestaltung der Träger eine in allen relevanten Hinsichten sach- und beurteilungskompetente, nicht interessengeleitete und hinreichend wissenschaftlich abgesicherte Evaluation gewährleisten. Darüber hinaus ist der Sicherheitsbereich durch eine besondere Geheimhaltungsbedürftigkeit gekennzeichnet.[83]

---

79 Vgl. die Beiträge in Bröchler/Simonis/Sundermann (1999), S. 539 ff.; Grunwald (2002), S. 205 ff.
80 Grunwald (2002a), S. 19 ff.
81 Zu den Möglichkeiten der Institutionalisierung und den jeweiligen Vor- und Nachteilen im Bereich der Gesetzesfolgenabschätzung Hellstern/Wollmann (1980), S. 559 ff.; Böhret (1999), S. 57 ff.; Hartmann (2003), S. 74 ff.
82 Schulze-Fielitz (1994), S. 165; siehe auch Weinzierl (2005), S. 97 f.
83 Dazu auch Geiger (2010); Huber (2010).

Mit Blick auf den ersten Aspekt scheidet eine rein interne Evaluation, die in der Sicherheitsbehörde, deren Befugnisse zu evaluieren sind, selbst durchgeführt wird, von Vornherein aus. Die beschriebenen Anforderungen werden aber auch durch die Hochzonung hin zum Ministerium nicht hinreichend sichergestellt. In Betracht käme eine Evaluation durch ein parlamentarisches oder gesondert institutionalisiertes Gremium. Dieses benötigte allerdings eine umfangreiche personelle und sachliche Ausstattung sowie wissenschaftliche Begleitung.[84] Umgekehrt wären wissenschaftliche Institute auf die Zusammenarbeit mit Behörden, Parlament und sonst relevanten Organisationen angewiesen. Die gelegentlich diskutierte Einbeziehung von Bürgerrechts- oder Interessenorganisationen in sicherheitsrechtliche Evaluationen ist unter dem Aspekt einer sachkompetenten Gestaltung des Trägers alles andere als fernliegend. In der Gesetzes- und Technikfolgenabschätzung spielt die Öffentlichkeit, die zunächst nur als passiver Adressat von Informationen über die vermeintlich wissenschaftlich-objektiv festgestellten Ergebnisse von Folgenabschätzungen eingeordnet wurde[85], mittlerweile eine große Rolle: Die Beteiligung der Bürger oder betroffener gesellschaftlicher Akteure dient nämlich dazu, Sehweisen, Interessen und Betroffenheiten zu identifizieren und tragfähige Bewertungen überhaupt erst zu ermöglichen.[86] Das ist auch im Sicherheitsbereich relevant, denn es geht schließlich insbesondere um die Identifikation und Beurteilung von Interessen, Betroffenheiten, nützlichen und beeinträchtigenden Folgen für die Bürger und die Zivilgesellschaft.

Allerdings schränkt der zweite Aspekt, die besondere Geheimhaltungsbedürftigkeit, die Möglichkeiten der Gestaltung des Trägers wiederum ein. Geheimhaltungserfordernisse umfassen sowohl Angelegenheiten im Kontext öffentlicher Sicherheitsinteressen als auch Angelegenheiten der von einer Überwachung betroffenen Personen. Sie stellen sich jedoch graduell unterschiedlich und etwa bei der Evaluation der Schleierfahndung anders dar als bei der Evaluation der Befugnisse zur Wohnraumüberwachung oder nachrichtendienstlicher Kompetenzen[87]. Zudem kann der Gesetzgeber das Evaluationsverfahren entsprechend den Geheimhaltungserfordernissen differenziert gestalten und/oder sanktionierte Geheimhaltungspflichten verankern. Vor diesem Hintergrund schließen Geheimhaltungserfordernisse verwaltungsexterne Evaluationsträger oder -beteiligte nicht aus. Das gilt insbesondere für gesondert institutionalisierte parlamentarische Gremien. Auch ist eine wissenschaftliche Unterstützung hinsichtlich der Kriterien oder der Methoden der Evaluation denkbar, wie sie Art. 11 TBEG und Art. 6 des Gesetzes zur Abwehr von Gefahren

---

84 Weinzierl (2005), S. 98.
85 Ausf. Bechmann (1991), S. 63 ff.
86 Dazu hinsichtlich der Technikfolgenabschätzung Grunwald (2002), S. 127 ff.; Petermann (1999a), S. 34 ff.; s. auch Saretzki (1999), S. 641 ff., und zu den Auswirkungen auf die Methodenwahl Steinmüller (1999), S. 665. Vgl. auch hinsichtlich der Gesetzesfolgenabschätzung Daumann (2003), S. 226 ff.; Bora (2003), S. 250 f.
87 Dass auch nachrichtendienstliche Überwachungsmaßnahmen nicht „ihrer Natur nach" vollständig geheimhaltungsbedürftig sind, zeigt sich etwa daran, dass der BND im Verfahren zur strategischen Telekommunikationsüberwachung nähere Angaben dazu vorgelegt hat, BVerfG, Urteil vom 14.07.1999, BVerfGE 100, 313 (336 ff.).

des internationalen Terrorismus durch das Bundeskriminalamt vorsehen, denn streng geheimhaltungsbedürftige Angaben aus den Überwachungsmaßnahmen brauchen den Wissenschaftlern dafür nicht zu übermittelt werden. Ebenso denkbar ist eine partielle Beteiligung von Datenschutzbeauftragten oder Nichtregierungsorganisationen als Vertretung der Bürgerinteressen im Rahmen der Konzeptionierung der Evaluation, etwa soweit es darum geht, welche möglicherweise beeinträchtigenden Folgen neue sicherheitsbehördliche Ermächtigungen für die Bürger nach sich ziehen und wie solche Folgen erfasst werden könnten. Ein Problem wirft dann eher die Frage auf, welche Personen oder Organisationen die Bürgerinteressen in legitimer Weise vertreten können.

Sobald man das Evaluationsverfahren als einen gestuften, vielschichtigen Prozess begreift, lassen sich Träger und Organisation somit differenziert ausformen. Im Ergebnis drängt sich eine Kombination eines verantwortlichen Trägers und weiterer Beteiligter auf. Sie kann mit Rücksicht auf den unterschiedlichen Grad des Geheimhaltungsbedarfs oder auf föderalistische Strukturen bereichsspezifisch gestaltet werden. Im Übrigen müssen die Nachteile der wegen der Geheimhaltungserfordernisse notwendig partiell unzugänglichen Evaluation durch die Veröffentlichung und möglichst weitgehende Transparenz der Evaluierungsberichte kompensiert werden, damit die Öffentlichkeit die Legitimität von Überwachungsmaßnahmen nachvollziehen kann.

V. Schluss

Das moderne Sicherheitsrecht lässt sich mittlerweile eher mit Hilfe von Governance-Perspektiven als unter Rückgriff auf das klassische Rechtsstaatsmodell beschreiben. Gerade auch vor diesem Hintergrund erweisen sich Evaluationen als ein zentraler Baustein. Gesellschaftliche und sicherheitspolitische Veränderungen erzeugen gesteigerte Ungewissheiten und damit zugleich einen Bedarf an institutionalisierten Beobachtungs- und Wissensgenerierungsformen. Evaluationen können zur Absicherung der im Rechtssystem geschaffenen Wirklichkeitskonstruktionen und zur Steigerung der Lernfähigkeit des Rechts beitragen. Sie stärken die durch die zunehmende Eigenständigkeit der Sicherheitsbehörden relativierte Rolle des Parlaments. Nicht zuletzt dienen sie dem Schutz der Grundrechte der Bürger und Bürgerinnen.

Die Ausgestaltung sicherheitsrechtlicher Evaluationen befindet sich im Fluss, jedoch bislang erst im Anfangsstadium. Bei der Fortentwicklung ist ein vergleichender Blick auf Erfahrungen und Erkenntnisse aus anderweitigen Gesetzesfolgenabschätzungen und aus der Technikfolgenabschätzung nützlich, selbst wenn diese nicht uneingeschränkt übertragen werden können. Er verdeutlicht die Leistungskraft und -grenzen von Evaluationen ebenso wie deren Regelungs- und Ausgestaltungsbedarf. Im Ergebnis müssen tragfähige Evaluierungskonzepte im Sicherheitsrecht hinsichtlich der Gegenstände, Kriterien, Verfahren und Methoden, Träger und Organisation der Evaluationen noch näher ausgearbeitet werden.

VI. Literatur

Van Aaken (2004), Verschärfte Kontrolle transnationaler Finanzmärkte. Zwischen Sicherheitsbedürfnis und Freiheitsbeschränkung, in: Bungenberg/Meessen (Hrsg.), Internationales Wirtschaftsrecht im Schatten des 11. September 2001, Stuttgart u.a., S. 133 ff.

Aden/Busch (2006), Europäisierung des Rechts der Inneren Sicherheit, in: Roggan/Kutscha (Hrsg.), Handbuch zum Recht der Inneren Sicherheit, 2. Aufl., Berlin, S. 511 ff.

Albers (2001), Die Determination polizeilicher Tätigkeit in den Bereichen der Straftatenverhütung und der Verfolgungsvorsorge, Berlin

Albers (2006), Die verfassungsrechtliche Bedeutung der Evaluierung neuer Gesetze zum Schutz der Inneren Sicherheit, in: Deutsches Institut für Menschenrechte (Hrsg.), Menschenrechte – Innere Sicherheit – Rechtsstaat, Berlin, S. 21 ff.

Albers (2008), Evaluation sicherheitsbehördlicher Kompetenzen: Schritte von der symbolischen Politik zum lernenden Recht, VerwArch Bd. 99, 481 ff.

Albrecht/Dorsch/Krüpe (2003), Rechtswirklichkeit und Effizienz der Überwachung der Telekommunikation nach den §§ 100a, 100b StPO und anderer verdeckter Ermittlungsmaßnahmen, Freiburg i. Br.

Al-Jumaili (2008), Stationen im Kampf gegen die Terrorismusfinanzierung – New York – Brüssel – Berlin, NJOZ (Neue Juristische Online-Zeitschrift) 2008, 188 ff.

Backes/Gusy (2003), Wer kontrolliert die Telefonüberwachung?, Frankfurt a. M.

Bäuerle (2008), Polizeirecht in Deutschland, APuZ (Aus Politik und Zeitgeschichte) 2008, 15 ff.

Baldus (2001), Transnationales Polizeirecht, Baden-Baden

Baumann (2005), Vernetzte Terrorismusbekämpfung oder Trennungsgebot?, DVBl 2005, 798 ff.

Bechmann (1992), Folgen, Adressaten, Institutionalisierungs- und Rationalitätsmuster: Einige Dilemmata der Technikfolgen-Abschätzung, in: Petermann (Hrsg.), Technikfolgen-Abschätzung als Technikforschung und Politikberatung, Frankfurt a.M./New York, S. 43 ff.

Bielefeldt (2008), Gefahrenabwehr im demokratischen Rechtsstaat. Zur Debatte um ein „Feindrecht", Berlin

Bizer (1998), Erfolgskontrolle polizeilicher Arbeit, DuD 1998, 310 ff.

Bizer (2003), Die Evaluierung der Telekommunikations-Überwachung. Kritische Anmerkungen zur MPI-Studie, KrimJ Bd. 35, 280 ff.

Boers (2004), Polizeiliche Videoüberwachung in Bielefeld, Münster

Böhret (1999), Gesetzesfolgenabschätzung: Soll sie institutionalisiert werden?, in: Planung - Recht - Rechtsschutz, FS Willi Blümel, Berlin, S. 51 ff.

Böhret/Konzendorf (2001), Handbuch Gesetzesfolgenabschätzung (GFA), Baden-Baden

Bora (2003), Kontrolle oder Gestaltung? Institutionelle Voraussetzungen von Netzwerkbildung, Partizipation und Professionalisierung im Bereich der Gesetzesfolgenabschätzung, in: Karpen/Hof (Hrsg.), Wirkungsforschung zum Recht IV, Baden-Baden, S. 244 ff.

Bröchler/Simonis/Sundermann <Hrsg.> (1999), Handbuch Technikfolgenabschätzung, Bd. 2, Berlin

Brocker (1999), Gesetzesfolgenabschätzung und ihre Methodik, in: Hof/Lübbe-Wolff (Hrsg.), Wirkungsforschung zum Recht I, Baden-Baden, S. 35 ff.

Daase/Engert (2008), Global Security Governance: Kritische Anmerkungen zur Effektivität und Legitimität neuer Formen der Sicherheitspolitik, in: Schuppert/Zürn (Hrsg.), Governance in einer sich wandelnden Welt, PVS-Sonderheft 41, Wiesbaden, S. 475 ff.

Daumann (2003), Institutionelle Voraussetzungen einer Beteiligung von Verbänden an der Gesetzesfolgenabschätzung, in: Karpen/Hof (Hrsg.), Wirkungsforschung zum Recht IV, Baden-Baden, S. 223 ff.

Edelmann (2005), Politik als Ritual, 3. Aufl., Frankfurt a.M.

Engi (2008), Governance - Umrisse und Problematik eines staatstheoretischen Leitbildes, Der Staat Bd. 74, 573 ff.

Franzius (2006), Governance und Regelungsstrukturen, VerwArch Bd. 97, 186 ff.

Füth (2010), Erfahrungen mit Evaluierungsprozessen in Nordrhein-Westfalen am Beispiel der präventiv-polizeilichen Videoüberwachung, in: Albers/Weinzierl/Deutsches Institut für Menschenrechte (Hrsg.), Menschenrechtliche Standards in der Sicherheitspolitik. Beiträge zur rechtsstaatsorientierten Evaluierung von Sicherheitsgesetzen, Baden-Baden, S. 55 ff.

Geiger (2010), Informationsbedürfnisse und Geheimhaltungserfordernisse – menschenrechtsorientierte Evaluierung und Kontrolle der Nachrichtendienste, in: Albers/Weinzierl/Deutsches Institut für Menschenrechte (Hrsg.), Menschenrechtliche Standards in der Sicherheitspolitik. Beiträge zur rechtsstaatsorientierten Evaluierung von Sicherheitsgesetzen, Baden-Baden, S. 87 ff.

Gethmann/Grunwald (1996), Technikfolgenabschätzung, Bad Neuenahr-Ahrweiler

Gille (2004), Terrorismusfinanzierung im Netzwerk öffentlicher und privater Finanzaufsicht, in: Bungenberg/Meessen (Hrsg.), Internationales Wirtschaftsrecht im Schatten des 11. September 2001, Stuttgart u.a., S. 165 ff.

Giraldo/Trinkunas <Eds.> (2007), Terrorism Financing and State Responses. A Comparative Perspective, Stanford

Graulich, Telekommunikationsgesetz und Vorratsdatenspeicherung, NVwZ 2008, 485 ff.

Grunwald (1994), Wissenschaftstheoretische Anmerkungen zur Technikfolgenabschätzung: die Prognose- und Quantifizierungsproblematik, 25 Journal for General Philosophy of Science, 51 ff.

Grunwald (2002), Technikfolgenabschätzung – eine Einführung, Berlin

Grunwald (2002a), Ethische Aspekte der Folgenforschung, in: Sommermann (Hrsg.), Folgen von Folgenforschung, Speyer, S. 17 ff.

Gusy (2006), Leerlaufende Evaluationspflichten?, in: Roggan (Hrsg.), Mit Recht für Menschenwürde und Verfassungsstaat, FG Hirsch, Berlin, S. 139 ff.

Hartmann (2003), Institutionelle Möglichkeiten der Gesetzesfolgenabschätzung, ZG Jg 18, 74 ff.

Hecker (2001), Europäisches Verwaltungskooperationsrecht am Beispiel der grenzüberschreitenden polizeilichen Zusammenarbeit, EuR Bd. 42, 826 ff.

Hellstern/Wollmann (1980), Wirksamere Gesetzesevaluierung. Wo könnten praktikable Kontrollverfahren und Wirkungsanalysen bei Parlament und Rechnungshof ansetzen?, ZParl Bd. 11, 547 ff.

Hoffmann-Riem (1993), Experimentelle Gesetzgebung, in: Festschrift für Werner Thieme zum 70. Geburtstag, Köln/München, S. 55 ff.

Hoffmann-Riem (2002), Freiheit und Sicherheit im Angesicht terroristischer Anschläge, ZRP 2002, S. 497 ff.

Höland (1989), Vom Machen und Messen von Gesetzen - Erkenntnisse aus der Forschungspraxis zur Reichweite der Gesetzesevaluation, ZfRSoz Bd. 10, 202 ff.

Höland (1994), Zum Stand der Gesetzesevaluation in der Bundesrepublik Deutschland, ZG Bd. 9, S. 372

Huber (2010), Informationsbedürfnis und Geheimhaltungserfordernisse: Menschenrechtsorientierte Evaluierung von Sicherheitsgesetzen aus der Sicht parlamentarischer Kontrollgremien, in: Albers/Weinzierl/Deutsches Institut für Menschenrechte (Hrsg.), Menschenrechtliche Standards in der Sicherheitspolitik. Beiträge zur rechtsstaatsorientierten Evaluierung von Sicherheitsgesetzen, Baden-Baden, S. 105 ff.

Karpen (1999), Gesetzesfolgenabschätzung in der Europäischen Union, AöR Bd. 124, 400 ff.

Kastner (2001), Verdachtsunabhängige Personenkontrollen im Lichte des Verfassungsrechts, VerwArch Bd. 92, S. 216 ff.

Karpen/Hof <Hrsg.> (2003), Wirkungsforschung zum Recht IV, Baden-Baden

Köck (2002), Gesetzesfolgenabschätzung und Gesetzgebungsrechtslehre, VerwArch Bd. 93, 1 ff.

König (1986), Evaluation als Kontrolle der Gesetzgebung, in: Schreckenberger/König/Zeh (Hrsg.), Gesetzgebungslehre: Grundlagen – Zugänge – Anwendung, Stuttgart/Berlin/Köln/Mainz, S. 96 ff.

Knelangen (2008), Europäisierung und Globalisierung der Polizei, APuZ (Aus Politik und Zeitgeschichte) 2008, S. 33 ff.

Ladeur (1995), Das Umweltrecht der Wissensgesellschaft, Berlin

Lübbe-Wolff (2000), Erscheinungsformen symbolischen Umweltrechts, in: dies./Hansjürgens (Hrsg.), Symbolische Umweltpolitik, Frankfurt a.M., S. 25 ff.

Maiwald (1993), Berichtspflichten gegenüber dem Deutschen Bundestag, Frankfurt a.M.

Malek/Hilkermeier (2003), Überlegungen zur Bedeutung organisationaler Lernansätze in der und für die Politikwissenschaft, in: Maier/Hurrelmann/Nullmeier/Pritzlaff/Wiesner (Hrsg.), Politik als Lernprozess?, Opladen, S. 78 ff.

Mayer (1996), Die Nachbesserungspflicht des Gesetzgebers, Baden-Baden

Mayntz (2008), Von der Steuerungstheorie zu Global Governance, in: Schuppert/Zürn (Hrsg.), Governance in einer sich wandelnden Welt, PVS-Sonderheft 41, Wiesbaden, S. 43 ff.

Meyer (1992), Die Inszenierung des Scheins, Frankfurt a.M.

Middel (2007), Innere Sicherheit und präventive Terrorismusbekämpfung, Baden-Baden

Möllers/van Ooyen <Hrsg.> (2006), Europäisierung und Internationalisierung der Polizei, Frankfurt

Möllers/van Ooyen (2008), Bundeskriminalamt, Bundespolizei und „neue" Sicherheit, APuZ (Aus Politik und Zeitgeschichte) 2008, S. 26 ff.

Möstl (2008), Eingreifschwellen im polizeilichen Informationsrecht, in: Spiecker genannt Döhmann/Collin (Hrsg.), Generierung und Transfer staatlichen Wissens im System des Verwaltungsrechts, Tübingen 2008, S. 239 ff.

Mokros (2007), Polizei und Justiz auf der Ebene der Europäischen Union, in: Lisken/Denninger (Hrsg.), Handbuch des Polizeirechts, 4. Aufl., München, S. 1321 ff.

Nehm (2004), Das nachrichtendienstrechtliche Trennungsgebot und die neue Sicherheitsarchitektur, NJW 2004, 3289 ff.

Newig (2003), Symbolische Umweltgesetzgebung, Berlin

Ohler (2008), Terrorismusbekämpfung mit den Instrumenten der Finanzmarktaufsicht, Die Verwaltung Bd. 41, 405 ff.

Paschen (1999), Technikfolgenabschätzung in Deutschland – Aufgaben und Herausforderungen, in: Petermann/Coenen (Hrsg.), Technikfolgen-Abschätzung in Deutschland, Frankfurt a.M., S. 77 ff.

Paschen/Petermann (1991), Technikfolgen-Abschätzung: Ein strategisches Rahmenkonzept für die Analyse und Bewertung von Techniken, in: Petermann (Hrsg.), Technikfolgen-Abschätzung als Technikforschung und Politikberatung, Frankfurt a.M./New York, S. 19 ff.

Petermann <Hrsg.> (1991), Technikfolgen-Abschätzung als Technikforschung und Politikberatung, Frankfurt a.M./New York

Petermann (1999), Technikfolgenabschätzung als Politikberatung, in: Petermann/Coenen (Hrsg.), Technikfolgen-Abschätzung in Deutschland. Bilanz und Perspektiven, Frankfurt a.M./New York, S. 147

Petermann (1999a), Technikfolgen-Abschätzung: Konstituierung und Ausdifferenzierung eines Leitbilds, in: Bröchler/Simonis/Sundermann (Hrsg.), Handbuch Technikfolgenabschätzung, Bd. 1, Berlin, S. 17 ff.

Petermann (2010), Biometrie als globale Kontrolltechnologie – Die Rolle der Technikfolgenabschätzung, in: Albers/Weinzierl/Deutsches Institut für Menschenrechte (Hrsg.), Menschenrechtliche Standards in der Sicherheitspolitik. Beiträge zur rechtsstaatsorientierten Evaluierung von Sicherheitsgesetzen, Baden-Baden, S. 129 ff.

Petermann/Coenen <Hrsg.> (1999), Technikfolgen-Abschätzung in Deutschland. Bilanz und Perspektiven, Frankfurt a.M./New York

Roggan (2006), Neue Aufgaben und Befugnisse im Geheimdienstrecht, in: Roggan/Kutscha (Hrsg.), Handbuch zum Recht der Inneren Sicherheit, 2. Aufl., Berlin, S. 411 ff.

Roggan/Bergemann (2007), Die „neue Sicherheitsarchitektur" der Bundesrepublik Deutschland - Anti-Terror-Datei, gemeinsame Projektdateien und Terrorismusbekämpfungsergänzungsgesetz, NJW 2007, 876 ff.

Roßnagel (1997), Lernfähiges Europarecht - am Beispiel des Europäischen Umweltrechts, NVwZ 1997, 122 ff.

Roßnagel (1999), Das Signaturgesetz nach zwei Jahren, NJW 1999, 1591 ff.

Saretzki (1999), TA als diskursiver Prozeß, in: Bröchler/Simonis/Sundermann (Hrsg.), Handbuch Technikfolgenabschätzung, Bd. 2, Berlin

Schily (2003), Gesetze gegen die Geldwäsche und gegen die Finanzierung des Terrorismus – eine stille Verfassungsreform?, WM 2003, 1249 ff.

Schulze-Fielitz (1988), Theorie und Praxis parlamentarischer Gesetzgebung, Berlin

Schulze-Fielitz (1994), Zeitoffene Gesetzgebung, in: Hoffmann-Riem / Schmidt-Aßmann (Hrsg.), Innovation und Flexibilität des Verwaltungshandelns, Baden-Baden, S. 139 ff.

Schulze-Fielitz (2003), Innere Sicherheit: Terrorismusbekämpfung auf Kosten der Freiheit? in: Adolf-Arndt-Kreis (Hrsg.), Sicherheit durch Recht in Zeiten der Globalisierung, Berlin, S. 25 ff.

Schuppert (2007), Was ist und wozu Governance? Die Verwaltung Bd. 40, 463 ff.

Schuppert (2008), Verwaltungsrecht und Verwaltungsrechtswissenschaft im Wandel, AöR Bd. 133, 79 ff.

Schuppert (2008a), Governance – auf der Suche nach Konturen eines „anerkannt uneindeutigen Begriffs", in: ders./Zürn (Hrsg.), Governance in einer sich wandelnden Welt, PVS-Sonderheft 41, S. 13 ff.

Smeddinck (2002), Die Evaluierungsklausel in § 8 EnWG – Innovationssteuerung durch Energierecht, Zeitschrift für neues Energierecht 2002, 295 ff.

Steinberg (1976), Evaluation als neue Form der Kontrolle final programmierten Verwaltungshandelns, Der Staat Bd. 15, 185 ff.

Steinmüller (1999), Methoden der TA – ein Überblick, in: Bröchler/Simonis/Sundermann (Hrsg.), Handbuch Technikfolgenabschätzung, Bd. 2, Berlin, S. 655 ff.

Trute (1999), Die Erosion des klassischen Polizeirechts durch die polizeiliche Informationsvorsorge, in: Erbguth/Müller/Neumann (Hrsg.), Rechtstheorie und Rechtsdogmatik im Austausch, Berlin, S. 403 ff.

Trute/Denkhaus/Kühlers (2004), Governance in der Verwaltungsrechtswissenschaft, Die Verwaltung Bd. 37, 451 ff.

Trute/Kühlers/Pilniok (2008), Governance als verwaltungsrechtswissenschaftliches Analysekonzept, in: Schuppert/Zürn (Hrsg.), Governance in einer sich wandelnden Welt, PVS-Sonderheft 41, S. 173 ff.

Vogel (2004), Evaluation von Kriminaljustizsystemen, JZ 2004, 487 ff.

Voß (1989), Symbolische Gesetzgebung, Ebelsbach

Wandscher (2006), Internationaler Terrorismus und Selbstverteidigungsrecht, Berlin

Weinzierl (2005), Die Befristung und Evaluierung von Sicherheitsgesetzen: ein wirksames Instrument des Menschenrechtsschutzes und der Wahrung rechtsstaatlicher Prinzipien?, in: Deutsches Institut für Menschenrechte/Deile/Hutter/Kurtenbach/Tessmer (Hrsg.), Jahrbuch Menschenrechte 2006: Freiheit in Gefahr – Strategien für die Menschenrechte, Frankfurt a.M., S. 93 ff.

Wollmann (2002), Evaluierung von Verwaltungspolitik: Reichweite und Grenzen – ein internationaler Überblick, VerwArch Bd. 93, 418 ff.

Ziercke (2003), Polizeiföderalismus oder Bundeskriminalpolizei? – Welche Organisationskultur verlangt die künftige polizeiliche Arbeit?, in: Pitschas (Hrsg.), Auf dem Weg zu einer neuen Sicherheitsarchitektur?, Speyer, S. 11 ff.

Zöller (2007), Der Rechtsrahmen der Nachrichtendienste bei der „Bekämpfung" des internationalen Terrorismus, JZ 2007, 763 ff.

Erfahrungen mit Evaluierungsprozessen in Nordrhein-Westfalen am Beispiel der präventiv-polizeilichen Videoüberwachung

Dorothée Füth

I.	Einführung	55
II.	Polizeiliche Videoüberwachung in Nordrhein-Westfalen	57
	1. Grundsätzliche Erwägungen	57
	2. Die „Vorgeschichte" der polizeilichen Videoüberwachung in Nordrhein-Westfalen	58
	3. Die „Evaluation" der Regelung des § 15 a PolG NRW im Jahr 2008	60
	a) Überprüfung der polizeilichen Dokumentationen im Sinne des § 15a PolG NRW	60
	b) Bewertung des Evaluierungsberichts	61
III.	Fazit	62
IV.	Literatur	63

I. Einführung

„Werden neue beeinträchtigende Instrumente eingeführt, sollte es empirisch nachvollziehbare Anhaltspunkte darüber geben, warum die bisherigen Instrumente nicht reichen. Und umgekehrt sollte plausibel gezeigt werden, warum neue Instrumente unverzichtbar sind."[1]

Diese Maßstäbe verhältnismäßigen gesetzgeberischen Handelns – gerade auch im Bereich der Sicherheitsgesetzgebung – rief der Bundesverfassungsrichter a. D. Prof. Dr. Hoffmann-Riem mit Blick auf die jüngeren verfassungsgerichtlichen Entscheidungen[2] zuletzt in einem Interview mit der Süddeutschen Zeitung eindringlich in Erinnerung. An den Kriterien der Geeignetheit, Erforderlichkeit und Angemessen-

---

[1] W. Hoffmann-Riem in: „Zu viele Eingriffe zu Lasten der Freiheit – Wolfgang Hoffmann-Riem zur Zukunft der Medien und zur hektischen Politik der inneren Sicherheit", Süddeutsche Zeitung, 12./13. April 2008.

[2] BVerfGE 109, 279 („Großer Lauschangriff"), auch abrufbar unter www.bverfg.de, Az. 1 BvR 2378/98; BVerfGE 115, 320 („Rasterfahndung" in Nordrhein-Westfalen), auch abrufbar unter www.bverfg.de, Az. 1 BvR 518/02; BVerfG, Neue Juristische Wochenschrift (NJW) 2008, 822-837 („Online-Durchsuchung" in Nordrhein-Westfalen), auch abrufbar unter www.bverfg.de, Az. 1 BvR 370/07; BVerfG, NJW 2008, 1505-1516 („Kfz-Kennzeichenerfassung" in Hessen und Schleswig-Holstein), auch abrufbar unter www.bverfg.de, Az. 1 BvR 2074/05; BVerfG, Neue Zeitschrift für Verwaltungsrecht (NVwZ) 2008, 543-547 („Vorratsdatenspeicherung"), auch abrufbar unter www.bverfg.de, Az. 1 BvR 256/08.

heit hat sich der Gesetzgeber sowohl auf Bundes- als auch auf Länderebene zu orientieren, wenn er sich dafür entscheidet, neue Maßnahmen zur Bekämpfung des Terrorismus und zur allgemeinen Kriminalitätsverhütung und -bekämpfung einzusetzen oder bereits geltende Bestimmungen fortzuführen. Regelungen, die zu einem erheblichen Eingriff in die Grundrechte der betroffenen Bürgerinnen und Bürger führen, sind hinsichtlich ihrer tatsächlichen Wirksamkeit zu hinterfragen. Dies aber setzt eine systematische Untersuchung des Nutzens oder Wertes der zur Anwendung gebrachten Instrumente voraus, mithin ihre Evaluation[3].

Die nordrhein-westfälische Landesregierung ließ schon Ende der neunziger Jahre Elemente der Gesetzesfolgeneinschätzung in den Gesetzgebungsprozess einfließen. So wurden in der Gemeinsame Geschäftsordnung für die Ministerien des Landes NRW (GGO NRW)[4] in den §§ 110, 111 und 112 Vorschriften für die Durchführung eines Normprüfverfahrens, zur Befristung von Gesetzen und zur Einrichtung einer Clearingstelle aufgenommen. In einem Beschluss der Landesregierung vom 11. März 2003 wurde in diesem Zusammenhang festgelegt, dass bei allen zukünftigen Gesetzen und Rechtsverordnungen sowie allen Änderungsgesetzen und Änderungsverordnungen grundsätzlich eine Befristung vorzusehen sei[5].

Diese Befristung besteht in der gesetzlichen Anordnung entweder eines Verfallsdatums oder einer Berichtspflicht gegenüber dem Landtag zu einem verbindlichen Stichtag (s. Nr. 111.3 GGO NRW). In der Begründung zum Zweiten Gesetz zur Befristung des Landesrechts[6] wird zur Differenzierung zwischen diesen beiden unterschiedlichen Vorgehensweisen darauf hingewiesen, dass der Entscheidung über die Fortgeltung einer Norm vor Eintritt des Verfallsdatums eine *„eingehende Überprüfung der Notwendigkeit der Aufrechterhaltung jeder einzelnen Regelung"* vorauszugehen habe. Denn in vielen Fällen könne erst das Ergebnis *„einer derartigen Evaluation die Gründe liefern, die für die bei Fristablauf fällig werdende Entscheidung über die Aufrechterhaltung oder Aufhebung einer Rechtsvorschrift benötigt werden."* Dagegen habe der Ablauf des Berichtstermins keinen Einfluss auf die Wirksamkeit der betreffenden Normen und sei daher mit einem *„geringeren Handlungsdruck verbunden"* als die Anordnung eines Verfallsdatums. Die Berichtspflicht verpflichte *„die Landesregierung zur rechtzeitigen Überprüfung und zur Vorlage des Überprüfungsergebnisses."* Auf dieser Grundlage entscheide *„sodann der Normgeber über die Aufhebung oder Aufrechterhaltung der Vorschrift"*. In den allgemeinen Bestimmungen der jeweiligen Befristungsgesetze[7] wird der Landesregierung ein klarer Evaluierungsauftrag gegeben. Einheitliche Maßstäbe oder Richtlinien zur Erstel-

---

3   Evaluationsbegriff nach Degeval (2002), S. 13.
4   SMBl.NRW.20020.
5   Zu weiteren Einzelheiten des Prozesses siehe die Entwurfsbegründung zum Ersten Gesetz zur Befristung des Landesrechts Nordrhein-Westfalen (LT-Drucks. 13/4868) sowie zum Zweiten Gesetz zur Befristung des Landesrechts (LT-Drucks. 13/6419).
6   Vgl. Fn. 5 Entwurfsbegründung zum Zweiten Gesetz zur Befristung des Landesrechts Nordrhein-Westfalen.
7   Art. 122 und 123 des Zweiten bis Fünften Gesetzes zur Befristung des Landesrechts Nordrhein-Westfalen (SGV.NRW.114).

lung von Evaluierungsberichten existieren allerdings nicht, so dass bisher jedes Ressort seinen eigenen Stil pflegt. Da das Thema „Evaluation" derzeit einer regen wissenschaftlichen Diskussion unterworfen ist, es also an Orientierungsangeboten nicht fehlt, ist dies sehr bedauerlich.

Jüngst standen in Nordrhein-Westfalen zwei dem Bereich der Sicherheitsgesetzgebung zuzurechnende Gesetze zur näheren Überprüfung an: Zum einen handelte es sich dabei um das Gesetz zur Stärkung des Verfassungsschutzes und seiner Kontrollorgane vom 18.12.2002[8], das die Vorgaben des Bundesgesetzgebers zur Terrorismusbekämpfung umsetzte und bezüglich der neu gewährten Befugnisse des Verfassungsschutzes[9] eine Verfallsklausel vorsah. Zum anderen waren einzelne Regelungen des Polizeigesetzes NRW (PolG NRW), die mit dem Gesetz zur Änderung des Polizeigesetzes und des Ordnungsbehördengesetzes vom 08.07.2003[10] neu eingefügt bzw. geändert worden waren, zu überprüfen. Zu diesen Vorschriften gehört insbesondere die Regelung zur Datenerhebung durch den offenen Einsatz optisch-technischer Mittel (§ 15a PolG NRW), für die ein Außerkrafttreten fünf Jahre nach Inkrafttreten des Gesetzes – also im Sommer 2008 – vorgesehen wurde. In beiden Fällen wurde ein Evaluierungsbericht vorgelegt[11]. Die Möglichkeiten einer konsequenten, wissenschaftlich fundierten Evaluation wurden jedoch jeweils nicht genutzt.

Im Folgenden soll dies am Beispiel der präventiven Videoüberwachung im PolG NRW verdeutlicht werden.

II. Polizeiliche Videoüberwachung in Nordrhein-Westfalen

1. Grundsätzliche Erwägungen

Der Einsatz von Videokameras durch staatliche Stellen beinhaltet einen schwerwiegenden Eingriff in das grundrechtlich geschützte Recht jedes einzelnen Menschen, sich grundsätzlich frei und unbeobachtet auf allen öffentlichen Straßen und Plätzen bewegen zu können. Das Bundesverfassungsgericht bewertet einen solchen Eingriff mit großer Streubreite, bei dem eine Vielzahl von Personen, die den Eingriff nicht durch ihr Verhalten veranlasst haben, in den Wirkungsbereich der Maßnahme gera-

---

8   GV.NRW.2003 S. 2.
9   §§ 5a, 7 Abs. 4 Verfassungsschutzgesetz NRW (VSG NRW).
10 GV.NRW.2003 S. 410.
11 Zum VSG NRW: Evaluierungsbericht vom 16.05.2006, vorgelegt durch das Parlamentarische Kontrollgremium zur Unterrichtung des Landtags (LT-Drucks. 14/1912); zu § 15a PolG NRW: Evaluierungsbericht, vom 19.02.2008, vorgelegt durch das Innenministerium zur Information des Innenausschusses (LT-Drucks. 14/1628) im Rahmen des Gesetzgebungsverfahrens zur Änderung des Polizeigesetzes des Landes Nordrhein-Westfalen (14/6096).

ten kann, als Grundrechtsbeeinträchtigung von erheblichem Gewicht[12]. Der Einsatz des Mittels einer polizeilichen Videoüberwachung zur Verhütung von Straftaten bedarf daher zu seiner Rechtfertigung stets gewichtiger Gründe.

In der Praxis stellt sich diese Rechtfertigung aber vor allen Dingen deswegen schon als äußerst schwierig dar, weil ein wissenschaftlich fundierter Nachweis für die Geeignetheit einer Videoüberwachung zur Verhütung von Straftaten bisher nicht erbracht werden konnte. So ergaben sich beispielsweise aus Studien, die in Großbritannien als dem „Mutterland der Videoüberwachung" bereits seit den neunziger Jahren zur Untersuchung der tatsächlichen Effektivität der Maßnahme durchgeführt wurden, keine belastbaren Erkenntnisse[13].

2. Die „Vorgeschichte" der polizeilichen Videoüberwachung in Nordrhein-Westfalen[14]

Der nordrhein-westfälische Gesetzgeber entschied sich im Jahr 2000 – ungeachtet der schon zu diesem Zeitpunkt bekannten Wirksamkeitsbedenken – für die Aufnahme einer Regelung zur präventiv-polizeilichen Videoüberwachung in das PolG NRW[15]. Hieran schloss sich die Einrichtung der *„ersten polizeilichen Videoüberwachung eines öffentlich zugänglichen Raumes in Nordrhein-Westfalen"*[16] an, nämlich die Einführung einer Videoüberwachung im Ravensberger Park in Bielefeld. Die Videoüberwachung, die zunächst nur auf den Zeitraum vom 23.02.2001 bis zum 31.03.2002 begrenzt war, wurde begleitet durch eine Studie der Fachhochschule für öffentliche Verwaltung in Bielefeld[17]. Außerdem vergab das Innenministerium NRW in Bezug auf das Bielefelder Projekt einen Auftrag zur Erstellung eines kriminologischen Gutachtens zu den Möglichkeiten einer empirischen Begleitforschung[18].

Die oben erwähnte Fachhochschulstudie wurde in der Fachpresse[19] allerdings stark kritisiert und als nicht ausreichend für die Begründung einer gesetzlichen Re-

---

12 S. hierzu BVerfG, NVwZ 2007, 688-691, auch abrufbar unter www.bverfg.de, Az. 1 BvR 2368/06, zur Verfassungswidrigkeit der Videoüberwachung eines Kunstwerks auf einem öffentlichen Platz.
13 S. hierzu z. B. Gras (2003); Glatzner (2006).
14 Der gesamte Prozess wurde durch die LDI NRW im Rahmen ihrer datenschutzrechtlichen Prüfkompetenz kritisch begleitet. S. hierzu die Ausführungen im: 15. Datenschutzbericht 2001, Nr. 3.1.4 und 3.1.5; 17. Datenschutzbericht 2005, Nr. 8.1; 18. Datenschutzbericht 2007, Nr. 4.1.
15 Art. 3 des Gesetzes zur Änderung des Datenschutzgesetzes NRW (GVBl.NRW.2000 S. 452), kritisch besprochen z. B. von Vahle (2001), S. 165 ff.
16 Bücking/Kubera (2005), S. 47 ff.
17 Bücking/Kubera (2004).
18 Veröffentlicht im Jahr 2004 mit einem aktualisierten Vorwort: Boers (2004).
19 S. stellvertretend hierfür z. B. die Ausführungen von Lang (2005), S. 723 ff. und Boers (2004).

gelung mit so gravierenden Folgen für die Grundrechte unbeteiligter Dritter erachtet. Kritisiert wurde u. a.

- das für eine wissenschaftliche Bewertung zu geringe methodisch relevante Zahlenmaterial,
- das „Aussparen" der repressiven Wirkungen der Maßnahme sowie die Beschränkung auf sog. Hellfelddaten.
- In Bezug auf das Gesamtkonzept, in das die Maßnahme eingebunden war, fehlte es gänzlich an einer Bewertung des Verhältnisses der Videoüberwachung zu den weiteren flankierenden Maßnahmen (z. B. verstärkter Fußstreifeneinsatz, neue Beleuchtung und Ausholzung des Bewuchses des Parks).
- Schließlich stützte sich die Untersuchung des Sicherheitsempfindens der Bevölkerung auf stichprobenartige Befragungen kleiner Gruppen, deren Aussagekraft zu bezweifeln war.

Ungeachtet des zweifelhaften Wertes der durchgeführten Studie und ungeachtet des Hinweises von Boers[20], dass es zur Überprüfung der Zahlen des Bielefelder Projektes bislang keine methodischen Anforderungen standhaltenden Evaluationskriterien gebe und dass die – zumindest methodisch verlässlichen – britischen Studien jedes Ergebnis vom Kriminalitätsrückgang über „keine Änderungen" bis hin zur Kriminalitätszunahme erbracht hätten, entschied sich die Landesregierung bereits zwei Jahre nach der Einführung der präventiv-polizeilichen Videoüberwachung für eine Beibehaltung der Regelung in geänderter Fassung. In der Gesetzesbegründung[21] hieß es in diesem Zusammenhang, die „*bisher vorliegenden Ergebnisse laufender Videoprojekte*" hätten die Geeignetheit der Videoüberwachung zur Verhinderung von Straftaten bewiesen.

Seit dem Jahr 2003 entschieden sich trotz dieser „Geeignetheit" – neben Bielefeld – nur noch drei weitere nordrhein-westfälische Polizeibehörden, nämlich die Polizeipräsidien in Düsseldorf und Mönchengladbach sowie die Kreispolizeibehörde Coesfeld, für die Einführung einer Videoüberwachungsmaßnahme auf der Grundlage des § 15a PolG NRW – eine für sich gesehen schon bemerkenswerte Tatsache.

---

20 Boers (2004).
21 LT-Drucks. 13/2854 (S. 54).

3. Die „Evaluation" der Regelung des § 15 a PolG NRW im Jahr 2008

Die mit Gesetz vom 08.07.2003[22] geänderte, jetzt – im Jahr 2008 – zu bewertende Fassung des § 15 a PolG NRW lautet

„§ 15a

Datenerhebung durch den offenen Einsatz optisch-technischer Mittel

(1) Zur Verhütung von Straftaten kann die Polizei einzelne öffentlich zugängliche Orte, an denen wiederholt Straftaten begangen wurden und deren Beschaffenheit die Begehung von Straftaten begünstigt, mittels Bildübertragung beobachten und die übertragenen Bilder aufzeichnen, solange Tatsachen die Annahme rechtfertigen, dass an diesem Ort weitere Straftaten begangen werden. Die Beobachtung ist, falls nicht offenkundig, durch geeignete Maßnahmen erkennbar zu machen.

(...).

(4) Maßnahmen nach Absatz 1 sind zu dokumentieren. Sie sind jeweils auf ein Jahr befristet. Nach Fristablauf ist zu überprüfen, ob die Voraussetzungen gemäß Absatz 1 weiter vorliegen. Eine Verlängerung um jeweils ein Jahr ist in diesem Fall zulässig.

(5) § 15a tritt fünf Jahre nach In-Kraft-Treten dieses Gesetzes außer Kraft."

a) Überprüfung der polizeilichen Dokumentationen im Sinne des § 15a PolG NRW

Durch die im vierten Absatz des § 15a PolG NRW vorgesehene Dokumentationspflicht der Polizeibehörden sind diese – vor dem Hintergrund der Befristung der Maßnahme auf ein Jahr – verpflichtet, jährlich eine nachvollziehbare Prognoseentscheidung für eine mögliche Verlängerung des Einsatzes der Videokameras zu treffen. Als Orientierungshilfe bei der Dokumentationserstellung dient den Behörden – neben dem Gesetzestext selbst – vor allen Dingen die Verwaltungsvorschrift zum Polizeigesetz des Landes Nordrhein-Westfalen (VVPolG NRW)[23], die vom Innenministerium zur näheren Erläuterung der gesetzlichen Regelung entwickelt wurde. Nach den Nummern 15a.0 ff. der VVPolG NRW haben die Polizeibehörden bei der Prognoseentscheidung insbesondere Angaben über folgende Umstände zu machen:
- die Beschaffenheit des Ortes der Videoüberwachung einschließlich der dortigen sozialen Umstände,
- die Charakterisierung des Ortes als Kriminalitätsbrennpunkt,

---

[22] GV.NRW.2003 S. 410.
[23] MBl.NRW.2004 S. 82.

- die Auswirkungen der Videoüberwachung auf die Verhütung von Straftaten,
- die Steigerung der Aufklärung von Straftaten und die Verbesserung des Sicherheitsgefühls der Bevölkerung,
- das Gesamtkonzept, in das die Videoüberwachung eingebunden ist, und
- die Veränderungen während und ggf. nach der Maßnahme, insbesondere die Beobachtung von Verdrängungseffekten.

Überprüfungen der polizeilichen Dokumentationen durch die LDI NRW im Vorfeld des Evaluationsprozesses ließen bereits befürchten, dass eine wissenschaftlich fundierte Evaluierung – wie von Boers vorausgesagt[24] – an der ungeklärten Frage der methodischen Herangehensweise scheitern würde, also schon an der „Versuchsanordnung":

So finden sich in den Dokumentationen beispielsweise oft schon keine belastbaren Vergleichszahlen für die Zeit vor Einführung der Maßnahme, die eine „Vorher-Nachher-Betrachtung" erlauben könnten. Die Orte, an denen die Videoüberwachung stattfindet, werden nicht oder nur wenig aussagekräftig ins Verhältnis zu „Vergleichsräumen" in derselben Stadt oder zur allgemeinen Stadtentwicklung gesetzt. Besondere Ereignisse, die für die Bewertung des Kriminalitätsaufkommens eine Rolle spielen könnten (Karneval, große Stadtfeste u. ä.), finden bei den Auswertungen überhaupt keine Erwähnung. Ferner enthalten die Dokumentationen keine genauere Untersuchung der Wechselwirkungen der einzelnen Maßnahmen im Rahmen des Gesamtkonzepts (z. B. verstärkter Fußstreifeneinsatz), die eine Aussage zur Kausalität der Videoüberwachung für die eventuell zu verzeichnenden Veränderungen erlaubten. Lückenhaft bleibt auch die Bewertung des Verdrängungseffekts, da keine Analyse der tatsächlichen Entwicklung der Standorte unter Berücksichtigung der früheren Verhältnisse stattfindet. Schließlich wird ein gestiegenes Sicherheitsempfinden der Bevölkerung behauptet, die Quellen dieser Erkenntnis werden aber entweder nicht offen gelegt oder es erfolgt eine Bezugnahme auf schon länger zurückliegende Befragungen. Die Problematik des Entstehens, Feststellens und Bewertens des subjektiven Sicherheitsempfindens wird in diesem Zusammenhang gar nicht berücksichtigt.[25]

b) Bewertung des Evaluierungsberichts

Auch der von der Landesregierung vorgelegte „Evaluierungsbericht"[26] wird den Anforderungen nicht gerecht, die an eine wissenschaftliche Untersuchung zu stellen

---

24　Boers (2004).
25　S. hierzu z. B. die von der DFG geförderte Studie des Instituts für kriminologische Sozialforschung der Universität Hamburg „Videoüberwachung in Hamburg", 2007 (Projektleiter: Nils Zurawski).
26　Vgl. Fn. 11.

sind. Da der Bericht offensichtlich eine bloße Zusammenstellung der Ergebnisse der polizeilichen Dokumentationen nach § 15a Abs. 4 PolG NRW ist, setzen sich deren Schwächen in ihm fort[27]. Der erforderliche Eignungsnachweis gelingt auf dieser Grundlage nicht.

Ein Grundproblem des Berichts besteht – neben den oben aufgezeigten Problemen – insbesondere darin, dass in ihm das eigentliche Ziel der präventiven Videoüberwachung – die Verhütung von Straftaten – aus den Augen verloren wird. Ein Nachweis für eine abschreckende Wirkung der Maßnahme, also dafür, dass sich Personen erkennbar durch die Videoüberwachung davon abhalten lassen, Straftaten zu begehen, wird weder durch den Bericht selbst noch durch die Stellungnahmen der Sachverständigen bei der öffentlichen Anhörung im Innenausschuss des Landtags[28] erbracht. Selbst die polizeilichen Interessenvertreter[29] gestehen insofern zu, dass sich tatsächlich kein Verhütungseffekt der Maßnahme feststellen lasse und dass sich dieser Effekt – wenn überhaupt – in der Regel erst durch die weiteren Maßnahmen im Rahmen des Gesamtkonzeptes, insbesondere durch die verstärkte Polizeipräsenz vor Ort, ergebe. Lediglich die Wirkungen der Videoüberwachung auf das subjektive Sicherheitsempfinden der Bevölkerung werden von ihnen positiv hervorgehoben. Auch trügen die Videoaufzeichnungen zur Aufklärung begangener Straftaten bei und ermöglichten eine bessere polizeiliche Einsatzplanung.

III. Fazit

Der Evaluierungsprozess in Bezug auf den § 15a PolG NRW lässt sich hiernach überspitzt wie folgt zusammenfassen: „Gut gemeint, aber schlecht umgesetzt". Die durchaus begrüßenswerten Ansätze für eine ernsthafte Gesetzesfolgenabschätzung wurden durch eine Vorgehensweise zunichte gemacht, die methodischen Anforderungen nicht genügt. Die bei der Sachverständigenanhörung geäußerten Bedenken der LDI NRW wurden jedoch nicht gehört. Mit Gesetz vom 10. Juni 2008[30] wurde eine Geltungsverlängerung bis zum Jahr 2013 beschlossen, obwohl es im Sinne des Grundrechtsschutzes wünschenswert gewesen wäre, hiervon abzusehen.

---

27 S. hierzu und zu den Problemen der einzelnen Standorte die Stellungnahme der LDI NRW im Rahmen der Anhörung zum Gesetzesentwurf der Landesregierung zur Änderung des Polizeigesetzes (LT-Drucks. 14/6096) am 23.04.2008 im Innenausschuss des Landtages (LT-Stellungnahme 14/1845).
28 40. Sitzung des Innenausschusses am 23. April 2008 zum Gesetz zur Änderung des Polizeigesetzes des Landes Nordrhein-Westfalen – Öffentliche Anhörung (E 14/1099).
29 S. Stellungnahme des Düsseldorfer Polizeipräsidenten (LT-Stellungnahme 14/1824), des Bielefelder Polizeipräsidenten (LT-Stellungnahme 14/1849), des Kölner Polizeipräsidenten (LT-Stellungnahme 14/1855) und der Vertreter der Polizeigewerkschaften (LT-Stellungnahmen 14/1853, 14/1852, 14/1850).
30 GV.NRW.2008 S. 471 f.

IV. Literatur

Boers (2004), Videoüberwachung in Bielefeld. Kriminologisches Gutachten, Münster

Bücking/Kubera (2004), „Eine digitale Streifenfahrt..." – Evaluation einer Videoüberwachung beim Polizeipräsidium Bielefeld, Frankfurt

Bücking/Kubera (2005), „Eine digitale Streifenfahrt..." – Evaluation einer Videoüberwachung im Polizeipräsidium Bielefeld, Die Kriminalprävention 2005, 47 ff.

Degeval <Hrsg.> (2002), Standards für Evaluation, Köln

Glatzner (2006), Die staatliche Videoüberwachung des öffentlichen Raumes als Instrument der Kriminalitätsbekämpfung – Spielräume und Grenzen, Münster

Gras (2003), Kriminalprävention durch Videoüberwachung – Gegenwart in Großbritannien - Zukunft in Deutschland?, Baden-Baden

Lang (2005), Evaluation der Videoüberwachung in Bielefeld, Kriminalistik 2005, 723 ff.

Vahle (2001), Vorsicht, Kamera! – Anmerkungen zur ‚Video-Novelle' im nordrhein-westfälischen Polizeigesetz, Neue Zeitschrift für Verwaltungsrecht (NVwZ) 2001, 165 ff.

Die kumulative Wirkung von Überwachungsmaßnahmen: Eine Herausforderung an die Evaluierung von Sicherheitsgesetzen

Gerrit Hornung

I.	Einleitung	65
II.	Vorgaben des Bundesverfassungsgerichts	66
III.	Bewertung und Auswirkungen auf die behördliche Praxis	69
	1. Besondere Qualität des kumulativen Grundrechtseingriffs	69
	a) Ausgangspunkt	69
	b) Kernbereichsbezug durch Kumulation?	70
	c) Das Problem der „Rundumüberwachung"	72
	2. Besondere verfahrensrechtliche Anforderungen	74
	3. Die Aufgabe des Gesetzgebers	76
IV.	Umsetzung in der nachträglichen Evaluierung durch den Gesetzgeber	77
	1. Bisherige rechtstatsächliche Erkenntnisse	77
	2. Fragen für künftige Evaluierung und Forschung	79
V.	Interbehördliche Kooperation – Schutz oder Verletzung von Grundrechten?	80
VI.	Literatur	83

I. Einleitung

Wenn Behörden zur Strafverfolgung, Gefahrenabwehr oder Gefahrenvorsorge Maßnahmen zur Informationserhebung gegen einen oder mehrere Betroffene durchführen, wird es aus ihrer Perspektive häufig sinnvoll sein, sich ein möglichst umfassendes Bild über das Verhalten der beobachteten Personen zu verschaffen. Für die Behörden werden dabei insbesondere deren Kommunikationsbeziehungen von Interesse sein, im Einzelfall kann es aber auch um Bewegungsprofile oder bestimmte Tätigkeiten in abgeschotteten Räumlichkeiten gehen.

Um möglichst umfassende Erkenntnisse über den Betroffenen zu erhalten, werden in derartigen Verfahren häufig[1] mehrere – gerade informationstechnische –

---

[1] In welchem Umfang dies tatsächlich der Fall ist, ist weithin unbekannt. In der Literatur wird ein zunehmendes Interesse der Strafverfolgungsbehörden an einer kumulativen Verwendung der zur Verfügung stehenden Instrumentarien konstatiert, s. Puschke (2006), S. 57; gerade bei fortlaufenden Ortungen erscheint die Kumulation mit anderen Maßnahmen als sehr wahrscheinlich, s. Roggan (2006), 165; zu ersten Untersuchungen s. unten IV.1.

Maßnahmen „kumulativ" oder „additiv" (in letzterer Terminologie das Bundesverfassungsgericht in seiner GPS-Entscheidung[2]) angewendet. Wenn wie in den letzten Jahren den Sicherheitsbehörden insoweit neue Befugnisse eingeräumt werden, so spricht eine Vermutung dafür, dass die kumulative Anwendung der Maßnahmen eher zunehmen wird.[3] Dies kann sowohl innerhalb eines der Bereiche Strafverfolgung, Gefahrenabwehr und Gefahrenvorsorge erfolgen, als auch mehrere dieser Bereiche umfassen. Der Begriff der „Überwachungsmaßnahme" wird im Folgenden übergreifend für die staatliche Beobachtung menschlichen Verhaltens in einem oder mehreren der drei Bereiche verwendet.

Die Tendenz zur Ausweitung der kumulativen Anwendung von Überwachungsmaßnahmen stellt die Praxis der Evaluierung von Sicherheitsgesetzen, die der Gesetzgeber aus guten Gründen in den letzten Jahren mehrfach im Rahmen der Schaffung neuer Ermächtigungsgrundlagen angeordnet hat,[4] vor neue Herausforderungen. Dabei lassen sich (mindestens) drei Problembereiche festmachen. Erstens ist aus normativer Sicht der Bewertungsmaßstab für die kumulative Anordnung mehrerer hoheitlicher Maßnahmen gegen den- oder dieselben Betroffenen noch wenig ausgearbeitet. Zweitens wird die Auswertung etwa von Verfahrensakten auf die gleichzeitige Anordnung mehrerer Maßnahmen einen erheblichen Mehraufwand verursachen, selbst wenn die entsprechenden Informationen Inhalt der Akten sind. Drittens ist die perspektivische Frage noch nicht beantwortet, ob der vom Bundesverfassungsgericht geforderte Informationsaustausch und die Koordinierung der Anordnung mehrerer Maßnahmen nicht letztlich Effekte haben könnten, die einem effektiven Grundrechtsschutz gerade zuwiderlaufen.

Die folgenden Ausführungen verstehen sich als Diskussionsanregung zu den genannten Problemen. Angesichts der Neuartigkeit der Fragestellung bedarf es bezüglich der kumulativen Wirkung von Eingriffskompetenzen und den auf ihrer Basis angeordneten Überwachungsmaßnahmen sowohl in normativer wie in rechtstatsächlicher Hinsicht weiterer Forschung.[5]

II. Vorgaben des Bundesverfassungsgerichts

Das Bundesverfassungsgericht hatte sich im Jahre 2005 in der genannten GPS-Entscheidung im Rahmen einer Verfassungsbeschwerde gegen eine Entscheidung

---

2   BVerfGE 112, 304, auch abrufbar unter www.bverfg.de, Az. 2 BvR 581/01; in diesem Beitrag wird – im Anschluss an andere Veröffentlichungen [Puschke (2006); Kirchhof (2006), S. 732 (dort Fn. 9)] – der Begriff „kumulativ" verwendet.
3   Unterscheiden lassen sich insoweit die kumulative Anordnung gleichartiger und verschiedenartiger Maßnahmen, s. Puschke (2006), S. 87 ff.
4   S. hierzu Albers (2006).
5   Zu den Möglichkeiten und Grenzen der rechtlichen Bewertung neuer Überwachungstechnologien s. näher Hornung (2007).

des Bundesgerichtshofes[6] mit zwei grundsätzlichen Fragestellungen zu beschäftigen. Neben dem – hier nicht weiter relevanten – Problem, ob der Einsatz eines GPS-Senders durch die Formulierung „besondere für Observationszwecke bestimmte technische Mittel" im damaligen § 100c I Nr. 1 b) StPO gedeckt war,[7] behandelt das Urteil auch die zeitgleiche Anordnung mehrerer Überwachungsmaßnahmen gegen den Beschwerdeführer.

Im Einzelnen waren gegen diesen die folgenden Maßnahmen angeordnet worden:[8]
- Videoüberwachung des Eingangsbereichs des vom Beschwerdeführer mitgenutzten Wohnhauses seiner Mutter einschließlich eines am Grundstück vorbeiführenden Verbindungsweges
- Visuelle Langzeitobservation durch das Landeskriminalamt
- Videogestützte Langzeitbeobachtung durch den Verfassungsschutz des Landes Nordrhein-Westfahlen
- Observierung des Wohnhauses des Mitangeklagten durch den Verfassungsschutz der Freien und Hansestadt Hamburg
- Versehen des Pkw des Mitangeklagten, den der Beschwerdeführer ebenfalls verwendete, mit einem Peilsender durch das Bundeskriminalamt
- Später Ersatz der Peilsender durch eine GPS-gestützte Observation
- Abhören des Betriebsfunks des Mitangeklagten
- Überwachung des vom Beschwerdeführer mitgenutzten Telefonanschlusses der Mutter des Beschwerdeführers
- Überwachung des Telefonanschlusses der nahe gelegenen Telefonzelle
- Überwachung des Telefonanschlusses des Mitangeklagten
- Öffnung und Überprüfung der Postsendungen des Beschwerdeführers
- Ausschreibung des Beschwerdeführers, des Mitangeklagten und der von ihnen genutzten Fahrzeuge zur polizeilichen Beobachtung
- Abhören und Aufzeichnen des in den Pkws des Mitangeklagten und der Mutter nicht öffentlich gesprochenen Wortes (dieser Beschluss wurde nicht mehr ausgeführt).

---

6 BGHSt 46, 266, auch abrufbar unter www.bundesgerichtshof.de, Az. 3 StR 324/00; die Entscheidung betraf die Verurteilung der Mitglieder der so genannten „Antiimperialistischen Zellen".
7 Dies wurde vom Gericht bejaht, s. BVerfGE 112, 304 (315 ff.), auch abrufbar unter www.bverfg.de, Az. 2 BvR 581/01, Rn. 45; ebenso BGHSt 46, 266 (271 ff.), auch abrufbar unter www.bundesgerichtshof.de, Az. 3 StR 324/00, S. 8 ff., in der vor dem Bundesverfassungsgericht angegriffenen Entscheidung; dazu z.B. Gercke (2006); Kühne (2001); Vassilaki (2005); Roggan (2006), S. 161 ff.
8 S. die Aufzählung in BVerfGE 112, 304 (306 f.), auch abrufbar unter www.bverfg.de, Az. 2 BvR 581/01, Rn. 14 ff.; leicht abweichende Darstellung in BGHSt 46, 266 (275 f.), auch abrufbar unter www.bundesgerichtshof.de, Az. 3 StR 324/00, S. 13 f.; zum Hintergrund der Entscheidung auch Steinmetz (2001), S. 344; Roggan (2006), S. 160 ff.

Das Gericht verneint zunächst einen Eingriff in den absolut geschützten Kernbereich privater Lebensgestaltung.[9] Die Verwendung von Instrumenten technischer Observation erreiche diesen in Ausmaß und Intensität typischerweise nicht; so liege es auch hier.

Im zweiten Schritt erörtert die Entscheidung die Frage, ob für die kumulative Anwendung mehrerer Ermittlungsmaßnahmen zur selben Zeit eine spezielle gesetzliche Regelung erforderlich sei. Dies wird mit der Begründung abgelehnt, der Gesetzgeber habe davon überzeugt sein dürfen, dass eine von Verfassungs wegen stets unzulässige „Rundumüberwachung" durch allgemeine verfahrensrechtliche Sicherungen auch ohne spezifische gesetzliche Regelung grundsätzlich ausgeschlossen sein werde.[10]

Im Anschluss formuliert das Gericht allerdings besondere Anforderungen an das Verfahren.[11] Es sei sicherzustellen, dass die zuständige Staatsanwaltschaft als primär verantwortliche Entscheidungsträgerin über alle Ermittlungseingriffe informiert sei. Dazu bedürfe es nicht nur einer vollständigen Aktendokumentation, sondern auch der Nutzung der länderübergreifenden staatsanwaltschaftlichen Verfahrensregister (§§ 492 ff. StPO),[12] um sicherzustellen, dass nicht verschiedene Staatsanwaltschaften unabhängig voneinander Maßnahmen beantragten oder anordneten. Falls neben Strafverfolgungsinstanzen auch Verfassungsschutzbehörden und Nachrichtendienste tätig würden, sei im neuen § 492 Abs. 4 StPO die Möglichkeit für die Staatsanwaltschaften geschaffen worden, insoweit grundlegende Verfahrensdaten zur Verfügung zu stellen, sofern diesen Behörden ein Auskunftsrecht gegenüber den Strafverfolgungsbehörden zustünde; hiervon sei Gebrauch zu machen.

Schließlich sieht das Bundesverfassungsgericht auch den Gesetzgeber in der Pflicht. Dieser werde

> „zu beobachten haben, ob die bestehenden verfahrensrechtlichen Vorkehrungen auch angesichts zukünftiger Entwicklungen geeignet sind, den Grundrechtsschutz effektiv zu sichern. Es dürfte zu erwägen sein, ob durch ergänzende Regelung der praktischen Ermittlungstätigkeit –

---

9   Das Bundesverfassungsgericht hat einen solchen absolut geschützten Bereich seit langem anerkannt [BVerfGE 6, 32 (41); 27, 1 (6); 32, 373 (378 f.); 80, 367 (373)] und in der Entscheidung zur akustischen Wohnraumüberwachung erstmals seine Verletzung bejaht [BVerfGE 109, 279 (311 ff.), auch abrufbar unter www.bverfg.de, Az. 1 BvR 2378/98, Rn. 113 ff.]. Die weitere Entwicklung wird maßgeblich durch die Entscheidung zur so genannten „Online-Durchsuchung" beeinflusst werden (BVerfG, Neue Juristische Wochenschrift (NJW) 2008, 822 ff.), s. dazu Hornung (2008); Eifert (2008); Volkmann (2008).
10 BVerfGE 112, 304 (319 f.), auch abrufbar unter www.bverfg.de, Az. 2 BvR 581/01, Rn. 58 ff.
11 S. BVerfGE 112, 304 (320), auch abrufbar unter www.bverfg.de, Az. 2 BvR 581/01, Rn. 62 ff.; zustimmend Vassilaki (2005), S. 573 f.; s.a. Gercke (2002), S. 136 f. (zur Entscheidung des BGH).
12 Dazu z.B. Kestel (1997), S. 266 ff.; Dembowski (2003), Kap. 8.1, Rn. 58 ff.

etwa in den Richtlinien für das Strafverfahren und das Bußgeldverfahren – unkoordinierte Ermittlungsmaßnahmen verschiedener Behörden verlässlich verhindert werden können."[13]

Diese Vorgabe konkretisiert allgemeine verfassungsrechtliche Beobachtungspflichten des Gesetzgebers[14] in Bezug auf die Kumulation mehrerer hoheitlicher Überwachungsmaßnahmen.

III. Bewertung und Auswirkungen auf die behördliche Praxis

Soweit ersichtlich, sind die konkreten Auswirkungen der Entscheidung auf die behördliche Praxis bislang wenig erörtert worden. Ebenso fehlt es an einer deutlichen Initiative des Gesetzgebers, seiner im vorherigen Abschnitt erwähnten Beobachtungspflicht nachzukommen. Rechtliche Vorgaben für die Bewertung kumulativer Maßnahmen oder die verfahrenstechnische Abwicklung fehlen weitgehend.

1. Besondere Qualität des kumulativen Grundrechtseingriffs

a) Ausgangspunkt

Auf der materiellrechtlichen Ebene besteht das normative Grundproblem darin, dass die (grund-)rechtliche Bewertung der Kumulation mehrerer Grundrechtseingriffe im Allgemeinen und mehrerer informationstechnischer Ermittlungsmaßnahmen im Besonderen bislang nur unvollständig dogmatisch erfasst ist.[15] Es fehlt sowohl an verfassungsrechtlichen Maßstäben für den Einsatz, als auch an Kriterien für die rechtliche Beurteilung der Auswirkungen für die Betroffenen. Die grundrechtlichen Fragestellungen sind dabei keineswegs auf staatliche Überwachungsmaßnahmen beschränkt; vergleichbare Probleme der kumulativen Wirkung von Hoheitsakten lassen sich auch im Bereich des Steuerrechts, der Sicherung des Existenzminimums oder der Beeinträchtigung des durch Art. 14 GG geschützten Eigentums[16] sowie im Be-

---

13 BVerfGE 112, 304 (320 f.), auch abrufbar unter www.bverfg.de, Az. 2 BvR 581/01, Rn. 62 ff.
14 S. z.B. BVerfGE 49, 89 (130 ff.); 56, 54 (78 ff.), 95, 267 (313 ff.); 97, 271 (292 f.), auch abrufbar unter www.bverfg.de, Az. 1 BvR 1318/86, Rn. 4d ff.; s. a. SächsVerfGH, DVBl 1996, 1423; zum Hintergrund der Evaluierung als Verfassungsgebot Bizer, in: AK-GG, Art. 10, Rn. 106 ff; Bizer (2003); Albers (2006), S. 27 ff.; zu den Schwierigkeiten im Bereich von Sicherheitsgesetzen Gusy (2006).
15 Für bisherige Arbeiten s. aus unterschiedlichen Perspektiven Comes (1998), S. 570 f.; Lücke (2001); Gercke (2002), S. 131 ff.; Puschke (2006), S. 61 ff., 132 ff. et passim; Kirchhof (2006); Roggan (2006), S. 161 ff.; Warntjen (2007), S. 107 ff., 188 ff.; s.a. Hufen (1994), S. 916; aus strafprozessualer Perspektive Steinmetz (2001).
16 S. Lücke (2001), S. 1471 ff.; Kirchhof (2006), S. 733 f.

reich der Berufsfreiheit[17] beobachten. Außerdem können auch Akte verschiedener Staatsgewalten miteinander kumulieren.[18]

Das Bundesverfassungsgericht hat in der GPS-Entscheidung die Erforderlichkeit einer speziellen gesetzlichen Grundlage für die kumulative Anwendung mehrerer Überwachungsmaßnahmen verneint[19] und die Aufgabe der Berücksichtigung kumulativer Effekte auf die Instanz verlagert, die jeweils eine konkrete Maßnahme anordnet. Die anordnenden Gerichte, G10-Kommissionen, Staatsanwaltschaften, Polizeien und Nachrichtendienste sind gehalten, bei der Verhältnismäßigkeitsprüfung zu berücksichtigen, ob bereits weitere Überwachungsmaßnahmen angeordnet sind oder dies beabsichtigt wird. Ist das der Fall, so muss weiter geprüft werden, ob die konkrete Maßnahme, die angeordnet werden soll, auch unter Berücksichtigung dieser anderen Maßnahmen verhältnismäßig (insbesondere objektiv zumutbar) ist.

Diese Verpflichtung dürfte die beteiligten Entscheidungsträger allerdings vor nicht geringe Herausforderungen stellen. Selbst wenn man unterstellt, dass die anordnende Instanz Kenntnis von den übrigen Überwachungsmaßnahmen hat,[20] so verbleibt doch die Frage des normativen Maßstabs. Im Rahmen der Verhältnismäßigkeitsprüfung können etwa die Art der Informationen, der durch die Kumulation erzielte oder erzielbare Umfang sowie die weiteren Verarbeitungsmodalitäten berücksichtigt werden.[21]

b) Kernbereichsbezug durch Kumulation?

Zweifelhaft sind aber die absoluten Grenzen: Das Bundesverfassungsgericht verneint in der GPS-Entscheidung einen Eingriff in den Kernbereich privater Lebensgestaltung,[22] gibt aber keine Kriterien dafür an, wann ein solcher Eingriff durch die kumulative Wirkung mehrerer Maßnahmen erreicht werden könnte. Anders als etwa im Bereich der Kumulation mehrerer Maßnahmen im Steuerrecht, wo die schlichte

---

17 Hufen (1994), S. 2916.
18 S. Lücke (2001), S. 1471 ff.
19 BVerfGE 112, 304 (319 f.), auch abrufbar unter www.bverfg.de, Az. 2 BvR 581/01, Rn. 58 ff.; s.a. BGHSt 46, 266 (277), auch abrufbar unter www.bundesgerichtshof.de, Az. 3 StR 324/00, S. 15 f.; a.A. für die Kumulation besonders schwerwiegender Maßnahmen Puschke (2006), S. 111 ff.; zu weiteren Forderungen de lege ferenda (Richtervorbehalt, Beschränkung auf bestimmte Anlasstaten, Subsidiaritätsklausel, normierte Beweisverbote, Verwendungsregelungen, Löschungs- und Sperrungs- und Benachrichtigungspflichten) s. ebenda S. 137 ff.; einen Richtervorbehalt fordert auch Gercke (2002), S. 138 f.; ähnlich Roggan (2006), S. 165; für eine Beobachtungspflicht des Gesetzgebers Warntjen (2007), S. 192.
20 Dazu unten III. 2.; s.a. Gercke (2002), S. 136 f.
21 S. Puschke (2006), S. 83 ff.; Warntjen (2007), S. 188 ff.
22 Das Bundesverfassungsgericht prüft die Maßnahmen anhand dieses Kernbereichs privater Lebensgestaltung. Demgegenüber schlägt Puschke (2006), S. 83 ff., einen weiteren, gerade gegen Kumulation absolut geschützten Bereich vor.

Addition zumindest einen maßgeblichen Anhaltspunkt darstellen wird,[23] ist die Ausarbeitung derartiger Kriterien im Bereich der Überwachung überaus schwierig.[24]

In der Entscheidung zur akustischen Wohnraumüberwachung hatte das Gericht hierzu immerhin Anhaltspunkte genannt. Der Kernbereich wird danach insbesondere bei einem engen Bezug zu Art. 13 GG eingreifen. Überdies schützt er die „Möglichkeit, innere Vorgänge wie Empfindungen und Gefühle sowie Überlegungen, Ansichten und Erlebnisse höchstpersönlicher Art zum Ausdruck zu bringen" ebenso wie „Gefühlsäußerungen, Äußerungen des unbewussten Erlebens sowie Ausdrucksformen der Sexualität".[25]

Wenn insoweit ein bestimmter, besonders sensibler Bereich der Persönlichkeitsentfaltung angesprochen ist, so dürfte es im Prinzip keinen Unterschied machen, ob spezifische Informationen aus diesem Bereich durch eine oder mehrere hoheitliche Maßnahmen aufgezeichnet werden. Eine höhere Eingriffsintensität könnte aber daraus resultieren,

- dass mehrere staatliche Stellen die entsprechende Information weiterverwenden,
- dass die Maßnahmen nicht (nur) auf die Erfassung einer sensiblen Information selbst, sondern auf die Beobachtung eines räumlichen Bereichs gerichtet sind, in dem derartige Informationen typischerweise aufbewahrt oder kommuniziert werden, oder
- dass die Kumulation mehrerer Maßnahmen die Wahrscheinlichkeit erhöht, Informationen des absolut geschützten Kernbereichs – insbesondere höchstpersönliche Informationen[26] – aufzuzeichnen.

Der erste Punkt dürfte vor allem bei der parallelen Überwachung durch Strafverfolgungs- und Gefahrenabwehrbehörden einerseits, Nachrichtendiensten andererseits relevant werden. Wenn die konkrete Information in sich schon so sensibel ist, dass bereits der Zugriff einer einzelnen Stelle wegen des Kernbereichsbezugs unzulässig wäre, so entstehen zwar keine zusätzlichen rechtlichen Probleme durch die Kumulation: Die Maßnahme bleibt für jede Behörde unzulässig. Die faktische Betroffenheit („innerhalb" des Kernbereichs) wird aber weiter erhöht, weil die Betroffenen mit jeder staatlichen Stelle, die über die Information verfügt, stärker belastet werden. So erhöhen sich sowohl die Wahrscheinlichkeit, Adressat von Folgemaßnahmen zu werden, als auch das Risiko einer missbräuchlichen internen oder externen Verwendung der Daten.

---

23 S. Kirchhof (2006), S. 733 f.; s. aber zu den Problemen der Bestimmung der noch verhältnismäßigen Belastung im Falle der Kumulation Lücke (2001), S. 1477 f. m.w.N.
24 Zu Notwendigkeit und Problematik derartiger juristischer Abwägungsprozesse s. Hornung (2007), S. 154 ff.; zur gesellschaftlichen Perspektive der Kumulation mehrerer Maßnahmen ebenda, S. 157 ff.
25 BVerfGE 109, 279 (313), auch abrufbar unter www.bverfg.de, Az. 1 BvR 2378/98, Rn. 188 ff.; s. näher z.B. Warntjen (2007); zu den Problemen in der Umsetzung des Kernbereichsschutzes s. z.B. Perne (2006).
26 Zu den Kriterien der Höchstpersönlichkeit s. Warntjen (2007), S. 86 ff.

Hinsichtlich der Beobachtung räumlicher Bereiche wird es etwa in Übertragung der oben genannten Kriterien des Bundesverfassungsgerichts im Schutzbereich von Art. 13 GG regelmäßig einen Unterschied machen, ob die Wohnung eines Verdächtigen „nur" akustisch mit internen Mikrophonen, oder darüber hinaus noch mit anwesendem Personal, Richtmikrophonen, äußeren visuellen Hilfsmitteln oder – im Bereich der Gefahrenabwehr[27] – in der Wohnung angebrachten Kameras überwacht wird. Eine besonders schwere Maßnahme, die als solche „gerade noch" als akzeptabel beurteilt wird, könnte beim Hinzutreten einer oder mehrerer weiterer Maßnahmen unzulässig werden.

Der dritte oben genannte Punkt dürfte an der Schnittstelle zwischen Kernbereich und kumulativer Anwendung von Überwachungsmaßnahmen am wichtigsten sein. Bei der Anwendung „nur" einzelner Maßnahmen verbleiben im Regelfall Rückzugsräume, in denen unbeobachtetes Verhalten und unbeobachtete Kommunikation stattfinden können. Je mehr Überwachungsmittel auf den oder die Betroffenen angewendet werden, desto enger werden diese Räume, und desto größer wird die Wahrscheinlichkeit, Informationen aus dem Kernbereich unzulässigerweise zu erheben.[28] Dies bedarf im Einzelfall einer abwägenden Prognose der anordnenden Stelle.

c) Das Problem der „Rundumüberwachung"

Auch für das zweite durch das Gericht geprüfte – und im konkreten Fall verneinte – Kriterium werden kaum operationalisierbare Kriterien angegeben. Zunächst ist das Verhältnis der „stets unzulässigen Rundumüberwachung" zum Schutz des Kernbereichs privater Lebensgestaltung nicht hinreichend klar. Denkbar wäre etwa, letzteren auf bestimmte besonders sensible Sachverhalte zu beschränken und erstere zur Rechtsprechung des Bundesverfassungsgerichts zu Persönlichkeitsprofilen in Bezug zu setzen.[29] Danach sind sowohl das totale Registrieren[30] als auch das Anfertigen von Teilprofilen[31] der Persönlichkeit gegen den Willen des Betroffenen verfassungswidrig.

Allerdings finden sich in der Rechtsprechung des Gerichts auch insoweit keine handhabbaren Kriterien für das Vorliegen eines vollständigen Profils oder eines unzulässigen Teilprofils. Dementsprechend ist hinsichtlich der Figur des „totalen Registrierens" schon vor einiger Zeit kritisiert worden, das Gericht verfehle die alltägliche Bedrohung, weil es ohnehin unmöglich sei, „den" Menschen in seiner „gan-

---

27 Für Strafverfolgungsbehörden existiert derzeit keine entsprechende Befugnis, da Art. 13 Abs. 2 und 3 GG dies nicht zulassen. Innerhalb der große Koalition herrschte im Frühjahr 2008 Streit über die Einrichtung einer entsprechenden Befugnis, s. http://www.heise.de/newsticker/meldung/106726 (zuletzt abgerufen am 14.08.2009).
28 S.a. Puschke (2006), S. 98; Warntjen (2007), S. 107 ff.
29 In diese Richtung Puschke (2006), S. 81 f.
30 BVerfGE 27, 1 (6).
31 BVerfGE 65, 1 (53 f.).

zen" Persönlichkeit zu registrieren.[32] Der Bundesgerichtshof sah sich in dem vor dem Bundesverfassungsgericht angegriffenen Urteil zum GPS-Einsatz nicht veranlasst, die Voraussetzungen für eine unzulässige Totalüberwachung zu definieren, da eine solche angesichts der jeweils begrenzten Wirkung der einzelnen Maßnahmen und des Verdachts der Begehung schwerster Straftaten im vorliegenden Fall jedenfalls nicht vorliege.[33]

Bezogen auf die kumulative Wirkung mehrerer Überwachungsmaßnahmen bedeutet dies, dass es sehr schwer sein wird zu entscheiden, welche Maßnahme diejenige sein soll, die als sprichwörtlicher Tropfen das Fass zum Überlaufen bringen soll. Wenn Bundesverfassungsgericht und Bundesgerichtshof in der Anordnung der oben genannten 13 Maßnahmen keine unzulässige Rundumüberwachung erkennen, dürfte es zumindest schwer sein, eine solche zu begründen, wenn weitere Maßnahmen hinzutreten, die den dort behandelten ähneln.

Dennoch ist das Kriterium der „Rundumüberwachung" letztlich zur verfassungsdogmatischen Bewertung der kumulativen Anwendung von Überwachungsmaßnahmen besser geeignet als die Rechtsfigur des Kernbereichs privater Lebensgestaltung. Wenn es bei letzterem im Wesentlichen um Informationen geht, die in sich sensibel sind, so gilt dies unabhängig davon, mittels wie vieler Maßnahmen sie erhoben werden. Damit bleibt als Spezifikum der Kumulation übrig, dass diese die Wahrscheinlichkeit der unzulässigen Erhebung erhöht. Dieser Punkt sollte nicht gering bewertet werden, ist aber nicht im selben Maße charakteristisch für die kumulative Anwendung von Überwachungsmaßnahmen wie das Kriterium der Rundumüberwachung.

Dieses kann allerdings für die Bewertung kumulativer Grundrechtseingriffe nur dann fruchtbar gemacht werden, wenn es nicht lediglich als Folie für einen Zustand tatsächlich vollständiger Beobachtung des gesamten Verhaltens einer Person verstanden wird. Da dieser Zustand ohnehin faktisch nicht zu erreichen ist, ließe sich so nämlich bei verbaler Aufrechterhaltung der Unzulässigkeit der Rundumüberwachung stets argumentieren, im konkreten Fall liege eine solche eben nicht vor. Will man dem entgehen, so bleibt nur übrig, die Schwelle zur Unzulässigkeit unterhalb der faktischen Ubiquität der Überwachung anzusiedeln. Wird dies akzeptiert, wäre auch zu erwägen, nach einer Alternative zum Terminus der „Rundum"-Überwachung zu suchen.

---

32   Roßnagel/Wedde/Hammer/Pordesch (1990), S. 247; zum Fehlen von Kriterien für unzulässige Teilprofile s. Denninger (1985), S. 227; a.A. Warntjen (2006), S. 112 f.: „eine Erfassung ausnahmslos aller Daten [der Privatsphäre] erscheint nun aber keinesfalls undenkbar". Das mag für das angeführte Beispiel der Gemeinschaftszelle unter Einschluss der Ausforschung durch Mithäftlinge zutreffen, dürfte im Übrigen aber wenig realistisch sein. Puschke (2006), S. 82, lässt zwar neben der Ausforschung des gesamten Bereichs privater Lebensgestaltung auch eine solche von Teilbereichen ausreichen, aber nur, wenn hierdurch ein „Abbild der gesamten Lebensführung" dargestellt werde. Dies erscheint kaum besser operationalisierbar.

33   BGHSt 46, 266 (277 f.), auch abrufbar unter www.bundesgerichtshof.de, Az. 3 StR 324/00, S. 15 ff.; zustimmend Steinmetz (2001), S. 345; gegen die Berücksichtigung der Schwere des Tatverdachts Puschke (2006), S. 83.

Die Herausforderung wird allerdings darin liegen, handhabbare Kriterien zu entwickeln, um den Entscheidungsträgern die Bestimmung der Schwelle zur unzulässigen Kumulation zu ermöglichen. Dabei könnten etwa berücksichtigt werden: die Anzahl der Maßnahmen, die Anzahl und Art der beteiligten staatlichen Stellen, die Dauer der einzelnen Maßnahmen, die Dauer der zeitlichen Überschneidung der Anwendung, die Anzahl und Bedeutung der überwachten Lebensbereiche, die Betroffenheit höchstpersönlicher Kommunikation, das Bestehen besonderer Vertrauensverhältnisse, die Kombination mehrerer Erfassungsmodi (Bild, Ton, Video, Bewegung,...), der Bezug zu Rückzugsräumen wie Art. 13 GG und dem neuen Grundrecht auf Vertraulichkeit und Integrität informationstechnischer Systeme,[34] sowie das Bestehen überwachungsfreier Bereiche in zeitlicher oder örtlicher Hinsicht. Diese – sicher nicht abschließende – Aufzählung verdeutlicht bereits die Komplexität der erforderlichen Abwägungsprozesse.[35]

2. Besondere verfahrensrechtliche Anforderungen

Bei der Entscheidung über die Zulässigkeit einer Überwachungsmaßnahme kann die zuständige Stelle nur dann die kumulative Wirkung anderer bereits angeordneter oder bevorstehender Maßnahmen berücksichtigen, wenn sie von diesen Kenntnis hat. Der Verweis des Bundesverfassungsgerichts auf das länderübergreifende staatsanwaltschaftliche Verfahrensregister nach § 492 ff. StPO ist insoweit zwar ein Ansatz, greift aber nur teilweise.[36]

Im Grundsatz dürfen Auskünfte aus dem Verfahrensregister gemäß § 492 Abs. 3 Satz 2 StPO nämlich nur Strafverfolgungsbehörden für Zwecke eines Strafverfahrens erteilt werden.[37] § 492 Abs. 4 StPO erlaubt zwar Übermittlungen an die Verfassungsschutzbehörden des Bundes und der Länder, den Militärischen Abschirmdienst und den Bundesnachrichtendienst, nicht aber an Polizeibehörden und Gerichte, soweit diese über präventive Maßnahmen entscheiden.[38] Letztere sind damit auf Übermittlungen im Einzelfall gemäß §§ 481, 477 Abs. 2 StPO angewiesen.[39] Umgekehrt besteht keine Pflicht dieser Institutionen, zu präventiven Zwecken angeordnete Überwachungsmaßnahmen an ein Register zu melden, auf das dann Strafverfolgungsbehörden Zugriff hätten.[40]

---

34 BVerfG, NJW 2008, 822 ff.; s. dazu Hornung (2008); Eifert (2008); Volkmann (2008).
35 Zu den vergleichbaren Problemen in Bezug auf den Kernbereich privater Lebensgestaltung s. die Kriterien bei Warntjen (2006), S. 73 ff.
36 Ausführlich zu den Datenübermittlungen zwischen Polizei, Strafverfolgungsbehörden und Nachrichtendiensten Zöller (2006), S. 447 ff., insbes. 471 ff.
37 Zu dem Register s. näher die Nachweise in Fn. 12.
38 Die einzige Ausnahme bildet § 5 Abs. 5 Satz 1 Nr. 2 WaffenG.
39 Einzelheiten bei Zöller (2006), S. 471 ff.
40 Zu den Übermittlungsmöglichkeiten im Einzelfall s. Zöller (2006), S. 493 ff.

Hinsichtlich der Übermittlungsmöglichkeiten zwischen Strafverfolgungsbehörden und Nachrichtendiensten regelt § 492 Abs. 4 StPO den Informationsfluss lediglich in einer Richtung. Während nämlich letztere einen – eingeschränkten[41] – Zugriff auf die Daten des Verfahrensregisters erhalten (dies allerdings auch nur auf Ersuchen),[42] besteht für sie keine Möglichkeit oder Pflicht, selbst Informationen über eigene Überwachungsmaßnahmen an das Register zu übermitteln. Es bleibt damit bei singulären Informationsaustauschsystemen wie der gemeinsamen Antiterrordatei[43] und den allgemeinen Übermittlungsvorschriften im Einzelfall (etwa §§ 19, 20 BVerfSchG). Letztere sehen regelmäßig eine Übermittlung nur unter eingeschränkten Voraussetzungen vor[44] und gewähren nach überwiegender Auffassung den Nachrichtendiensten überdies einen Einschätzungsspielraum hinsichtlich der Übermittlung.[45] Damit ist es je nach Sachverhalt denkbar, oder sogar wahrscheinlich, dass in einem der GPS-Entscheidung vergleichbaren Fall die Staatsanwaltschaft keine Kenntnis von den Maßnahmen der – im konkreten Fall sogar zwei verschiedenen – Landesbehörden für den Verfassungsschutz erhält.

Neben diesen Problemen des Informationsflusses besteht noch die verfahrensrechtliche Schwierigkeit auseinanderfallender Anordnungskompetenzen. Angenommen, eine bestimmte Maßnahme wird nicht als solche, wohl aber im Zusammenspiel mit anderen als unverhältnismäßig beurteilt. Welche Maßnahme muss dann „zurücktreten"? Sicherlich dürfte die gerade mit der Entscheidung befasste Stelle die anstehende Maßnahme nicht anordnen. Andererseits enthält das geltende Recht keine Vorrangregelung, sodass es mehr oder weniger zufällig wäre, welche Stelle eine Überwachungsmaßnahme anordnen dürfte. Wenn nach dem Wegfall der zuerst angeordneten Maßnahme die zunächst als unzulässig beurteilte nunmehr zulässig wäre, so müsste eine entsprechende Mitteilung an die zuständige Stelle erfolgen. Hieraus lässt sich etwa eine nachträgliche Informationspflicht der Staatsanwaltschaft gegenüber dem Ermittlungsrichter folgern, wenn nach dessen Anordnung einer Maßnahme weitere Maßnahmen hinzutreten oder wegfallen, die durch andere Stellen angeordnet werden.[46]

Weitere Fragen ergeben sich bei divergierenden Beurteilungen mehrerer für unterschiedliche Maßnahmen zuständiger Stellen. Der Verweis des Bundesverfassungsgerichts auf die Staatsanwaltschaft als „primär verantwortlicher Entscheidungsträger über alle Ermittlungseingriffe" trägt angesichts der Anordnungskompetenz der Ermittlungsrichter für bestimmte Maßnahmen schon innerhalb eines Straf-

---

41 Die Vorschrift verweist lediglich auf § 492 Abs. 2 Satz 1 Nr. 1 und 2 StPO (Personendaten, zuständige Stelle und Aktenzeichen), nicht aber auf Nr. 3 – 5 (Bezeichnung von Straftat und näheren Umständen, Tatvorwürfe, Einleitung und Erledigung des Verfahrens); s.a. Roggan (2006), S. 164.
42 S. Roggan (2006), S. 164 m.w.N.
43 Dazu etwa Ruhmannseder (2007); Roggan/Bergemann (2007).
44 So ist § 20 Abs. 1 BVerfSchG etwa auf die Übermittlung bei Verdacht auf Vorliegen eines Staatsschutzdeliktes beschränkt.
45 S. Haedge (1998), S. 165; Zöller (2006), S. 500.
46 Steinmetz (2001), S. 346.

verfahrens nicht vollständig – keinesfalls aber, wenn präventiv handelnde Polizeibehörden oder die im Bereich der Gefahrenvorsorge operierenden Nachrichtendienste hinzutreten. Wenn diese Stellen die kumulative Wirkung der vorliegenden Maßnahmen unterschiedlich beurteilen, so existiert kein Verfahren, das eine für alle Stellen verbindliche Entscheidung herbeiführen könnte.[47]

Dies alles spricht dafür, dass entgegen der Auffassung des Bundesverfassungsgerichts doch eine gesetzliche Regelung erforderlich sein dürfte, wenn die Koordinierungsvorgaben des Gerichts erfüllt werden sollen.[48] Denkbar wäre etwa die Einrichtung eines Registers mit Informationen über den Betroffenen, die angeordneten Maßnahmen und die anordnenden Stellen. Zu normieren wären eine Einsichtspflicht der anordnenden oder beantragenden Stelle vor der Entscheidung, die Pflicht zur Angabe bereits laufender Maßnahmen im Antrag sowie eine Nachmeldepflicht an das Register. Dies erscheint grundsätzlich möglich, allerdings ist damit die weitergehende Frage noch nicht beantwortet, ob diese Form von Informationsaustausch und Koordinierung aus grundrechtlicher Sicht überhaupt zulässig ist und wünschenswert sein kann.[49]

3. Die Aufgabe des Gesetzgebers

Neben den Entscheidungsträgern im konkreten Verfahren nimmt das Bundesverfassungsgericht auch den Gesetzgeber in die Pflicht: Dieser hat die verfahrensrechtlichen Vorkehrungen kontinuierlich auf ihre Eignung zum effektiven Grundrechtsschutz zu beobachten. Die Parlamente in Bund und Ländern sind folglich gehalten, die kumulative Wirkung von Sicherheitsmaßnahmen gegen einzelne Betroffene mit Blick auf die Beeinträchtigung ihrer Grundrechte zu untersuchen und bei Bedarf tätig zu werden.

Ob und inwieweit in Zukunft ein solches Eingreifen des Gesetzgebers erforderlich sein wird, lässt sich derzeit kaum abschätzen. Das Bundesverfassungsgericht hat in der GPS-Entscheidung angemerkt, eine Verhinderung unkoordinierter Ermittlungsmaßnahmen müsse nicht zwingend durch gesetzliche Regelungen erfolgen, sondern könne auch die Form von Richtlinien oder anderen Anordnungen annehmen.[50]

In jedem Fall ist die Vorgabe des Gerichts ein direkter Auftrag an die Evaluierung von Sicherheitsgesetzen. Wenn der Gesetzgeber seiner Beobachtungspflicht nachkommen und gegebenenfalls grundrechtssichernd tätig werden will, so benötigt er

---

47 Im verwandten Fall der unzulässigen kumulativen finanziellen Belastung durch mehrere Maßnahmen obliegt es dem Gesetzgeber zu entscheiden, welche Maßnahme gemäßigt, verbessert oder unterlassen wird; s. näher Kirchhof (2006), S. 733.
48 S. aus materiellrechtlichen Erwägungen Puschke (2006), S. 111 ff.
49 Dazu unten V.
50 BVerfGE 112, 304 (319 f.), auch abrufbar unter www.bverfg.de, Az. 2 BvR 581/01, Rn. 58 ff.

rechtstatsächliche Untersuchungsergebnisse, die hierfür die faktisch gesicherte Entscheidungsgrundlage bieten.[51]

IV. Umsetzung in der nachträglichen Evaluierung durch den Gesetzgeber

An einer derart gesicherten Entscheidungsgrundlage fehlt es bislang. Es liegen einige Ergebnisse vor, die überwiegend im Rahmen der Evaluierung einzelner Sicherheitsgesetze entstanden sind.[52] Angesichts der verschiedentlich konstatierten[53] bisher unzureichenden Ausgestaltung der gesetzlichen Evaluierungspflichten und der noch wenig entwickelten praktischen Umsetzung verwundert es zwar nicht, dass eine umfassende rechtstatsächliche Untersuchung der kumulativen Anordnung von Überwachungsmaßnahmen bislang fehlt. Zugleich folgt daraus jedoch ein direkter Auftrag an den Gesetzgeber, den Umgang mit – insbesondere neu eingeführten – Ermächtigungsgrundlagen für Überwachungsmaßnahmen auch und gerade vor dem Hintergrund der Wirkungen einer etwaigen Kumulation mit anderen Maßnahmen zu evaluieren. Ohne diese übergreifende Wirkdimension von Überwachungsmaßnahmen würde der menschenrechtsorientierten Evaluierung von Sicherheitsgesetzen eine wesentliche Komponente fehlen.

1. Bisherige rechtstatsächliche Erkenntnisse

Dabei soll nicht verkannt werden, dass das Problem der Kumulation im Rahmen bisheriger Evaluierungen durchaus beschrieben wurde. Das gilt insbesondere für die Untersuchungen des Max-Planck-Institutes für ausländisches und internationales Strafrecht, die teilweise in Umsetzung der durch den Gesetzgeber normierten Evaluierung erfolgt sind:
- Bei einer Untersuchung aus dem Jahre 1998 wurden etwa in 92 % der Fälle neben der Telekommunikationsüberwachung weitere Ermittlungsmaßnahmen eingesetzt, in 41 % waren diese zusätzlichen Maßnahmen zumindest auch verdeck-

---

51 Bizer, in: AK-GG, Art. 10, Rn. 106 ff.; Albers (2006), S. 27 ff.; Roggan/Bergemann (2007), S. 879.
52 S. v.a. Albrecht/Dorsch/Krüpe (2003); Backes/Gusy (2003); Meyer-Wieck (2005); Krüpe-Gescher (2005); Dorsch (2005); Albrecht/Grafe/Kilchling (2008); zusammenfassend (Stand 2005) Puschke (2006), S. 28 ff.; eine Übersicht zu empirischen Studien zum Strafverfahren findet sich bei Albrecht (2005); s.a. Bizer (2003).
53 S. z.B. Albers (2006), S. 21 ff. m.w.N.; Bizer (2003); Weinzierl (2006); Roggan/Bergemann (2007), S. 879 m.w.N.

ter Natur.⁵⁴ Offenbar steht die Telekommunikationsüberwachung stärker als andere Maßnahmen in Abhängigkeit zu weiteren Überwachungsmitteln.⁵⁵

- In einer anderen Erhebung wurden ermittelt, dass in 101 Verfahren neben der akustischen Wohnraumüberwachung zu 90,1 % der Verfahren Telekommunikationsüberwachungen, zu 87,1 % Zeugenbefragungen und zu 84,2 % Durchsuchungen durchgeführt worden waren.⁵⁶ Im Durchschnitt fanden pro Verfahren sieben Durchsuchungsmaßnahmen statt, und es wurden zwölf Anschlüsse pro Verfahren (durchschnittlich 214 Tage lang) überwacht. Darüber hinaus kam es typischerweise zur parallelen Anordnung des Einsatzes technischer Mittel in Kraftfahrzeugen und der Observation von Wohnungszugängen.⁵⁷
- Laut einer aktuellen Studie aus dem Frühjahr 2008 wird die Abfrage von Telekommunikations-Verkehrsdaten häufig mit Durchsuchungen (40 %), Anschlussinhaberfeststellungen (25 %) und Telekommunikationsüberwachungsmaßnahmen (24 %) kombiniert.⁵⁸

Überdies existieren Untersuchungen zu Maßnahmen im Vorfeld und in der Nachfolge der jeweils im Detail untersuchten Eingriffsmittel. Ersteres betrifft die Frage, auf welcher Basis die Entscheidung über die Anordnung einer Maßnahme gefällt wird; zum Teil besteht die Tatsachenbasis in Erkenntnissen aus anderen Überwachungsmaßnahmen.⁵⁹ Letzteres erfasst nachfolgende Maßnahmen, die auf der Basis der Ergebnisse der untersuchten Maßnahmen angeordnet werden.⁶⁰ In beiden Fällen sind zumindest zeitlich nacheinander mehrere Überwachungsmaßnahmen – gegen denselben Betroffenen oder eine Person seines Umfelds – erfolgt.

Der prozentuale Anteil derjenigen Verfahren, in denen neben einer Überwachungsmaßnahme noch weitere Maßnahmen angeordnet wurden, liefert einen ersten wichtigen Anhaltspunkt für Umfang und Maß der kumulativen Anwendung. Allerdings ist die Aussagekraft im selben Maße beschränkt, wie die oben erwähnte Möglichkeit der Strafverfolgungsbehörden, die gleichzeitige Anordnung von Überwachungsmaßnahmen durch Gefahrenabwehrbehörden und Nachrichtendienste in ihre Abwägungsentscheidung mit einzubeziehen: Eine Evaluierung von Strafverfahrensakten kann gleichzeitig durchgeführte Maßnahmen dieser Behörden nur berücksichtigen, wenn und soweit diese im Strafverfahren aktenkundig geworden sind. Dass dies nicht immer der Fall sein wird, wurde oben erläutert.⁶¹

---

54 S. Albrecht/Dorsch/Krüpe (2003), S. 298 ff. (dort auch zu Differenzierungen hinsichtlich der Deliktsarten); s.a. Krüpe-Gescher (2005), S. 85.
55 Puschke (2006), S. 57.
56 Meyer-Wieck (2005), S. 148 ff. (dort auch zu Intensität und Häufigkeit des Einsatzes der weiteren Maßnahmen in den 101 Verfahren); s.a. Puschke (2006), S. 57 ff.
57 Meyer-Wieck (2005), S. 175.
58 Albrecht/Grafe/Kilchling (2008), S. 344 ff.
59 S. z.B. Backes/Gusy (2003), S. 21 ff.
60 S. z.B. Backes/Gusy (2003), S. 67 f.
61 S. oben III. 2.

2. Fragen für künftige Evaluierung und Forschung

Über die genannten wichtigen Erkenntnisse hinaus fehlt es bislang an einem umfassenden Bild der kumulativen Anwendung von Maßnahmen. Problematisch ist dabei, dass die Wirkung auf den Einzelnen – und die Gesamtfolgen der mutmaßlich immer häufigeren Anwendung kumulativer Maßnahmen – wohl nur wirklich abgeschätzt werden können, wenn ein möglichst breites Spektrum von Ermittlungsmaßnahmen einbezogen wird. Dies wird jedoch einen erheblichen Aufwand erfordern und dürfte bislang auch durch die fehlende Berichtspflichten in Bezug auf eine Vielzahl von Überwachungsmaßnahmen behindert werden. Abhilfe könnten hier eine Ausweitung der Evaluierungsaufträge des Gesetzgebers auf weitere Überwachungsmaßnahmen oder sogar eine spezifische Regelung zur Evaluierung der Kumulation mehrerer Maßnahmen schaffen.

Denkbare Fragestellungen für eine (ex post-) Evaluierung von Sicherheitsgesetzen hinsichtlich der kumulativen Wirkung wären etwa die folgenden Punkte:

- Hinsichtlich der statistischen Häufigkeit der Anordnung kumulativer Maßnahmen:
  Wie groß ist der Anteil der Verfahren, in denen neben einer bestimmten Überwachungsmaßnahme zugleich weitere Maßnahmen angeordnet werden? Wie entwickelt sich der prozentuale Anteil der Maßnahmen, die kumulativ mit weiteren Überwachungsmitteln angeordnet und durchgeführt werden, im zeitlichen Längsschnitt? Gibt es bestimmte Maßnahmen, die typischerweise mit anderen kumuliert werden und deshalb besonderer Aufmerksamkeit durch die Entscheidungsträger bedürfen?

- Hinsichtlich des Entscheidungsprozesses:
  Welche staatlichen Stellen sind jeweils an der Anordnung und Durchführung der Maßnahmen beteiligt? Erfolgt unmittelbar eine Anordnung mehrerer Maßnahmen, oder werden diese sukzessive (etwa nach dem Fehlschlagen anderer Maßnahmen) angeordnet? Lässt die Dokumentation der Anordnungsgründe in den Akten erkennen, dass die anordnende Stelle sich des Problems der Kumulation mit anderen Überwachungsmaßnahmen bewusst war? Wenn ja, welche Argumente wurden angegeben, um die Verhältnismäßigkeit auch unter Berücksichtigung der Kumulation zu bejahen? Gibt es überhaupt bereits Fälle, in denen die Kumulation mit anderen Maßnahmen zur Unzulässigkeit führte? Inwieweit wird den Vorgaben des Bundesverfassungsgerichts zur Vermeidung unkoordinierter Anordnungen in der Praxis Rechnung getragen? Finden interbehördliche Kooperation und Informationsaustausch – gerade zwischen Strafverfolgungsbehörden und Nachrichtendiensten – statt? Haben sich insoweit als Folge des GPS-Urteils Veränderungen ergeben?

- Hinsichtlich der Durchführung:
  Wird im konkreten Fall tatsächlich von allen angeordneten Maßnahmen Gebrauch gemacht? Wie sind Art und Dauer der tatsächlichen Überschneidung der Maßnahmen zu bewerten? Erfolgt im Falle der Beteiligung mehrerer Behör-

den eine koordinierte Datenerhebung? Werden die erhobenen Daten gemeinsam ausgewertet und wird gemeinsam über weitere Maßnahmen entschieden?
- Hinsichtlich des Ergebnisses der Überwachungsmaßnahmen:
  Erscheint die kumulative Anwendung von Maßnahmen als effektiv oder „erfolgreich"?[62] Wurden durch die Durchführung einer Kombination von Überwachungsmaßnahmen Informationen gewonnen, die mit einzelnen Maßnahmen nicht gewonnen worden wären? Erscheint dieses Gesamtbild als besonders umfassende Darstellung der Person des oder der Überwachten?
- Hinsichtlich der Auswirkungen auf den Betroffenen:
  Ist die koordinierte Anordnung mehrerer Überwachungsmaßnahmen gegen einen Betroffenen überhaupt die faktisch weniger belastende Maßnahme, wie das Bundesverfassungsgericht annimmt? Oder wirkt ein abgestimmtes Vorgehen aller staatlichen Stellen nicht letztlich viel schwerer? Erhöht sich durch die Kumulation die Wahrscheinlichkeit, dass in größerem Umfang Unbeteiligte betroffen sind?

Schließlich bedürfen diese Fragen der Ergänzung durch Untersuchungen der individuellen Auswirkungen auf den Betroffenen. Die Analyse der statistischen Häufigkeit der kumulativen Anordnung mehrerer Maßnahmen vermag die konkreten Folgen auf den Einzelnen, seine Selbstdarstellung und Lebensführung nicht abzubilden. Hierzu müssten neben der rein quantitativen Erhebung Einzelfallanalysen über die Art und Intensität der einzelnen Maßnahmen, die beteiligten staatlichen Stellen, das Anordnungsverfahren, den weiteren Verfahrensgang und die konkreten Auswirkungen auf die Betroffenen durchgeführt werden.

Die normativen und rechtstatsächlichen Perspektiven sind im Prozess der Evaluierung insoweit nicht losgelöst voneinander denkbar, sondern müssen sich ergänzen. Zum einen kann die kumulative Wirkung mehrerer Ermittlungsmaßnahmen nur dann wirklich analysiert werden, wenn normative Maßstäbe für die Bewertung vorhanden sind. Zum anderen könnten quantitative und qualitative Erkenntnisse über die konkreten Auswirkungen der Kumulation Ansatzpunkte gerade für die Bildung derartiger normativer Bewertungen erbringen.

V. *Interbehördliche Kooperation – Schutz oder Verletzung von Grundrechten?*

Abschließend sei auf ein grundsätzliches Problem der Beurteilung kumulativer Überwachungsmaßnahmen hingewiesen. Es wurde bereits deutlich, dass eine solche Beurteilung auf jeder hier erörterten Ebene – Gesetzgebung, Anordnung konkreter

---

62   Dieser Begriff kann aus sehr unterschiedlicher Perspektive verstanden werden, s. dazu näher Backes/Gusy (2003), S. 61 ff.; Albrecht/Dorsch/Krüpe (2003), S. 355 f.; Dorsch (2005), S. 90 ff., 106 ff.; s.a. Bizer (2003), S. 292.

Maßnahmen, Auswertung der erhobenen Informationen im Verfahren, Evaluation – nur dann vollständig möglich ist, wenn die beurteilende Instanz Kenntnis von allen (wesentlichen) Überwachungsmaßnahmen hat, die gegen den oder die Betroffenen bereits durchgeführt werden oder geplant sind.

Unter diesem Gesichtspunkt zeichnet das Bundesverfassungsgericht ein positives Bild der interbehördlichen Kooperation und des Informationsaustausches zwischen Sicherheitsbehörden und misst beidem eine grundrechtsschützende Funktion im Rahmen des behördlichen Verfahrens bei. Diese Sicht wird auch in der Literatur geteilt: Der „grundrechtliche Schutz fordert eine weit reichende Kommunikation zwischen den zuständigen staatlichen Stellen".[63]

In Bezug auf eine Vielzahl kumulativer hoheitlicher Maßnahmen wird dieser Gedanke natürlich zutreffen. Wenn etwa verschiedene staatliche Stellen einem Gewerbebetrieb Steuern und Abgaben auferlegen, so kann es sich nur positiv auswirken, wenn sich die einzelnen Stellen der Gesamtbelastung bewusst sind. Im Bereich der informationstechnischen Überwachung kommt eine ungehinderte Übermittlung personenbezogener Daten jedoch mit zwei Prinzipien in Konflikt: dem Grundsatz informationeller Gewaltenteilung und dem so genannten Trennungsgebot.

Die vom Bundesverfassungsgericht entwickelte informationelle Gewaltenteilung verdeutlicht, dass „der Staat" nicht als Informationseinheit gesehen werden darf, in der personenbezogene Daten beschränkungslos zirkulieren dürfen.[64] Vielmehr bedarf die Übermittlung der Daten zum Schutz der individuellen Selbstbeschreibung der Betroffenen und zur Vermeidung von Profilbildungen und Informationsgefällen einer präzisen Ermächtigungsgrundlage, die dem Verhältnismäßigkeitsgebot genügen muss. Das Trennungsgebot beinhaltet – jenseits der umstrittenen Frage, ob es sich um einen echten Grundsatz des (deutschen) Verfassungsrechts handelt – jedenfalls im Grundsatz denselben Gedanken und präzisiert ihn zumindest einfachgesetzlich hinsichtlich der organisatorischen und befugnisrechtlichen Trennung zwischen Polizeibehörden einerseits, Nachrichtendiensten andererseits.[65]

Ohne auf zum Teil umstrittene Einzelheiten eingehen zu können ist doch deutlich, dass beide Grundsätze unmittelbar dem Schutz der Persönlichkeitsrechte der (aktuell oder potentiell) Betroffenen dienen. Insoweit besteht zumindest ein Spannungsverhältnis zu der vom Bundesverfassungsgericht angenommenen grundrechtsfördernden allumfassenden Kenntnis der Stelle, die jeweils eine konkrete Maßnahme anordnet.[66] Ein weitgehender, interbehördlicher Informationsaustausch über alle Über-

---

63 Kirchhof (2006), S. 733; s.a. ebenda, S. 735 f.
64 S. zum Hintergrund BVerfGE 65, 1 (46, 69); näher z.B. Dix (2003), Kap. 3.5, Rn. 7 ff.; Roßnagel/Pfitzmann/Garstka (2001), S. 126; s.a. Schlink (1982), S. 15 ff. et passim.
65 S. zum Inhalt des Trennungsgebots und dem Problem der verfassungsrechtlichen Verankerung z.B. König (2005); Gusy (1987); Albert (1995); Kutscha (2006), S. 78 ff.
66 Ein Parallelproblem besteht im Datenschutzrecht hinsichtlich der zum Teil gesetzlich angeordneten Pflicht zur Protokollierung (s. z.B. § 291a Abs. 6 Satz 2 SGB V für die letzten 50 Zugriffe auf die elektronische Gesundheitskarte, s. dazu Hornung, S. 227 f. Diese bietet Chancen für eine effektive Kontrolle der Datenverwendung, birgt jedoch je nach Inhalt, Auf-

wachungsmaßnahmen, der sogar die Grenze zwischen Strafverfolgungsbehörden und Nachrichtendiensten in ihrer föderalen Ausprägung überschreiten würde, könnte nur durch die Einrichtung eines bundesweiten Registers gewährleistet werden, an das alle staatlichen Instanzen des Bundes und der Länder standardmäßig die Tatsache einer Überwachungsanordnung mitteilen und aus dem sie umgekehrt vor einer solchen Anordnung Informationen über bereits anderweitig angeordnete Maßnahmen abrufen.

Zwar erscheint es denkbar, ein solches Register hinsichtlich der Eingriffe in die Rechte der Betroffenen zu minimieren. So könnte man die Einträge auf Identifizierungsdaten und die Angabe der anordnenden Behörde beschränken und weitere Informationen nur im Einzelfall übermitteln. Trotz dieser Gestaltungsmöglichkeiten würde den Betroffenen jedoch mit einem derartigen umfassenden Register Steine statt Brot gegeben, weil die enthaltenen Informationen – auch in verkürzter Form – sie besonders belasten und im Einzelfall sogar zur Anordnung weiterer Maßnahmen führen könnten. Nicht umsonst enthält das geltende Recht der informationstechnischen Überwachungsmaßnahmen ausdifferenzierte Erhebungs- und Übermittlungsbefugnisse für die verschiedenenen staatlichen Instanzen. Diese dürfen weder unter dem Deckmantel noch zum tatsächlichen Zweck des Grundrechtsschutzes der Betroffenen aufgegeben werden.

Das bedeutet im Ergebnis, dass die Entscheidungsträger zwar bei der Beurteilung der Verhältnismäßigkeit kumulierender Überwachungsmaßnahmen ein besonderes Augenmerk auf die oben genannten Kriterien legen und eine unzulässige Rundumüberwachung zu prüfen haben, dies aber nur auf der Basis aller[67] derzeit verfügbaren Informationen erfolgen darf. Eine Einführung eines zentralen übergreifenden Registers ist aus den genannten Gründen de lege ferenda ebenso abzulehnen wie weitreichende Befugnisse der verschiedenen Behörden zur Datenübermittlung im Einzelfall, um eine eventuelle Kumulierung zu erkennen.

Für die Evaluierung der kumulativen Anwendung verschiedener Ermächtigungsgrundlagen in Sicherheitsgesetzen ist dies allerdings kein prinzipieller Nachteil. Die durch das Bundesverfassungsgericht formulierte Pflicht des Gesetzgebers zur Evaluierung verpflichtet als solche nicht zu weitreichenden Eingriffen in die informationelle Selbstbestimmung der Betroffenen, um alle denkbaren Informationen über den zugrundeliegenden Sachverhalt zusammentragen zu können. Überdies können in Umsetzung der dem Gesetzgeber übertragenen Aufgabe die oben genannten Fragen auf der Basis der verfügbaren Daten dennoch untersucht werden; ihre Beantwortung verspricht wertvolle Erkenntnisse über die Wirkung von Sicherheitsgesetzen und den Zustand der Menschenrechte in Deutschland.

---

bewahrungsort und Zugriffsbefugnisse auch erhebliche Risiken für die informationelle Selbstbestimmung, s. näher Simitis (2006), § 14 Rn. 106 ff.; Rost (2007).

67 Das beinhaltet insbesondere weitreichende Informationspflichten von Polizei und Staatsanwaltschaften gegenüber Ermittlungsrichtern, wenn in einem Verfahren bereits andere Maßnahmen durchgeführt werden.

VI. Literatur

Albers (2006), Die verfassungsrechtliche Bedeutung der Evaluierung neuer Gesetze zum Schutz der Inneren Sicherheit, in: Deutsches Institut für Menschenrechte (Hrsg.), Menschenrechte – Innere Sicherheit – Rechtsstaat, Berlin, S. 21 ff.

Albert (1995), Das „Trennungsgebot" - ein für Polizei und Verfassungsschutz überholtes Entwicklungskonzept?, ZRP 1995, 105 ff.

Albrecht (2005), Rechtstatsachenforschung zum Strafverfahren, München

Albrecht/Dorsch/Krüpe (2003), Rechtswirklichkeit und Effizienz der Überwachung der Telekommunikation nach den §§ 100a, 100b StPO und anderer verdeckter Ermittlungsmaßnahmen, Freiburg i. Br.

Albrecht/Grafe/Kilchling (2008), Rechtswirklichkeit der Auskunftserteilung über Telekommunikationsverbindungsdaten nach §§ 100g, 100h StPO, Berlin

Backes/Gusy (2003), Wer kontrolliert die Telefonüberwachung?, Frankfurt a. M.

Bizer, in: Denninger (Hrsg.), Kommentar zum Grundgesetz für die Bundesrepublik Deutschland, Reihe Alternativkommentare, 3. Auflage, Neuwied (Stand: 2001)

Bizer (2003), Die Evaluierung der Telekommunikations-Überwachung (Kommentar) - Kritische Anmerkungen zur MPI-Studie, Krim Journal 2003, 280 ff.

Comes (1998), Der Fluch der kleinen Schritte - Wie weit tragen die Legitimationsgrundlagen der StPO bei Observationsmaßnahmen? - Zugleich eine Anmerkung zu OLG Düsseldorf, StV 1998, 170, StV 1998, 569 ff.

Dembowski (2003), Datenschutz und Strafverfolgung, in: Roßnagel (Hrsg.), Handbuch Datenschutzrecht, München

Denninger (1985), Das Recht auf informationelle Selbstbestimmung und Innere Sicherheit, KJ 1985, 215 ff.

Dix (2003), Konzepte des Systemdatenschutzes, in: Roßnagel (Hrsg.), Handbuch Datenschutzrecht, München

Dorsch (2005), Die Effizienz der Überwachung der Telekommunikation nach den §§ 100a, 100b StPO, Berlin

Eifert (2008), Informationelle Selbstbestimmung im Internet - Das BVerfG und die Online-Durchsuchungen, NVwZ 2008, 521 ff.

Gercke (2002), Bewegungsprofile anhand von Mobilfunkdaten im Strafverfahren, zugleich ein Beitrag zur Kumulation heimlicher Observationsmittel im strafrechtlichen Ermittlungsverfahren, Berlin

Gercke (2006), Einsatz des Global-Positioning-System (GPS), in: Roggan/Kutscha (Hrsg.), Handbuch zum Recht der Inneren Sicherheit, Berlin, S. 403 ff.

Gusy (1987), Das verfassungsrechtliche Gebot der Trennung von Polizei und Nachrichtendiensten, ZRP 1987, 45 ff.

Gusy (2006), Leerlaufende Evaluationspflichten? Sicherheitsgesetzgebung auf Probe ohne wirksame Evaluation, in: Roggan (Hrsg.), Mit Recht für Menschenwürde und Verfassungsstaat, Berlin, S. 139 ff.

Haedge (1998), Das neue Nachrichtendienstrecht für die Bundesrepublik Deutschland, Heidelberg

Hornung (2005), Die digitale Identität, Baden-Baden

Hornung (2007), Möglichkeiten und Grenzen der rechtlichen Bewertung neuer Überwachungstechnologien, in: Zurawski (Hrsg.), Surveillance Studies, Opladen, S. 149 ff.

Hornung (2008), Ein neues Grundrecht - Der verfassungsrechtliche Schutz der Vertraulichkeit und Integrität informationstechnischer Systeme, CR 2008, 299 ff.

Hufen (1994), Berufsfreiheit - Erinnerung an ein Grundrecht, NJW 1994, 2913 ff.

Kestel (1997), §§ 474 ff StPO - eine unbekannte Größe, NStZ 1997, 266 ff.

Kirchhof (2006), Kumulative Belastung durch unterschiedliche staatliche Maßnahmen, NJW 2006, 732 ff.

König (2005), Trennung und Zusammenarbeit von Polizei und Nachrichtendiensten, Stuttgart/München u.a.

Krüpe-Gescher (2005), Die Überwachung der Telekommunikation nach den §§ 100a, 100b StPO in der Rechtspraxis, Berlin

Kühne (2001), Anmerkung zum Urteil des BGH v. 24.01.2001, JZ 2001, 1148.

Kutscha (2006), Innere Sicherheit und Verfassung, in: Roggan/Kutscha (Hrsg.), Handbuch zum Recht der Inneren Sicherheit, Berlin, S. 24 ff.

Lücke (2001), Der additive Grundrechtseingriff sowie das Verbot der übermäßigen Gesamtbelastung des Bürgers, DVBl 2001, 1469 ff.

Meyer-Wieck (2005), Der Große Lauschangriff, Berlin

Perne (2006), Richterband und Kernbereichsschutz - Zur verfassungsrechtlichen Problematik des nachträglichen Lauschens und Spähens durch den Richter, DVBl. 2006, 1486 ff.

Puschke (2006), Die kumulative Anordnung von Informationsbeschaffungsmaßnahmen im Rahmen der Strafverfolgung, Berlin

Roggan (2006), Grenzenlose Ortungen im Strafverfahren? Die Menschenwürderelevanz von verdeckten Ermittlungsmethoden zur Standortbestimmung von Verdächtigen, in: ders. (Hrsg.), Mit Recht für Menschenwürde und Verfassungsstaat, Berlin, S. 153 ff.

Roggan/Bergemann (2007), Die neue Sicherheitsarchitektur der Bundesrepublik Deutschland – Anti-Terror-Datei, gemeinsame Projektdateien und Terrorismusbekämpfungsergänzungsgesetz, NJW 2007, 876 ff.

Roßnagel/Pfitzmann/Garstka (2001), Modernisierung des Datenschutzrechts, Berlin

Roßnagel/Wedde/Hammer/Pordesch (1990), Digitalisierung der Grundrechte? Zur Verfassungsverträglichkeit der Informations- und Kommunikationstechnik, Opladen

Rost (2007), Funktion und Zweck des Protokollierens – Zur Zweckbindungsfähigkeit von Protokolldaten, DuD 2007, 731 ff.

Ruhmannseder (2007), Informationelle Zusammenarbeit von Polizeibehörden und Nachrichtendiensten auf Grund des Gemeinsame-Dateien-Gesetzes, StraFo 2007, 184 ff.

Schlink (1982), Die Amtshilfe, Berlin

Simitis (2006), in: Simitis (Hrsg.), BDSG, 6. Auflage, Baden-Baden

Steinmetz (2001), Zur Kumulierung strafprozessualer Ermittlungsmaßnahmen, NStZ 2001, 344 ff.

Vassilaki (2005), Anmerkung zum Urteil des BVerfG v. 12.04.2005, CR 2005, 572 ff.

Volkmann (2008), Verfassungsmäßigkeit der Vorschriften des Verfassungsschutzgesetzes von Nordrhein-Westfalen zur Online Durchsuchung und zur Internet-Aufklärung, Anmerkung zum Urteil des BVerfG v. 27.02.2008, DVBl 2008, 590 ff.

Warntjen (2007), Heimliche Zwangsmaßnahmen und der Kernbereich privater Lebensgestaltung, Baden-Baden

Weinzierl (2006), Die Evaluierung von Sicherheitsgesetzen, Policy Paper No. 6 des Deutschen Instituts für Menschenrechte, Berlin

Zöller (2006), Datenübermittlung zwischen Polizei, Strafverfolgungsbehörden und Nachrichtendiensten, in: Roggan/Kutscha (Hrsg.), Handbuch zum Recht der Inneren Sicherheit, Berlin, S. 447 ff.

Informationsbedürfnisse und Geheimhaltungserfordernisse – menschenrechtsorientierte Evaluierung und Kontrolle der Nachrichtendienste

Hansjörg Geiger

I.	Menschenwürde und Menschenrechte als oberstes Gebot	87
II.	Nachrichtendienste in Deutschland	88
	1. Informationsbedürfnisse der Nachrichtendienste	89
	a) Was tun die Nachrichtendienste zur Gewinnung von Erkenntnissen und inwieweit können dabei die Menschenrechte tangiert werden?	90
	b) Wie gewinnt der Bundesnachrichtendienst Nachrichten über das Ausland?	91
	2. Geheimhaltungsbedürfnisse der Nachrichtendienste	93
	3. Besondere Risiken für den Bürger durch Tätigkeiten der Nachrichtendienste	95
	4. Kontrolle der Nachrichtendienste	96
	a) Schwächen derzeitiger Kontrolle	97
	b) „Beauftragter für die Nachrichtendienste"	98
	aa) Kontrolle durch einen Beauftragten	99
	bb) Beteiligung der Mitarbeiter	101
	cc) Organisation des Amtes eines Beauftragten für die Nachrichtendienste	101
III.	Schlussfolgerung	103

I. *Menschenwürde und Menschenrechte als oberstes Gebot*

Die Wahrung der Menschenrechte ist oberstes Prinzip unserer vom Grundgesetz bestimmten Werteordnung.[1] Das Bekenntnis zu unverletzlichen und unveräußerlichen Menschenrechten[2] ist Grundlage jeder menschlichen Gemeinschaft, des Friedens und der Gerechtigkeit[3]. Art. 1 Grundgesetz (GG) gehört zu den tragenden Konstitutionsprinzipien, die alle Bestimmungen des Grundgesetzes beherrschen, wie das Bundesverfassungsgericht bereits in einer seiner frühen Entscheidungen klargestellt

---

1 BVerfGE 27, 6.
2 Art. 1 Abs. 2 GG.
3 BVerfGE 109, 279 (310), auch abrufbar unter www.bverfg.de, 1 BvR 2378/98, Rn. 108 ff.

hat[4]. Daraus ergeben sich drei wesentliche Aussagen:[5] Erstens die Unantastbarkeit der Würde des Menschen als höchstem Rechtswert[6], der den Mittelpunkt des Grundgesetzes bildet[7], zweitens das Bekenntnis zu den Menschenrechten als Grundlage jedweder menschlicher Gemeinschaft sowie drittens die Bindung von Gesetzgebung, vollziehender Gewalt und Rechtsprechung an die Grundrechte. Art. 1 GG gehört auch zum unabänderlichen Kernbestand des Grundgesetzes[8]. Wichtig ist mit Blick auf eine zunehmende Globalisierung auch, dass das Grundgesetz eine internationale Kooperation nicht schrankenlos erlaubt. Die Grundstruktur der Verfassung, auf der ihre Identität beruht[9], die elementaren Grundsätze des Grundgesetzes und seiner Werteordnung sowie der Kernbestand der Grundrechte, wie er in Art. 1 und Art. 20 GG niedergelegt ist, sind auch hierbei einer Einschränkung, selbst durch den Gesetzgeber, grundsätzlich entzogen[10].

Der Schutz der Menschenwürde und die daraus abgeleiten Menschenrechte ist also das Fundament rechtsstaatlicher und demokratischer Ordnung. Die Reichweite der Menschenrechte darf nicht zu eng bemessen werden. Vielmehr sind hierzu neben der Charta der Vereinten Nationen und den darauf basierenden weiteren universellen Beschlüssen und Erklärungen außerdem speziell für Europa heranzuziehen die Konvention zum Schutz der Menschenrechte und Grundfreiheiten (vom 4. November 1950) des Europarates einschließlich der daraufhin ergangenen Protokolle unter besonderer Berücksichtigung der Interpretation der Menschenrechte in der Rechtsprechung des Europäischen Gerichtshofs für Menschenrechte.

II. Nachrichtendienste in Deutschland

In Deutschland zählen zu den Nachrichtendiensten das Bundesamt und die Landesämter für Verfassungsschutz, der Militärische Abschirmdienst (MAD) und der Bundesnachrichtendienst (BND). Die Aufgabe des Verfassungsschutzes und die Einrichtung einer Zentralstelle für das Nachrichtenwesen werden in Art. 73 Nr. 10 und in Art. 87 Abs. 1 GG genannt. Das Nähere regeln die für diese Nachrichtendienste erlassenen Gesetze.[11]

---

4   BVerfGE 6, 36.
5   Seifert/Hömig (2007), Grundgesetz für die Bundesrepublik Deutschland – Kommentar, 8. Auflage, Baden-Baden, Art. 1, Rn. 1.
6   BVerfGE 12, 53.
7   BVerfGE 35, 225.
8   Vgl. Art. 79 Abs. 3 GG.
9   BVerfGE 37, 271 (379).
10 BVerfGE 109, 279 (310), auch abrufbar unter www.bverfg.de, 1 BvR 2378/98, Rn. 108 ff.
11 Gesetz über die Zusammenarbeit des Bundes und der Länder in Angelegenheiten des Verfassungsschutzes und über das Bundesamt für Verfassungsschutz (BVerfSchG), Gesetz über den militärischen Abschirmdienst (MADG) und das Gesetz über den Bundes-nachrichtendienst (BNDG).

Selbstverständlich haben auch die deutschen Nachrichtendienste als Teil der vollziehenden Gewalt die Menschenrechte einschränkungslos zu wahren.

1. Informationsbedürfnisse der Nachrichtendienste

Nicht die Nachrichtendienste wählen aus, welche Informationen sie ermitteln wollen. Vielmehr ergibt sich der Informationsbedarf abschließend aus den den Nachrichtendiensten gesetzlich zugewiesenen Aufgaben; begrenzt durch die Befugnisse, die den Nachrichtendiensten hierzu eingeräumt sind.

So ist es Aufgabe der Verfassungsschutzbehörden des Bundes und der Länder Informationen zu sammeln und auszuwerten unter anderem „über Bestrebungen, die gegen die freiheitliche demokratische Grundordnung, den Bestand oder die Sicherheit des Bundes oder eines Landes gerichtet sind", über geheimdienstliche Tätigkeiten in Deutschland für eine fremde Macht und über Bestrebungen, die gegen den Gedanken der Völkerverständigung, insbesondere das friedliche Zusammenleben der Völker gerichtet sind.[12] Soweit sich derartige Bestrebungen gegen Einrichtungen der Bundeswehr richten, ist die entsprechende Aufgabe des Sammelns und Auswertens von Informationen dem Militärischen Abschirmdienst zugewiesen.[13]

Das Bundesamt für Verfassungsschutz und der MAD haben hierzu auch die Befugnis, zur Erfüllung ihrer Aufgaben „Methoden, Gegenstände und Instrumente zur heimlichen Informationsbeschaffung, wie den Einsatz von Vertrauensleuten und Gewährspersonen, Observationen, Bild- und Tonaufzeichnungen, Tarnpapiere und Tarnkennzeichen" anzuwenden.[14] Die Überwachung der Telekommunikation bemisst sich nach dem „Gesetz zur Beschränkung des Brief-, Post- und Fernmeldegeheimnisses" (G 10 Gesetz). Schwerpunkt der Tätigkeiten der Verfassungsschutzbehörden und des Militärischen Abschirmdienstes ist das Inland.

Im Unterschied dazu sammelt der Bundesnachrichtendienst „zur Gewinnung von Erkenntnissen über das Ausland, die von außen- und sicherheitspolitischer Bedeutung für die Bundesrepublik Deutschland sind, die erforderlichen Informationen und wertet sie aus".[15] Die dem Bundesnachrichtendienst zugewiesenen Befugnisse sind in §§ 2 und 3 BNDG sowie im G 10 Gesetz geregelt. § 3 BNDG verweist auf die in § 8 Abs. 2 BVerfSchG genannten Maßnahmen der heimlichen Informationsbeschaffung.

Für alle deutschen Nachrichtendienste gilt ausdrücklich, dass ihnen „polizeiliche Befugnisse oder Weisungsbefugnisse" nicht zustehen.[16] Sie dürfen die Polizei auch

---

12 § 3 Abs. 1 BVerfSchG.
13 § 1 Abs. 1 und 2 MADG.
14 § 8 Abs. 2 BVerfSchG; § 4 Abs. 1 MADG.
15 § 1 Abs. 2 BNDG.
16 § 8 Abs. 3 BVerfSchG; § 4 Abs. 2 MADG; 2 Abs. 3 BNDG.

nicht im Wege der Amtshilfe um Maßnahmen ersuchen, zu denen sie nicht selbst befugt sind. Wichtig ist weiterhin, dass der sich aus dem Grundgesetz ergebende und für alle staatlichen Institutionen geltende Grundsatz der Verhältnismäßigkeit ausdrücklich in allen Gesetzen zu den Nachrichtendiensten genannt wird: „Von mehreren geeigneten Maßnahmen" ... haben die Nachrichtendienste „diejenige zu wählen, die den Betroffenen voraussichtlich am wenigsten beeinträchtigt. Eine Maßnahme darf keinen Nachteil herbeiführen, der erkennbar außer Verhältnis zu dem beabsichtigten Erfolg steht".[17]

a) Was tun die Nachrichtendienste zur Gewinnung von Erkenntnissen und inwieweit können dabei die Menschenrechte tangiert werden?

Eine der wesentlichen Quellen für Erkenntnisse der Nachrichtendienste sind die jedermann öffentlich zugänglichen Informationen. Was öffentlich zugänglich ist, braucht nicht mit geheimen Methoden erforscht zu werden. Entscheidend ist natürlich auch hierbei zu prüfen, was an den offenen Informationen tatsächlich wahr ist; dies nicht nur im Interesse der Nachrichtendienste, sondern auch der möglicherweise von solchen offenen Informationen Betroffenen.

Die Auswertung offener Informationen berührt in aller Regel die Menschenrechte nicht. Allerdings kommt selbst öffentlich zugänglichen Daten ein Grundrechtsschutz zu, wie das Bundesverfassungsgericht erst in seiner Entscheidung[18] zur flächendeckenden KFZ-Kennzeichenerfassung im März 2008 betont hat. Unter rechtlichen Gesichtspunkten könnte so im Einzelfall selbst die Auswertung offener Quellen grundsätzlich dann zum Beispiel problematisch sein, wenn sich die Nachrichtendienste auf diesem Wege mit Personen befassen würden, die dazu keinen Anlass gegeben haben, oder wenn sie personenbezogene Informationen zu zwar im Visier der Dienste stehenden Personen sammeln, die Daten aber keinen Bezug zur Aufgabenerfüllung der Nachrichtendienste haben. Daten über das Intimleben dürften auch dann grundsätzlich nicht erhoben werden, selbst wenn diese etwa über das Internet verbreitet würden. Schließlich dürften die Nachrichtendienste offen zugängliche Daten nicht unter Einsatz der besonderen nachrichtendienstlichen Mittel zu gewinnen versuchen, weil ein derartiger Eingriff in die Rechte der davon Betroffenen unverhältnismäßig wäre.

Sind Informationen nicht öffentlich verfügbar, dürfen das Bundesamt für Verfassungsschutz und der Militärische Abschirmdienst bei der Datengewinnung im Inland (der BND darf im Inland grundsätzlich nur in besonders genannten Ausnahmen, wie etwa zu seiner Eigensicherung tätig werden) die oben genannten „nachrichtendienst-

---

17 § 8 Abs. 5 BVerfSchG; § 2 Abs. 4 BNDG.
18 BVerfG, Neue Juristische Wochenschrift (NJW) 2008, 1505-1516, auch abrufbar unter www.bverfg.de, Az. BvR 2074/05 und 1254/07.

lichen Mittel" einsetzen. Observationen, heimliche Bild- und Tonaufzeichnungen können tief in grundrechtlich geschützte Positionen des von solchen Maßnahmen Betroffenen eingreifen, der zudem in aller Regel hiervon nichts erfährt und deshalb auch seine Rechte nicht wahrnehmen kann. Gleiches gilt, wenn so genannte „Vertrauensleute" oder „Gewährspersonen" eingesetzt werden.

Nur nebenbei bemerkt: Auch für diese Gewährs- und V-Personen haben die Nachrichtendienste eine besondere Verantwortung. Denn grundsätzlich besteht unter den meist extremen, psychisch belastenden Bedingungen des Einsatzes von solchen Personen das Risiko des Abrutschens in die extremistische oder kriminelle Szene.

Bei allen diesen Maßnahmen haben die Nachrichtendienste mit Blick auf die Grund- und Menschenrechte den absoluten Kernbereich der Grundrechte der von solchen Maßnahmen betroffenen Bürger zu achten. Auch die Beachtung des verfassungsrechtlichen Grundsatzes der Verhältnismäßigkeit ist entscheidend wichtig. Nicht zu vergessen ist in diesem Zusammenhang, dass selbst durch rechtmäßige Aktionen der Nachrichtendienste hohe Risiken für das Persönlichkeitsrecht der Betroffenen entstehen können. Erinnert sei nur an eine mögliche „Rufschädigung", die allein schon dadurch entstehen kann, dass bekannt wird, dass ein Betroffener im Visier der Nachrichtendienste steht, also „Zielperson" ist. Wie leider immer wieder zu erleben ist, kommen solche Tatsachen durch Geschwätzigkeit im Sicherheitsbereich an das Licht der Öffentlichkeit. Eine Verletzung des Persönlichkeitsrechts des Betroffenen ist die Folge.

b) Wie gewinnt der Bundesnachrichtendienst Nachrichten über das Ausland?

Stichworte sind hier:
- Einsatz eigener „Quellen" im Ausland,
- Strategische Fernmeldeüberwachung nach §§ 5 ff. G 10 Gesetz; von Bedeutung insbesondere bei der Bekämpfung der Proliferation von Massenvernichtungswaffen,
- Legalresidenturen an deutschen Botschaften im Ausland,
- Informationsaustausch mit ausländischen Nachrichtendiensten und
- Auswertung offener Quellen.

Die Werbung von „Quellen" (anders als teilweise CIA, KGB und MfS) geschieht grundsätzlich auf freiwilliger Basis. Beispielsweise eine so genannte „Romeo-Methode" wie Markus Wolf diese in seinen „Erinnerungen": „Sex, Kompromate, Zwang, Drohungen" beschreibt, kommt nicht in Betracht. Ein im Rechtsstaat verankerter Nachrichtendienst hat auch bei der Werbung von Quellen die Grundrechte und die Menschenrechte zu wahren. Ganz abgesehen davon, dass derartige Methoden nicht zu einer auf Dauer Erfolg versprechenden Zusammenarbeit führen. Wer von einem Geheim- oder Nachrichtendienst mit Erpressung geworben wird, dem erscheint sein Nachrichtendienst eher „als Feind".

Schließlich muss der Bundesnachrichtendienst auch bedenken, welchen Gefahren er die im Ausland eingesetzten Quellen aussetzt: So drohen das Risiko einer menschenrechtswidrigen Behandlung nach Enttarnung und Festnahme der Quelle im Einsatzgebiet, in manchen Ländern überlange Freiheitsstrafen oder gar die Todesstrafe. Dabei sind auch die in solchen Fällen gravierenden Auswirkungen auf die Familie des Agenten vor dessen Einsatz zu berücksichtigen.

Der *Informationsaustausch* zwischen Nachrichtendiensten gewinnt zunehmend an Bedeutung: Und tatsächlich findet eine Zusammenarbeit insbesondere zwischen Nachrichtendiensten der Mitgliedstaaten der Europäischen Union schon seit längerem statt; vorrangig bislang in bilateralen Formen und, wenn auch zaghafter, auch im multilateralen Rahmen wie beispielsweise im so genannten „Berner Club". Ich erwähne in diesem Zusammenhang schlagwortartig auch das im Bereich des Hohen Vertreters für die Gemeinsame Außen- und Sicherheitspolitik der Europäischen Union angesiedelte Situation Center (SitCen), dessen Aufgabe es ist, die von einzelnen Nachrichtendiensten übermittelten Informationen auszuwerten und zu einem Lagebild zu formen. In den Europäischen Verträgen ist diese Zusammenarbeit der Nachrichtendienste bislang ausdrücklich ausgeklammert, auch wenn einzelne Beschlüsse und Dokumente der EU zeigen, dass auf europäischer Ebene eine nachrichtendienstliche Zusammenarbeit und hierbei insbesondere der Informationsaustausch ausdrücklich gewünscht werden. Zu erinnern ist auch an die schon lange bestehende Zusammenarbeit der Inlandsnachrichtendienste der NATO-Staaten. Darüber hinaus gibt es mit zahlreichen außereuropäischen Staaten mehr oder weniger intensive Kooperationen.

Weil durch die Globalisierung die Bezüge zwischen den Staaten immer enger werden und selbst weit entfernt gelegene Weltgegenden Auswirkungen auf die Sicherheit Deutschlands haben können, gleichzeitig die Kapazitäten eines einzelnen Nachrichtendienstes nicht ausreichen, alles zu beobachten, was von Bedeutung sein kann, drängt sich eine Art Rollenverteilung auf. Jeder Nachrichtendienst sammelt dort die erforderlichen Informationen, wo er die besten Zugänge hat. Anschließend tauschen die Nachrichten- und Geheimdienste ihre Erkenntnisse gegenseitig aus.

Was vielleicht überzeugend klingt, wirft unter mehreren Gesichtspunkten Probleme auf. In den meisten Staaten gelten für die Geheim- und Nachrichtendienste bezüglich der zulässigen Methoden zur Gewinnung von Informationen nicht vergleichbare rechtliche Standards wie für die deutschen Dienste. Hier drängt sich die Frage auf, ob Daten von ausländischen Geheim- oder Nachrichtendiensten entgegen genommen werden dürfen, die möglicherweise unter Verletzung von Menschenrechten erlangt worden sind. Eindeutig dürfte jedenfalls sein, dass ein deutscher Nachrichtendienst einen ausländischen Geheimdienst nicht um „Amtshilfe" bitten dürfte, wenn auch nur zu vermuten wäre, dass der angefragte Geheimdienst zur Gewinnung der erbetenen Erkenntnisse menschenrechtswidrige Praktiken anwendet. Sind den deutschen Nachrichtendiensten bestimmte Befugnisse verwehrt, dürfen nicht andere Dienste, denen diese Befugnisse nicht verboten sind, unter faktischer Umgehung deutschen Rechts um entsprechende „Hilfe" angegangen werden. Weitere Themen sind hierbei die Beachtung der Zweckbindung der Daten, auch die Nachvollziehbarkeit der Herkunft der Daten wegen unterschiedlicher Befugnisse und die möglicherweise unterschiedliche Validität der Erkenntnisse.

Schließlich muss klar sein, dass gemeinsame Operationen mit einem anderen Nachrichten- oder Geheimdienst nicht durchgeführt werden dürfen, wenn das Risiko der vielleicht auch nur indirekten Mitwirkung an Menschenrechtsverletzungen besteht (bei arbeitsteiligem Vorgehen) oder wenn das Risiko der Verletzung von Menschenrechten durch den anderen Geheimdienst vielleicht erst deshalb entsteht, weil dieser nur durch das gemeinsame Operieren in die Lage versetzt wird, bestimmte Maßnahmen zu ergreifen (z.B. wegen „Knowhow" - oder Datentransfer u. ä.). Das heißt, dass vor einer Zusammenarbeit mit einem ausländischen Nachrichten- oder Geheimdienst, ob Informationsaustausch oder gar gemeinsame Operationen, zu prüfen ist, wie es um die generelle Beachtung der Rechtsstaatlichkeit im anderen Staat steht und speziell bezüglich der Tätigkeit des ausländischen Dienstes. Und es sollte zudem selbstverständlich sein, dass – auch als Gegenleistung – keine Daten an andere Nachrichten- oder Geheimdienste übermittelt werden, wenn die Informationen von diesem Dienst möglicherweise zu Aktionen genutzt werden, welche die Menschenrechte der Betroffenen oder deren Angehörigen verletzen können.

Was sehr verharmlosend mit *„nassen" Aktionen* umschrieben wird, ist deutschen Nachrichtendiensten, die wie schon ausgeführt eben keine „Geheimdienste" mit Sonderbefugnissen sind, absolut untersagt:

Zu erinnern ist in diesem Zusammenhang an öffentlich bekannt gewordene Aktionen auch westlicher Dienste etwa in Nordirland oder in Neuseeland (Versenkung des Greenpeace-Schiffes „Rainbow Warrior"), oder die Unterstützung von Staatsstreichen, wie gegen Allende in Chile oder sonstige Aktionen in Süd- und Mittelamerika. Bekannt geworden sind zahlreiche „Operationen" von Diensten des ehemaligen Ostblocks wie zum Beispiel der „Regenschirmmord" an einem Flüchtling in Paris oder die gerichtlich festgestellte Ermordung von iranischen Regimekritikern im Restaurant Mykonos in Berlin.

2. Geheimhaltungsbedürfnisse der Nachrichtendienste

Aus der Natur der Sache haben die Nachrichtendienste besondere Geheimhaltungsbedürfnisse:

Im Vordergrund steht der Schutz der Quellen und der Informanten. Wird deren Identität bekannt, ist deren weiterer Einsatz nicht mehr möglich und damit ein eventuell entscheidender Zugang zu wichtigen Informationen abgeschnitten. Verfassungsfeindliche Organisationen werden sich nach Entdeckung eines bei ihnen tätigen V-Mannes vielleicht noch mehr abschotten, um ihre Absichten und Aktivitäten zu verheimlichen. Mit vergleichbaren Verhalten ist bei Staaten zu rechnen, die etwa an einem Programm zur Entwicklung von Massenvernichtungswaffen arbeiten oder Aggressionen gegen andere Staaten oder gegen Minderheiten ihrer eigenen Bevölkerung planen. Diese Staaten werden im Zweifel ihre Absichten noch stärker zu verschleiern suchen, um von der Weltgemeinschaft nicht an ihren Plänen gehindert zu werden. Das heißt, allein das Wissen, dass solche Aktivitäten von anderen Staaten beobachtet werden, kann zur Blockade jeder weiteren Information führen.

Dazu kommt, dass, wie oben bereits ausgeführt, enttarnten Quellen wesentliche Nachteile bis hin zu hohen Gefahren für Leib und Leben drohen können. Agenten im Ausland müssen mit hohen Freiheits-, wenn nicht gar mit der Todesstrafe rechnen, wenn ihre nachrichtendienstliche Tätigkeit enttarnt wird. Wenn bekannt wird, dass ein Nachrichtendienst seine Quellen nicht geheim halten, also nicht schützen kann, wird es dem Nachrichtendienst nahezu unmöglich, neue Quellen anzuwerben. Was wiederum ein möglicherweise schwerwiegendes Informationsdefizit zur Folge haben kann.

In manchen Fällen kann es sogar wichtig sein, bereits die Tatsache geheim zu halten, dass überhaupt bestimmte Erkenntnisse über eine Organisation oder über einen Staat vorliegen. Andernfalls wird die beobachtete Institution ihr Verhalten auch darauf einrichten und den Zweck weiterer Beobachtung zu vereiteln versuchen. Der Regierung und eventuell sogar der Staatengemeinschaft könnten damit eventuell wichtige Handlungsoptionen abgeschnitten sein.

Schließlich dient Geheimhaltung auch der Sicherheit der Nachrichtendienste und ihrer Mitarbeiter.

Bei allem berechtigten Bedürfnis nach Geheimhaltung muss aber klar sein, dass nicht allein die Tatsache, dass ein Nachrichtendienst sich mit einem Thema befasst, dies zu einem Geheimnis macht. An die Geheimhaltungsbedürftigkeit sind strenge Maßstäbe anzulegen. Auch darf selbst ein berechtigtes Anliegen nach Beachtung von Geheimhaltungsinteressen der Nachrichtendienste nicht dazu führen, dass insoweit „kontrollfreie Räume" entstehen.

Wenn auch nicht alles, was Nachrichtendienste tun oder wissen, a priori geheim ist, so unterscheiden sie sich gleichwohl diesbezüglich, wie ausgeführt, in mehrerlei Hinsicht von anderen Institutionen. Zusammengefasst lässt sich sagen:
- Nachrichtendienste gewinnen die Informationen vielfach durch geheime Methoden,
- deren Informationen verlieren oft ihren Nutzen, wenn bekannt wird, dass sie vorhanden sind,
- die Offenbarung von Informationen kann die Arbeitsweise der Dienste, deren Zugänge usw. enttarnen und damit die weitere Informationsgewinnung erschweren sowie Mitarbeiter und Informanten gefährden,
- die Gewährleistung der Geheimhaltung ist oft Voraussetzung der Zusammenarbeit mit anderen Diensten sowie die erfolgreiche Werbung von Quellen.

3. Besondere Risiken für den Bürger durch Tätigkeiten der Nachrichtendienste

Überflüssig zu sagen: Nachrichtendienste erfüllen keinen Selbstzweck. Sie dienen der Sicherung von Integrität und Unversehrtheit des rechtstaatlich verfassten Staates und damit auch der verfassungsrechtlich verbürgten Rechte der Bürger. Andererseits kann aber gerade die Tätigkeit der Nachrichtendienste zur Sammlung von Informationen tief in Bürgerrechte eingreifen. Deren Datengewinnung und -verarbeitung betrifft insbesondere das aus Art. 2 Abs. in Verbindung mit Art. 1 Abs. 1 Grundgesetz abgeleitete „Recht auf informationelle Selbstbestimmung"[19] und das vom Bundesverfassungsgericht kürzlich in der Entscheidung[20] zur „Online – Durchsuchung" geprägte „Grundrecht auf Gewährleistung der Vertraulichkeit und Integrität informationstechnischer Systeme".

Das verstärkte Risiko, das sich aus der Datenverarbeitung in dem für Nachrichtendienste besonders typischen „Vorfeldbereich" für die Bürger ergeben kann, hat das Bundesverfassungsgericht mehrfach, etwa in seiner neueren Entscheidung zur strategischen Fernmeldeüberwachung durch den Bundesnachrichtendienst betont und die Wichtigkeit von eindeutigen, also bestimmten und einengenden Ermächtigungsnormen herausgestellt.[21] Auch die Heimlichkeit der Maßnahmen und deren weitere Geheimhaltung, die aus der Natur der Sache mit nachrichtendienstlichen Tätigkeiten oft verbunden ist, führen zur Erhöhung der Intensität der Eingriffe in die Rechte der von nachrichtendienstlichen Aktivitäten Betroffenen.[22]

Dass sich diese Risiken für den Bürger erhöhen können, wenn die von Nachrichtendiensten gewonnenen Daten nicht nur auf nationaler Ebene – und damit befassen sich die vorgenannten Entscheidungen des Bundesverfassungsgerichts –, sondern wegen der Zusammenarbeit der Nachrichtendienste über die Landesgrenzen hinaus europa- oder gar weltweit verarbeitet werden, liegt auf der Hand.

Schlagwortartig zu nennen sind als von Verfassungs wegen zu beachtende Vorgaben an eine rechtmäßige Datenverarbeitung durch die Nachrichtendienste insbesondere

- der Grundsatz der Verhältnismäßigkeit,
- präzise formulierte Eingriffsnormen,
- die Zweckbindung der Daten,

---

19 BVerfGE 65, 1-71.
20 BVerfG, NJW 2008, 822-837, auch abrufbar unter www.bverfg.de, Az. 1 BvR 370/07 und 595/07.
21 Vgl. BVerfGE 100, 313 (395), auch abrufbar unter www.bverfg.de, Az. 1 BvR 2226/94, Rn. 278 ff.; BVerfGE 110, 33 (60), auch abrufbar unter www.bverfg.de, Az. 1 BvF 3/92, Rn. 126 ff.
22 Vgl. BVerfGE 115, 320 (353), auch abrufbar unter www.bverfg.de, Az. 1 BvR 518/02, Rn. 112 ff., sowie BVerfGE 118, 168 (197 f.) „Kontenabfrage", auch abrufbar unter www.bverfg.de, Az. 1 BvR 1550/03.

- Sicherstellung der Richtigkeit der Daten sowie
- Vorschriften zu Löschung und Sperrung und schließlich
- die Schaffung von Regeln zur technischen und organisatorischen Sicherung der Datenverarbeitung einschließlich
- unabhängiger Kontrolleinrichtungen.

Zu berücksichtigen ist weiterhin, dass das politische, rechtliche und technische Umfeld, in dem die Nachrichtendienste tätig sind, im Fluss ist. Deshalb kommen auch auf die Nachrichtendienste neue Fragen zu bei der Gewinnung von Informationen, im Umgang mit diesen oder wegen der Nutzung neuer technischer Möglichkeiten. Gerade das Thema „Beachtung der Menschenrechte" und in diesem Zusammenhang die "Einhaltung ethischer Standards" werden drängender.

Hierzu darf ich nur beispielhaft folgendes nochmals in Erinnerung rufen:
1. Die im Grundsatz notwendige internationale Zusammenarbeit der Nachrichtendienste und damit der Informationsaustausch nehmen zu.
2. Derzeit beobachten wir ein Anwachsen der Datenvolumina in kommerziellen wie öffentlichen Datenbanken, wie es noch vor zwanzig Jahren kaum jemand ernsthaft je für möglich gehalten hätte. Der Einzelne hinterlässt durch INTERNET-Nutzung, Kredit- und Kundenkarten ständig zahlreiche Spuren. Entwicklungen wie der künftige elektronische Patientenausweis oder die neuen Pässe tun ein Übriges.
3. Neue Software zur Auswertung von großen Datenmengen, wie „Data mining" oder wie immer derartige Methoden gerade genannt werden, erlaubt in absehbarer Zeit die Erstellung detaillierter Persönlichkeitsprofile über grundsätzlich jedermann. Und angesichts einer eher noch wachsenden internationalen Bedrohungslage wird der Druck, solche Möglichkeiten auch zu nutzen, wahrscheinlich zunehmen.
4. Zuletzt mit den Antiterrorgesetzen sind den deutschen Nachrichtendiensten neue Zugänge etwa zu Finanz-, Telekommunikations- und Flugpassagierdaten eröffnet worden, was vor nicht allzu langer Zeit wohl Entrüstungsstürme in der Öffentlichkeit entfacht hätte.

4. Kontrolle der Nachrichtendienste

Dies alles verlangt ein hohes Verantwortungsbewusstsein der Dienste. Eine effiziente Kontrolle auch unter dem wichtigen Gesichtspunkt der Beachtung der Menschenrechte wird damit wichtiger denn je. Kontrolle der Nachrichtendienste muss also insbesondere auch rechtsstaats- und menschenrechtsorientiert sein. Die aktuelle Kontrolle über die Nachrichtendienste kann jedoch nicht überzeugen. Denn immer dann, wenn ein tatsächlicher oder vermeintlicher „Skandal" bei den Nachrichtendiensten die Öffentlichkeit bewegt, wird nahezu regelmäßig von allen Seiten Unzufriedenheit mit den Kontrollmöglichkeiten über die Dienste geäußert. Das muss doch einen Grund haben.

Nochmals: Es geht um die Nachrichtendienste des Bundes, also um den Bundesnachrichtendienst, das Bundesamt für Verfassungsschutz und den Militärischen Abschirmdienst. Derzeit gehören diese Dienste wohl zu den am besten kontrollierten Diensten in der Welt, gleichwohl ist mit Rücksicht auf die eben erwähnte Unzufriedenheit nach Verbesserungsmöglichkeiten zu suchen.

Es kontrollieren in Deutschland auf der Ebene des Bundes
- das Parlamentarische Kontrollgremium,
- das Vertrauensmännergremium,
- die G 10-Kommission,
- Untersuchungsausschüsse,
- der Bundesbeauftragte für den Datenschutz,
- der Bundesrechnungshof.

Hinzu tritt die Rechts- und Fachaufsicht durch das Bundeskanzleramt sowie durch die Bundesministerien des Innern und der Verteidigung.

Außerdem ist durch die Gemengelage des Bundesamtes für Verfassungsschutz mit 16 Landesämtern für Verfassungsschutz und durch die Zusammenarbeit mit Polizeibehörden eine weitere gegenseitige Kontrolle gewährleistet.

Entscheidende Rechtsgrundlagen für die Kontrolle der Nachrichtendienste des Bundes sind vor allem das Gesetz über die parlamentarische Kontrolle nachrichtendienstlicher Tätigkeit des Bundes und das G 10-Gesetz.

a) **Schwächen derzeitiger Kontrolle**

Wie gesagt, es mangelt nicht an der Zahl der Kontrollinstitutionen in Deutschland und deren gesetzlicher Verankerung. Allerdings zeigt diese Art der Kontrolle auch ihre Schwächen:

Die Grenzen der Wirksamkeit der besonders wichtigen *parlamentarischen Kontrolle*, insbesondere durch das Parlamentarische Kontrollgremium, sind schon mehrfach beschrieben worden. Entscheidend ist die beschränkte Arbeitskapazität der mit der nachrichtendienstlichen Kontrolle im Parlamentarischen Kontrollgremium befassten Abgeordneten. Deren Zahl ist zudem klein. Außerdem sind diese Abgeordneten häufig mit einer Vielzahl weiterer parlamentarischer Funktionen belastet. Letzteres gilt besonders für die Mitglieder kleinerer Fraktionen. Das ist wohl gemerkt keine Kritik an der Arbeit der Abgeordneten, die in Einzelfällen mit enormer Akribie Kontrolle ausüben, sondern nur eine Beschreibung der Situation.

Die neben dem Parlamentarischen Kontrollgremium bestehenden *weiteren Kontrollmöglichkeiten* sind meist wegen der Aufgabenstellung der jeweiligen Kontrollorgane segmentiert, d. h. es werden jeweils nur bestimmte Ausschnitte der nachrichtendienstlichen Tätigkeit betrachtet. Dies gilt für
- den Bundesbeauftragten für den Datenschutz – er achtet auf die Einhaltung der Vorschriften zum Datenschutz –,
- die Rechnungsprüfung durch den Bundesrechnungshof und das parlamentarische Vertrauensgremium – die Beachtung des sachgerechten Umgangs mit Haushaltsmitteln steht im Vordergrund –,
- die G 10-Kommission oder die Untersuchungsausschüsse – jeweils mit besonderen Aufgaben.

Manche Fehlentwicklung in zu kontrollierenden Einrichtungen lässt sich aber nur aus einer Gesamtschau erkennen. Das gilt auch für die Nachrichtendienste.

Die notwendige *Geheimhaltung* ist eine weitere Erschwernis für erfolgreiche Kontrolle: Aus der Natur der Sache sind wie oben ausgeführt die Erfordernisse der Geheimhaltung bei Nachrichtendiensten besonders hoch. Hätten diese keine „Geheimnisse" wären sie obsolet. Das Spannungsverhältnis zwischen Geheimhaltung und Kontrolle, letztere muss in einer offenen Gesellschaft oftmals auch öffentlich sein, ist vorhanden. Es muss gelöst werden, ohne dass die Kontrolle ihre Effizienz verliert oder die notwendige Geheimhaltung verloren geht.

b) „Beauftragter für die Nachrichtendienste"

Könnte die Einsetzung eines „Beauftragten für die Nachrichtendienste" eine Lösung für die aufgezeichneten Probleme sein und damit auch eine noch stärker an der Beachtung der Menschenrechte ausgerichtete Kontrolle ermöglichen?

Nicht ganz zu Unrecht wird in Deutschland das „Beauftragtenwesen" beklagt. Wer nun gleichwohl die Einsetzung eines weiteren „Beauftragten" im Bundesbereich anregt, kann deshalb sicher sein, allein schon wegen dieser Anregung deutliches Stirnrunzeln bei vielen hervorzurufen. Dabei ist die Bezeichnung für diese Kontrollinstitution ganz nebensächlich. Entscheidend ist, ob mit einer solchen Institution die Kontrolle der Nachrichtendienste im demokratischen Rechtsstaat verbessert und ggf. vorhandene Kontrolllücken geschlossen werden könnten.

Eines an dieser Stelle noch vorweg: Der Beauftragte hätte nicht die politischen Entscheidungen auf ihre Sinnhaftigkeit zu bewerten. Hierfür hätte er allenfalls dem Parlament die notwendigen Fakten zu liefern. Der Beauftragte hätte sich parteipolitisch selbstverständlich neutral zu verhalten.

aa) Kontrolle durch einen Beauftragten

Die Einsetzung eines „Beauftragten für die Nachrichtendienste" würde zur Verbesserung der Kontrolle der Nachrichtendienste führen, ohne die Bedeutung des Parlamentarischen Kontrollgremiums zu verringern oder die Arbeit der Dienste zu gefährden; im Gegenteil:

Kontrollthemen müssten unter anderem die Rechtmäßigkeit des Handelns der Dienste, natürlich einschließlich der Beachtung der Menschenrechte, die sachgerechte Verwendung der Haushaltsmittel und durchaus auch die Effizienz der Dienste sein. Der wachsenden internationalen Zusammenarbeit wäre dabei ein besonderes Augenmerk zu widmen. Bei seiner Tätigkeit sollte der Beauftragte selbstverständlich nicht auf die Kontrolle von „Vorgängen von besonderer Bedeutung" beschränkt sein.

Ein ganz entscheidender Vorteil läge darin, dass der Beauftragte *ganzheitlich* prüfen, also komplette Vorgänge nachvollziehen könnte. Bei nachrichtendienstlichen Operationen beispielsweise könnte dies die Praktikabilität der Vorgehensweise, den Mitteleinsatz, die Sicherheit der eingesetzten Mitarbeiter und Quellen in Form einer Gefährdungsanalyse, die Einhaltung des Datenschutzes und die weiteren Erfolgsaussichten u.s.w. umfassen. Das Zusammenwirken von strategischer Fernmeldeaufklärung mit aus dem Einsatz von Quellen gewonnenen Erkenntnissen und der Suche nach öffentlich zugänglichen Informationen könnte ein weiterer Ansatz für die Kontrolle sein. Die Effizienz und die Verantwortbarkeit der Zusammenarbeit mit ausländischen Nachrichten- und Geheimdiensten könnten geprüft werden etwa mit Blick auf die Beachtung der Menschenrechte durch den anderen Dienst, den Wert der empfangenen Informationen, den Kosteneinsatz usw. Die hierzu geschlossenen Vereinbarungen könnten auf deren Rechtsnatur, die Erfüllbarkeit der eingegangenen Verpflichtungen und den Grundrechts- und Menschenrechtsschutz durchgesehen werden.

Die Kontrolle könnte im Einzelfall parallel zur Arbeit der Dienste erfolgen und müsste sich nicht nur auf eine Kontrolle „ex post" beschränken. Der Beauftragte sollte stichprobenartige Prüfungen auch *ohne konkreten Anlass* vornehmen können. Damit wäre die Kontrolle losgelöst davon, ob mehr oder wenig zufällig echte oder vermeintliche Skandale bekannt werden. Die Kontrolle könnte also wesentlich wirkungsvoller sein, da sie insoweit nur von sachlichen Überlegungen gesteuert würde.

Einzelaufträge durch das Parlament zur besonderen Kontrolle bestimmter Vorgänge wären damit aber nicht obsolet, da natürlich trotz einer einzelfallunabhängigen Kontrolle nicht alle Fehler aufgedeckt und nicht alle Skandale vermieden werden können. Falls dem Beauftragten vom Parlament, dem parlamentarischen Kontrollgremium oder einem Untersuchungsausschuss ein einzelner Kontrollauftrag erteilt würde, so zeigten sich die Vorzüge der Institution eines Beauftragten besonders deutlich:

- Beim Beauftragten wäre die Kapazität zur umfassenden Kontrolle vorhanden, die intensives Aktenstudium und Mitarbeiterbefragung umfassen könnte.

- Die Kontrolle könnte zügig beginnen; das heißt, es müsste nicht erst nach einem Sachverständigen gesucht und eine Einigung auf eine bestimmte Person erzielt werden.
- Die Kontrolle erfolgte auf der Grundlage des beim Beauftragten vorhandenen Expertenwissens. Er müsste also nicht zu Beginn einer Prüfung über nachrichtendienstliche Usancen, Personen u. ä informiert werden. Das beschleunigte die Erledigung einer Prüfung; gerade bei öffentlichen Skandalisierungen ein nicht zu unterschätzender Vorzug für alle Beteiligten. Nicht schnell aufgeklärte Anschuldigungen können hingegen das Vertrauen der Öffentlichkeit in die zur Aufsicht berufenen Organe und in die verdächtigten Institutionen erschüttern. Außerdem wäre das Risiko geringer, dass dem fachkundigen Beauftragten Sachverhalte verheimlicht oder falsch dargestellt werden, er also „hinter das Licht" geführt würde.
- Sorgen um die notwendige Geheimhaltung brauchten nicht gehegt zu werden. Diese könnten hingegen bezüglich eines nur für einen Einzelfall eingesetzten Sachverständigen vielleicht eine mentale Bremse für die notwendige offene Zusammenarbeit mit den Kontrollierten darstellen.

Der verbesserten Kontrolle der Dienste ganz allgemein käme zu gute, dass der Beauftragte für die Nachrichtendienste auch sachkundiger Ansprechpartner für die anderen Kontrollorgane wie den Bundesbeauftragten für den Datenschutz oder den Bundesrechnungshof sein könnte. Hier könnte im Einzelfall auch gegenseitig spezialisiertes Fachwissen ausgetauscht werden.

Auch für die *parlamentarischen Kontrollgremien* könnte ein Beauftragter ganz generell und über einzelne ihm erteilte Prüfaufträge hinaus sehr hilfreich sein:
- Die Abgeordneten hätten einen ständigen, fachkundigen und dem Parlament verpflichteten Ansprechpartner. Dieser könnte generell Fragen zu Abläufen, Arbeitsmethoden usw. beantworten. So ließe sich manches schnell im Vorfeld klären. Die Aufsichtstätigkeit der parlamentarischen Kontrollgremien könnte also noch effizienter werden, weil diese sachverständig unterstützt und durch zügige Prüfungsergebnisse noch glaubwürdiger in der erfolgreichen Kontrollfunktion würde.
- Der Beauftragte könnte als Berater an den Sitzungen dieser Gremien teilnehmen. Bereits bei den Tagesordnungen für die regelmäßigen Sitzungen, die für die Mitglieder des Parlamentarischen Kontrollgremiums die maßgebliche Informationsquelle darstellen, könnte der Beauftragte Anregungen für zu behandelnde Themen geben, so dass die Parlamentarier mehr als bisher die Initiative ergreifen könnten und weniger von den Vorschlägen der Bundesregierung zur Tagesordnung abhängig wären.
- Auch mit Blick auf den Wechsel bei den Mitgliedern der Kontrollgremien wäre ein über Legislaturperioden hinaus agierender Beauftragter zur Erhaltung der Kontinuität wichtig.

Förderlich wäre diese Einrichtung eines Beauftragten auch für den wirtschaftlichen Umgang mit Haushaltsmitteln. Dieser beginnt bekanntlich bereits mit den Haushaltsberatungen im *Vertrauensgremium*, das nach § 10 a BHO die Aufgaben des Haushaltsausschusses bezüglich der Nachrichtendienste wahrnimmt und die Haushaltshoheit des Parlaments gewährleistet. In den Haushaltsberatungen mit dem Vertrauensmännergremium werden zum Teil auch besonders kostenträchtige Operationen besprochen, weil hierfür Mittel eingeworben werden müssen. Der Beauftragte könnte hierbei ein fachkundiger Ratgeber sein.

bb) Beteiligung der Mitarbeiter

In einer offenen, demokratischen und rechtsstaatlichen Gesellschaftsordnung müssen übrigens selbstverständlich auch die Mitarbeiter der Nachrichtendienste die Möglichkeit haben, Missstände, auch eventuelle Zweifel, ob die Rechtsstaatlichkeit einschließlich des Schutzes der Menschenrechte beachtet ist, sowie echte oder nur vermeintliche Ungerechtigkeiten auch außerhalb der üblichen Hierarchien erörtern und kritisieren zu können. Das ist auch wichtig, um Fehler aufzudecken und zu beseitigen. Zwar haben die Mitarbeiter schon heute das ausdrückliche Recht, sich an das Parlamentarische Kontrollgremium zu wenden, in der Praxis wird davon aber nur sehr wenig Gebrauch gemacht. Diese Zurückhaltung könnte zwar auch daran liegen, dass es in den Diensten keine erörterungswürdigen Probleme gibt. Wer aber nur ein wenig das Ohr an den Nachrichtendiensten hat, weiß, dass es nicht am Mangel an Problemen, echten oder auch nur vermeintlichen Ärgernissen liegt, welche die Mitarbeiter beschäftigen. Meines Erachtens liegt es eher an der psychologischen Hürde, sich nach außen an die hohen Abgeordneten zu wenden.

Der Beauftragte könnte hier eine vielleicht leichter akzeptierte Anlaufstelle sein, weil er bis zu einem gewissen Grad zur „community" gehören würde. Beschwerden könnten unkompliziert eingelegt werden. Bei ihm wäre auch die notwendige Geheimhaltung von Dienstgeheimnissen ohne zusätzlichen Aufwand gewährleistet.

cc) Organisation des Amtes eines Beauftragten für die Nachrichtendienste

Zur Beantwortung der Frage, inwieweit die Einführung eines „Beauftragten für die Nachrichtendienste" eine sinnvolle Lösung sein könnte, ist die mögliche Organisation seines Amtes eine wichtige Vorentscheidung. Bei der Einrichtung eines solchen Beauftragten sollte an bewährte Vorbilder angeknüpft werden. So könnte das Amt dem des Wehrbeauftragten und somit entsprechend dem Wehrbeauftragtengesetz nachgebildet sein:
- Der Beauftragte wäre vom Bundestag mit der Mehrheit von dessen Mitgliedern, also mit der so genannten Kanzlermehrheit zu wählen. Das würde ihm auch die nötige Reputation und demzufolge Durchschlagskraft verleihen.

- Der Beauftragte nähme seine Aufgaben als Hilfsorgan des Bundestages bei der Ausübung der parlamentarischen Kontrolle wahr. Er stünde in einem öffentlich-rechtlichen Amtsverhältnis. Die Amtsdauer sollte zeitlich befristet mit Wiederwahlmöglichkeit sein. Seinen Sitz hätte er beim Bundestag.
- Er würde auf Weisung des Bundestages, eines Untersuchungsausschusses oder eines der parlamentarischen Kontrollgremien tätig.
- Daneben könnte er auch aus eigener Initiative tätig werden.
- Jeder Mitarbeiter eines der Nachrichtendienste des Bundes dürfte sich unmittelbar an ihn ohne Einhaltung des Dienstweges wenden. Dadurch gewönne er manche Ansatzpunkte für Prüfungen.
- Berichte sollte er einmal jährlich vorlegen, das wäre ein wichtiges Signal der Transparenz für die Öffentlichkeit. Außerdem hätte er auf entsprechende Weisung aus dem parlamentarischen Raum Berichte zu verfassen. Auch aus eigenem Antrieb sollte er Berichte erstellen dürfen.
- Seine Befugnisse sollten umfassen die Akteneinsicht und das Auskunftsrecht, die Anhörung von Zeugen und Sachverständigen sowie das Recht jederzeit und ohne vorherige Ankündigung die verschiedenen Dienststellen der Dienste besuchen zu können.
- Von Weisungen sollte er frei sein, abgesehen von der Aufforderung, Prüfungen vorzunehmen.
- An den Sitzungen der parlamentarischen Kontrollgremien sollte er teilnehmen.

Selbstverständlich sollte der Beauftragte über keine exekutiven Befugnisse verfügen. Sofern er Fehler feststellt, wären Abhilfemaßnahmen von den Nachrichtendiensten, ggf. von der Bundesregierung zu veranlassen.

Der Beauftragte müsste von fachkundigem Personal unterstützt werden. Deshalb wäre seine Behörde von Fachleuten mit nachrichtendienstlichen Kenntnissen, mit Mitarbeitern des Bundesbeauftragten für den Datenschutz und von Rechnungshöfen zu besetzen. Dabei wäre generell an erfahrene, durchaus auch lebensältere Personen zu denken.

Bleibt das ernstzunehmende Gegenargument der Schaffung neuer Bürokratie und der Entstehung zusätzlicher Kosten. Mit der vorgeschlagenen Lösung dürfte es nicht zu einer markanten Stellenmehrung im gesamten Bereich der nachrichtendienstlichen Kontrolle kommen. Weil statt der bisherigen segmentierten Kontrolle ein ganzheitlicher Ansatz gewählt würde, würde Personal bei den bisherigen verschiedenen Institutionen frei werden. Letztlich würde mehr Übersichtlichkeit und Klarheit zu mehr Transparenz und Effizienz führen, was ganz auf der Linie des Bürokratieabbaues läge.

III. Schlussfolgerung

Somit ist folgender Schluss zu ziehen: Gerade unter dem Gesichtspunkt menschenrechtsorientierter Evaluierung und Kontrolle nachrichtendienstlichen Handelns muss die Kontrolle der Nachrichtendienste, die zunehmend auch international vernetzt sind, effizienter werden. Eine Möglichkeit wäre die Einrichtung eines Beauftragten für die Nachrichtendienste, die zu mehr Kontrolleffizienz führen, das Parlament in seiner Kontrollfunktion in mehrerlei Hinsicht stärken, die Qualität der Arbeit der Dienste durch fachlich fundierte Anregungen und kompetente Kritik verbessern helfen und so letztlich auch das Vertrauen der Bevölkerung in die staatlichen Institutionen stärken könnte.

Informationsbedürfnis und Geheimhaltungserfordernisse: Menschenrechtsorientierte Evaluierung von Sicherheitsgesetzen aus der Sicht parlamentarischer Kontrollgremien

Bertold Huber

I.	Vorbemerkung	105
II.	Das Vertrauensgremium	106
III.	Das Parlamentarische Kontrollgremium	106
IV.	Die G 10-Kommission	108
V.	Ergebnis	113

I. Vorbemerkung

Mit dem Terrorismusbekämpfungsgesetz vom 09.01.2002[1] ist für den Bereich der Sicherheitsgesetzgebung erstmals neben einer Berichts- auch eine Evaluierungspflicht eingeführt worden (Art. 22 Abs. 3). Der entsprechende Bericht wurde dem Innenausschuss des Deutschen Bundestages im Mai 2005 vorgelegt[2]. Nachfolgende Gesetze, zuletzt das Terrorismusbekämpfungsergänzungsgesetz vom 9.1.2007[3], sind diesem Beispiel gefolgt. Adressat einer entsprechenden Beobachtungs- und Evaluierungspflicht ist der Gesetzgeber selbst. Ziel dieser Selbstverpflichtung der Legislative ist es, die bei der Verabschiedung eines Gesetzes bestehende Ungewissheit über dessen Eingriffsintensität und Praktikabilität einer kritischen Überprüfung zu unterziehen und gegebenenfalls im Rahmen einer Novelle den Legislativakt nachzubessern[4] oder aber aufzuheben bzw. im Falle eines Gesetzes mit befristeter Geltungsdauer dieses nicht mehr zu verlängern.

---

1   BGBl. I S. 2.
2   Innenausschuss-Drucks. 15 (4) 218; auch auffindbar unter www.cilip.de/terror/gesetze.htm; eine Kurzfassung findet sich auf der Website des Bundesministeriums des Innern http://www.bmi.bund.de/Internet/Content/Common/Anlagen/Themen/Terrorismus/Fakten__E valuierung__Terrorismusbekaempfungsgesetz,templateId=raw,property=publicationFile.pdf/ Fakten_Evaluierung_Terrorismusbekaempfungsgesetz.pdf.
3   BGBl. I S. 361.
4   Vgl. Weinzierl (2006), Die Evaluierung von Sicherheitsgesetzen - Anregungen aus menschenrechtlicher Perspektive, Policy Paper Nr. 6 des Deutschen Instituts für Menschenrechte, Berlin, S. 5 unter Verweis auf einschlägige Entscheidungen des Bundesverfassungsgerichts, z.B. BVerfGE 56, 54 (78 f.) und BVerfGE 109, 279 (339 f.), auch abrufbar unter www.bverfg.de, Az. 1 BvR 2378/98, Rn. 210 ff.

Die Ausführung der Sicherheitsgesetze des Bundes unterliegt der Kontrolle verschiedener parlamentarischer oder vom Parlament eingesetzter Organe. Deren Aufgabe umfasst wenn auch nicht explizit, wohl aber immanent auch eine Pflicht zur Evaluierung der einzelnen Regelungskomplexe. Da jedoch diese Kontrolltätigkeit weitgehend unter Ausschluss der Öffentlichkeit erfolgt, können deren Ergebnisse für eine Evaluierung kaum fruchtbar gemacht werden. Gleichwohl soll im Folgenden die Arbeit dieser Organe kurz dargestellt werden.

II. Das Vertrauensgremium

Nach § 10a Abs. 2 S. 1 der Bundeshaushaltsordnung (BHO) kann der Bundestag aus zwingenden Gründen des Geheimschutzes in Ausnahmefällen die Bewilligung von Ausgaben, die nach geheim zu haltenden Wirtschaftsplänen bewirtschaftet werden sollen, im Haushaltsgesetzgebungsverfahren von der Billigung der Wirtschaftspläne durch ein Gremium von Mitgliedern des Haushaltsausschusses abhängig machen. Diesem Vertrauensgremium sind zudem, sofern der Bundestag nichts anderes beschließt, die Wirtschaftspläne für die Nachrichtendienste vom Bundesministerium der Finanzen zur Billigung vorzulegen (§ 10 Abs. 2 S. 2 BHO). Mit der Entscheidung über die finanzielle Ausstattung der Nachrichtendienste wird zugleich über deren Handlungsfähigkeit, somit auch über die Inhalte der nachrichtendienstlichen Aktivitäten, befunden. Es erfolgt somit inzident auch eine Bestandsaufnahme u.a. der Effizienz entsprechenden Handelns unter Berücksichtigung der gegebenen Gesetzeslage.

III. Das Parlamentarische Kontrollgremium

Gemäß § 2 des Gesetzes über die parlamentarische Kontrolle der Nachrichtendienste des Bundes (PKGrG) unterrichtet die Bundesregierung das Parlamentarische Kontrollgremium umfassend über die allgemeine Tätigkeit der drei Nachrichtendienste des Bundes (Bundesnachrichtendienst, Bundesamt für Verfassungsschutz und Militärischer Abschirmdienst) und über Vorgänge von besonderer Bedeutung. Auch wenn das Gremium in den letzten Jahren auf Grund verschiedener Anlässe gefordert war, insbesondere bestimmte Tätigkeiten des Bundesnachrichtendienstes einer kritischen Betrachtung zu unterziehen, ist es nicht seine Aufgabe, konkrete nachrichtendienstliche Aktivitäten streng einzelfallbezogen und effizient zu kontrollieren.

§ 2a PKGrG räumt dem Parlamentarischen Kontrollgremium ein Recht auf Einsicht in die Akten und Dateien der Nachrichtendienste des Bundes, auf Anhörung der Bediensteten und ein Besuchsrecht bei den Nachrichtendiensten ein.

§ 2b PKGrG regelt den Umfang der Unterrichtungspflicht des Gremiums. Nach Abs. 1 dieser Vorschrift erstreckt sich die Verpflichtung der Bundesregierung zur Unterrichtung und zum Gewähren von Akteneinsicht, der Anhörung von Mitarbeitern der Dienste und zur Ermöglichung des Besuchsrechts nur auf Gegenstände und Informationen, die der Verfügungsberechtigung der Nachrichtendienste des Bundes unterliegen. Von ausländischen Partnerdiensten gesperrte Informationen sind beispielsweise nicht preiszugeben. Im Übrigen kann die Bundesregierung die Unterrichtung nach den §§ 2 und 2a PKGrG nur verweigern, wenn dies aus zwingenden Gründen des Nachrichtenzuganges oder aus Gründen des Schutzes von Persönlichkeitsrechten Dritter notwendig ist oder wenn der Kernbereich der exekutiven Eigenverantwortung betroffen ist (§ 2b S. 1 PKGrG).

Nach § 14 Abs. 1 S. 1 G 10 unterrichtet das nach § 10 Abs. 1 G 10 für die Anordnung von Beschränkungsmaßnahmen zuständige Bundesministerium in Abständen von höchstens sechs Monaten das Parlamentarische Kontrollgremium über die Durchführung des G 10. Das Gremium erstattet dem Deutschen Bundestag jährlich einen Bericht über die Durchführung sowie über Art und Umfang der Maßnahmen nach den §§ 3, 5 und 8 G 10[5].

Zu fragen ist, ob die Erfahrungen des Parlamentarischen Kontrollgremiums, die es im Zusammenhang mit der Anwendung der Sicherheitsgesetzes gewinnt, für eine Evaluierung fruchtbar gemacht werden können. Die Bilanz fällt eher nüchtern aus, und dies aus folgenden Gründen:

Die Beratungen des Parlamentarischen Kontrollgremiums sind geheim (§ 5 Abs. 1 S. 1 PKGrG). Die Mitglieder des Gremiums und die an den Sitzungen teilnehmenden Mitglieder des Vertrauensgremiums nach § 10a BHO sind zur Geheimhaltung der Angelegenheiten verpflichtet, die ihnen bei ihrer Tätigkeit im Parlamentarischen Kontrollgremium bekannt geworden sind (§ 5 Abs. 1 S. 2 PKGrG). Eine Ausnahme von der Verschwiegenheitspflicht nach § 5 Abs. 1 S. 1 PKGrG sieht § 5 Abs. 1 S. 5 PKGrG für die Bewertung aktueller Vorgänge vor, wenn eine Mehrheit von zwei Dritteln der anwesenden Mitglieder des Parlamentarischen Kontrollgremiums seine vorherige Zustimmung erteilt. Unter diesen in der Regel nur in besonderen Ausnahmefällen erfüllten Voraussetzungen ist also eine Durchbrechung der Verschwiegenheitspflicht erlaubt.

Zugleich ist jedoch zu bedenken, dass – so die gesetzliche Vorgabe in § 5 Abs. 2 S. 1 PKGrG – das Parlamentarische Kontrollgremium von Gesetzes wegen nur mindestens einmal im Vierteljahr zusammen zu treten hat. Die Erfahrung der letzten Jahre hat jedoch gezeigt, dass das Gremium anlassbezogen viel öfter tagt (vgl. z.B. im Zusammenhang mit der Bespitzelung von Journalisten durch den BND oder etwa im Fall El Masri oder jüngst aus Anlass des Mitlesens der E-Mail-Korrespondenz einer Spiegel-Redakteurin)[6].

Schließlich bestimmt § 6 S. 1 PKGrG, dass das Parlamentarische Kontrollgremium in der Mitte und am Ende jeder Wahlperiode dem Deutschen Bundestag einen

---

5 Vgl. dazu unten.
6 Zugleich ist in diesem Zusammenhang darauf hinzuweisen, dass diese Aktionen nicht auf Grund der den Nachrichtendiensten des Bundes mit dem Terrorismusbekämpfungsgesetz eingeräumten neuen Befugnissen durchgeführt worden waren.

Bericht über seine bisherige Kontrolltätigkeit erstattet. Nüchtern betrachtet kann dieser im Abstand von zwei Jahren zu erstellende Bericht keine tragfähige Grundlage für eine aussagekräftige Evaluierung der Auswirkungen der Gesetze zur Terrorismusbekämpfung sein.

IV. Die G 10-Kommission

Mit dem Gesetz zur Beschränkung des Brief-, Post- und Fernmeldegeheimnisses (Gesetz zu Artikel 10 Grundgesetz – G 10) vom 13.8.1968[7], das im Zusammenhang mit den Notstandsgesetzen verabschiedet worden war, wurden die bis dahin geltenden alliierten Vorbehaltsrechte nach Art. 5 Abs. 2 des Deutschlandvertrags vom 26.5.1952 in der Fassung gemäß Liste 1 des Protokolls über die Beendigung des Besatzungsregimes vom 23.10.1954[8] mit Wirkung ab dem 1.11.1968 abgelöst. Diese gestatteten den Alliierten bis dahin die Kontrolle des Brief-, Post- und Fernmeldeverkehrs in Deutschland[9].

Nach § 1 Abs. 1 Nr. 1 G 10 sind die Verfassungsschutzbehörden des Bundes und der Länder, der Militärische Abschirmdienst und der Bundesnachrichtendienst berechtigt, zur Abwehr von drohenden Gefahren für die freiheitliche demokratische Grundordnung oder den Bestand oder die Sicherheit des Bundes oder eines Landes einschließlich der Sicherheit der in der Bundesrepublik Deutschland stationierten Truppen der nichtdeutschen Vertragsstaaten des Nordatlantikvertrags (NATO) die Telekommunikation zu überwachen und aufzuzeichnen sowie die dem Brief- oder Postgeheimnis unterliegenden Sendungen zu öffnen und einzusehen. Die tatbestandlichen Voraussetzungen für die Anordnung einer solchen Beschränkungsmaßnahme (so genannte Individualmaßnahme) sind in § 3 G 10 im Einzelnen geregelt.

Darüber hinaus erteilt § 1 Abs. 1 Nr. 2 G 10 dem Bundesnachrichtendienst die Befugnis, im Rahmen seiner Aufgaben nach § 1 Abs. 2 des BND-Gesetzes[10] auch zu den in § 5 Abs. 1 S. 3 Nr. 2 bis 6 und § 8 Abs. 1 S. 1 G 10 bestimmten Zwecken die Telekommunikation zu überwachen und aufzuzeichnen.

§ 5 G 10 regelt die Zulässigkeit so genannter strategischer Beschränkungsmaßnahmen. Unter den dort näher benannten Voraussetzungen ist der Bundesnachrichtendienst berechtigt, die - via Satellit oder Lichtwellenleiter erfolgende - gebündelte Übertragung internationaler Telekommunikationsbeziehungen, d.h. die Telekommunikation zwischen dem Ausland und einem inländischen Anschluss, zu überwa-

---

7   BGBl. I S. 949.
8   BGBl. 1955 II S. 305.
9   Allerdings verzichteten die Alliierten nicht auf jene Vorrechte für das Land Berlin. Erst mit Wirkung zum 03.10.1990, dem Tag der Wiedervereinigung, setzten die Alliierten ihre Vorbehaltsrechte über Berlin vollständig aus (Erklärung vom 01.10.1990; BR-Drucks. 706/90).
10 § 1 Abs. 2 S. 1 BNDG bestimmt: „Der Bundesnachrichtendienst sammelt zur Gewinnung von Erkenntnissen über das Ausland, die von außen- und sicherheitspolitischer Bedeutung für die Bundesrepublik Deutschland sind, die erforderlichen Informationen und wertet sie aus."

chen[11]. Dies erfolgt im Wege einer auf bestimmte formale Suchbegriffe wie etwa Anschlussnummern von Ausländern und/oder ausländischen Firmen im Ausland oder inhaltliche Suchbegriffe wie z.B. waffentechnische Begriffe oder Namen von Chemikalien gestützten Rasterfahndung. Hierbei dürfen allerdings die verwandten Suchbegriffe keine Identifizierungsmerkmale enthalten, die zu einer gezielten Erfassung bestimmter Telekommunikationsanschlüsse führt (§ 5 Abs. 2 S. 2 G 10)[12].

§ 5 Abs. 1 S. 3 G 10 benennt insgesamt sechs Gefahrenbereiche, zu denen Beschränkungsmaßnahmen des Bundesnachrichtendienstes durchgeführt werden dürfen. Dies sind im Einzelnen:

- Gefahr eines bewaffneten Angriffs auf die Bundesrepublik Deutschland (Nr. 1),
- Gefahr der Begehung internationaler terroristischer Anschläge mit unmittelbarem Bezug zur Bundesrepublik Deutschland (Nr. 2),
- Gefahr der internationalen Verbreitung vom Kriegswaffen im Sinne des Gesetzes über die Kontrolle von Kriegswaffen sowie des unerlaubten Außenwirtschaftsverkehrs mit Waren, Datenverarbeitungsprogrammen und Technologien in Fällen von erheblicher Bedeutung (Nr. 3),

---

11 Gemäß § 5 Abs. 1 S. 2 G 10 legt das zuständige Bundesministerium mit Zustimmung des Parlamentarischen Kontrollgremiums in generalisierender Weise fest, welche ausländischen Staaten in die vom BND vorzunehmende Überwachung internationaler Telekommunikationsbeziehungen, die zwischen diesen und der Bundesrepublik Deutschland bestehen, einbezogen werden sollen. Die entsprechende Überwachung erfolgt unter Verwendung von Suchbegriffen (§ 5 Abs. 2 G 10), die in der Anordnung im Einzelnen aufzuführen sind (§ 10 Abs. 4 S. 1 G 10) und von der G 10-Kommission (§ 15 G 10) zu bestätigen sind. In der Anordnung sind ferner das Gebiet, über das Informationen gesammelt werden sollen, festzulegen (§ 10 Abs. 4 S. 2 G 10) sowie welcher Anteil der auf den jeweiligen Übertragungswegen zur Verfügung stehenden Überwachungskapazität kontrolliert werden darf (§ 10 Abs. 4 S. 3 G 10). Im Rahmen der Maßnahmen nach § 5 G 10 darf dieser Anteil höchstens 20 % betragen (§ 10 Abs. 4 S. 4 G 10). In der amtlichen Begründung zur G 10-Novelle vom 26.06.2001 (BGBl. I S. 1254) heißt es hierzu: „Wie bisher die Begrenzung auf nicht leitungsgebundene Telekommunikation, bildet die nach § 10 Abs. 4 S. 4 zu setzende Obergrenze nur die vorderste von mehreren Sperren, die dem Bundesnachrichtendienst bei der strategischen Fernmeldekontrolle gesetzt sind; weitere Sperren sind die beschränkten Erfassungskapazitäten sowie das Verfahren der maschinellen Selektion. Deshalb darf § 10 Abs. 4 S. 4 keineswegs so verstanden werden, als könne der Bundesnachrichtendienst künftig bis zu 20 vom Hundert der internationalen Telekommunikation zur Kenntnis nehmen. Es geht vielmehr darum, welcher Anteil der mit einem bestimmten Zielgebiet anfallenden Menge von Telekommunikationen für die strategische Fernmeldekontrolle überhaupt zur Verfügung steht. Dass die Obergrenze dieses Anteils künftig bei 20 vom Hundert liegen kann, ist im Hinblick auf die neuartige Technik der Paketvermittlung (packet switching) geboten. Wenn nämlich eine Telekommunikation in Pakete aufgeteilt wird und wenn die Pakete jeweils über unterschiedliche Übertragungswege geleitet werden, nimmt die Wahrscheinlichkeit, alle Pakete zusammenfügen zu können, exponentiell mit jedem gebildeten Paket ab. Folglich bedarf es eines entsprechend vergrößerten Erfassungsansatzes, um die Chance auf Erfassung aller Pakete zu wahren." (BT-Drucks. 14/5655, S. 33).

12 Nach S. 3 dieser Vorschrift gilt dies nicht für Telekommunikationsanschlüsse im Ausland, sofern ausgeschlossen werden kann, dass Anschlüsse, deren Inhaber oder regelmäßige Nutzer deutsche Staatsangehörige sind, gezielt erfasst werden.

- Gefahr der unbefugten Verbringung von Betäubungsmitteln in nicht geringer Menge in die Bundesrepublik Deutschland (Nr. 4),
- Gefahr der Beeinträchtigung der Geldwertstabilität im Euro-Währungsraum durch im Ausland begangene Geldfälschungen (Nr. 5) oder
- Gefahr der international organisierten Geldwäsche in Fällen von erheblicher Bedeutung (Nr. 6).

Aufgrund einer nach § 8 Abs. 1 S. 1 G 10 erteilten Anordnung ist der Bundesnachrichtendienst schließlich berechtigt, internationale Telekommunikationsbeziehungen zu überwachen, wenn dies erforderlich ist, um eine im Einzelfall bestehende Gefahr für Leib oder Leben einer Person im Ausland rechtzeitig zu erkennen oder ihr zu begegnen und dadurch Belange der Bundesrepublik Deutschland unmittelbar in besonderer Weise berührt sind (so genannter Jolo-Paragraph).

Soweit Maßnahmen nach § 1 Abs. 1 G 10 von Behörden des *Bundes* durchgeführt werden, unterliegen sie der Kontrolle durch das Parlamentarische Kontrollgremium (s.o. III.) und durch eine besondere Kommission, der G 10-Kommission[13]. Der zuletzt Genannten ist von Gesetzes wegen die Aufgabe übertragen, über die Zulässigkeit und Notwendigkeit der von den Nachrichtendiensten beabsichtigten Beschränkungsmaßnahmen nach dem G 10 zu befinden. Bei der Entscheidung über die beantragten Maßnahmen entscheidet die Kommission ihrem gesetzlichen Auftrag zufolge, wie er in § 15 Abs. 1 S. 3 G 10 niedergelegt ist, völlig unabhängig und frei von Weisungen. Sie tritt als Kontrollorgan funktionell an die Stelle des Rechtsweges, der gemäß Art. 10 Abs. 2 S. 2 GG durch Gesetz ausgeschlossen werden kann und durch das G 10-Gesetz für die dort geregelten Sachverhalte auch ausgeschlossen wurde. Die G 10-Kommission ist somit nicht in das institutionelle Gefüge der Judikative eingefügt. Gleichwohl entscheidet sie in einem gerichtsähnlichen Verfahren. Im Ergebnis handelt es sich hierbei um eine Tätigkeit, die z.B. der des Richters im Verfahren nach §§ 100a, 100b StPO oder §§ 23a, 23b des Zollfahndungsdienstgesetzes entspricht. In *funktioneller* Hinsicht ist die Kontrolltätigkeit der G 10-Kommission richterlich[14]. In seinem Urteil vom 14.7.1999 hatte das Bundesverfassungsgericht zudem die Notwendigkeit betont, die G 10-Kommission personell und sachlich angemessen auszustatten[15]. Das daraufhin novellierte G 10 trägt diesen verfassungsgerichtlichen Vorgaben in § 15 Abs. 2 Rechnung. Darüber hinaus stellt S. 2 dieser Vorschrift – im Anschluss an die Karlsruher Vorgaben – klar, dass sich die Kontrolle der G 10-Kommission auf den gesamten Prozess der Erhebung, Verarbeitung und Nutzung der nach dem G 10 erlangten personenbezogenen Daten durch die Nach-

---

13 Die parlamentarische Kontrolle über Beschränkungsmaßnahmen, die von den Verfassungsschutzbehörden der Länder durchgeführt werden, ist jeweils durch den zuständigen Landesgesetzgeber zu regeln (§ 16 G 10).
14 BVerfGE 30, 1 (23).
15 BVerfGE 100, 313 (401), auch abrufbar unter www.bverfg.de, Az. 1 BvR 2226/94, Rn. 304 = Neue Juristische Wochenschrift (NJW) 2000, 55 (68).

richtendienste des Bundes[16] einschließlich der Entscheidung über die Mitteilung an die Betroffenen erstreckt[17]. Die erforderlichen Auskunftspflichten sowie Einsichts- und Zutrittsrechte regelt S. 3. Die G 10-Kommission tritt mindestens einmal im Monat zusammen, wie sich aus § 15 Abs. 4 S. 1 G 10 ergibt.

Zu fragen ist jedoch, ob die Erfahrungen der Mitglieder der G 10-Kommission für eine Evaluierung von Sicherheitsgesetzen fruchtbar gemacht werden können. Hier ergeben sich – wie schon bei den Mitgliedern des Vertrauensgremiums und des Parlamentarischen Kontrollgremiums – nicht zu überwindende Hindernisse. Nach § 15 Abs. 2 S. 1 G 10 sind nämlich die Beratungen der Kommission geheim. Ihre Mitglieder sind zur Geheimhaltung der Angelegenheiten verpflichtet, die ihnen bei ihrer Tätigkeit in der Kommission bekannt geworden sind (S. 2). Und dies gilt auch für die Zeit nach ihrem Ausscheiden aus der Kommission (S. 3). Diese absolute Verschwiegenheitspflicht gilt auch gegenüber der Fraktion des Deutschen Bundestages, auf deren Vorschlag ein Kommissionsmitglied berufen wird, oder gegenüber dem Vorsitzenden der Fraktion wie auch gegenüber dem Parlamentarischen Kontrollgremium.

Unbeschadet dessen lassen sich jedoch aus offiziellen Dokumenten gewisse Rückschlüsse auf die Dimension der Überwachung des Brief-, Post- und Fernmeldeverkehrs durch die Nachrichtendienste des Bundes ziehen. Gemäß § 14 Abs. 1 S. 2 G 10 erstattet das Parlamentarische Kontrollgremium dem Deutschen Bundestag jährlich einen Bericht über Durchführung sowie Art und Umfang der Beschränkungsmaßnahmen nach den §§ 3, 5 und 8 G 10, wobei auch hier jedoch Geheimschutzbelange zu wahren sind. Zuletzt wurde ein solcher Bericht am 25.10.2007 erstattet und bezieht sich auf den Zeitraum vom 1. Januar 2006 bis zum 31. Dezember 2006[18]. Dort werden konkrete Zahlen zu den Einzelmaßnahmen und zu den hiervon betroffenen Personen, so genannte Haupt- bzw. Nebenbetroffene[19], genannt.

Danach wurden im Berichtszeitraum auf der Grundlage des § 3 G 10 vom Bundesamt für Verfassungsschutz mehrere Individualmaßnahmen und vom Bundesnachrichtendienst eine beantragt und genehmigt. Insgesamt handelte es sich um 124 Maßnahmen, die sich gegen 956 Hauptbetroffene und 579 Nebenbetroffene richteten[20]. Zutreffend weist das Parlamentarische Kontrollgremium darauf hin, dass im Vergleich zu strafprozessualen Maßnahmen der Telekommunikationsüberwachung der Umfang der Beschränkungen nach § 3 G 10 durch die Nachrichtendienste des

---

16 Zur parlamentarischen Kontrolle in den Bundesländern vgl. § 16 G 10.
17 BVerfGE 100, 313 (401), auch abrufbar unter www.bverfg.de, Az. 1 BvR 2226/94, Rn. 304 = NJW 2000, 55 (68).
18 BT-Drucks. 16/6880.
19 Hauptbetroffener ist eine Person, gegen die sich unmittelbar die Überwachungsmaßnahme richtet. Nebenbetroffener ist jemand, der nicht selbst im Verdacht steht, die Voraussetzungen für eine solche Maßnahme zu erfüllen, der aber deswegen einbezogen wird, weil von dem Hauptbetroffenen beispielsweise ein auf den Namen des Nebenbetroffenen zugelassenes Telefon oder ein Firmentelefon benutzt wird.
20 BT-Drucks. 16/6880, S. 5.

Bundes „weiterhin eher gering" sei[21]. Nach Mitteilung des Bundesamtes für Justiz sind in den Bundesländern und im Geschäftsbereich des Generalbundesanwalts im Jahr 2006 insgesamt 4.664 Telekommunikationsüberwachungsmaßnahmen nach den §§ 100a und 100b StPO angeordnet worden. Die Anzahl der Betroffenen im Sinne des § 100a S. 2 StPO lag bei 12.427[22]. Die von der Bundesnetzagentur für Elektrizität, Gas, Telekommunikation, Post und Eisenbahnen aufgrund der Mitteilungen der nach den §§ 100a, 100b StPO verpflichteten Betreiber von Telekommunikationsanlagen nach § 110 Abs. 8 Telekommunikationsgesetz (TKG) erstellte Jahresstatistik weist dem Bericht des Parlamentarischen Kontrollgremiums zufolge für das Jahr 2006 insgesamt 42.761 Telekommunikationsüberwachungsanordnungen aus[23].

Strategische Beschränkungsmaßnahmen im Sinne des § 5 Abs. 1 G 10 wurden mit Zustimmung der G 10-Kommission zu drei der sechs im Gesetz genannten Gefahrenbereiche (s.o.) angeordnet. Im Gefahrenbereich „Internationaler Terrorismus" qualifizierten sich im Berichtszeitraum mittels der zur Recherche eingegebenen Suchbegriffe 462.432 G 10-Nachrichten. Davon wurden 44 G 10-Nachrichten an die Auswertungsabteilung des Bundesnachrichtendienstes weitergegeben, von denen sich 9 G 10-Meldungen als nachrichtendienstlich relevant erwiesen haben. Eine Übermittlung entsprechender Erkenntnisse an Sicherheits- bzw. Strafverfolgungsbehörden ist nicht erfolgt[24]. Im Gefahrenbereich „Proliferation und konventionelle Rüstung" qualifizierten sich 885.771 G 10-Nachrichten. Von diesen wurden 1.462 an die Auswertungsabteilung weiter geleitet. Als nachrichtendienstlich relevant erwiesen sich 424 Meldungen. Insgesamt 3 G 10-Meldungen wurden an die Sicherheits- bzw. an Strafverfolgungsbehörden übermittelt[25]. Im Gefahrenbereich „Unbefugtes Verbringen von Betäubungsmitteln" qualifizierten sich schließlich 17.917 G 10-Meldungen. Aus diesem Bestand wurden 44 G 10-Nachrichten zur Auswertung übersandt und lediglich 4 der Meldungen sind von der entsprechenden Abteilung als nachrichtendienstlich relevant bewertet worden. In keinem dieser Fälle erfolgte eine Weitergabe von Erkenntnissen an Sicherheits- oder Strafverfolgungsbehörden[26].

Schließlich ist im Berichtszeitraum eine Beschränkungsmaßnahme des Fernmeldegeheimnisses wegen Gefahr für Leib und Leben einer Person im Ausland nach § 8 G 10 angeordnet worden[27].

Insgesamt ist dies zumindest für den Bereich der Maßnahmen zur Beschränkung des Telekommunikationsverkehrs eine ernüchternde Bilanz, die zum Teil auch durch Begrenzungen der Kapazität der Dienste mitbedingt ist. Der Bundesnachrichten-

---

21 BT-Drucks. 16/6880, S. 6.
22 BT-Drucks. 16/6880, S. 6 unter Verweis auf BT-Drucks. 16/6368, S. 26 ff.
23 BT-Drucks. 16/6880, S. 6 unter Verweis auf Amtsblatt 8/2007 der Bundesagentur, Teil A, Mitteilung Nr. 273/2007, S. 1466.
24 BT-Drucks. 16/6880, S. 7.
25 BT-Drucks. 16/6880, S. 7.
26 BT-Drucks. 16/6880, S. 7.
27 BT-Drucks. 16/6880, S. 8.

dienst gab im Jahre 1999 gegenüber dem Bundesverfassungsgericht an[28], dass seine damalige Kapazität die Erfassung von täglich etwa 15.000 Fernmeldevorgängen aus insgesamt etwa 8 Millionen täglichen Fernmeldekontakten zwischen Deutschland und dem Ausland erlaube[29]. Die materiellen und personellen Ressourcen des Bundesnachrichtendienstes reichten aber nicht aus, das Aufkommen vollständig auszuwerten. In der Gesamtzahl der erfassten Fernmeldevorgänge seien erfahrungsgemäß etwa 700 enthalten, die in den Anwendungsbereich des G 10 fielen. Nur diese würden mithilfe der Suchbegriffe selektiert. Etwa 70 von ihnen gelangten in die nähere Prüfung durch Mitarbeiter. Der Fachauswertung würden täglich nicht mehr als 15 Meldungen zugeführt. Von allen internationalen Fernmeldekontakten mit Anschlüssen in Deutschland gelangten weniger als 0,1 Promille in den maschinellen Selektionsprozess und weniger als 0,01 Promille zur Kenntnis von Bearbeitern des Bundesnachrichtendienstes.

Ob diese Einschätzung auch heute noch uneingeschränkte Geltung beanspruchen kann, muss angesichts der seit Abgabe dieser Erklärung eingetretenen technischen Entwicklung und der dem Bundesnachrichtendienst zwischenzeitlich eingeräumten Möglichkeit, auch Lichtwellenleiter in die Überwachungsmaßnahmen einzubeziehen, angezweifelt werden. Auf der anderen Seite dürfte aber nach wie vor den tatsächlich zur Verfügung stehenden personellen und sachlichen Mitteln eine nicht zu unterschätzende kapazitätbegrenzende Wirkung zukommen.

V. Ergebnis

Die Evaluierung der Sicherheitsgesetze, insbesondere deren Anwendung durch die Nachrichtendienste des Bundes, wird durch zwingend zu wahrende Geheimhaltungserfordernisse erschwert. Allerdings werden für den Bereich der Telekommunikationsüberwachung in regelmäßigen Abständen im Rahmen des vom Parlamentarischen Kontrollgremium zu erstellenden Berichte einige statistisch relevante Aussagen getroffen. Diese allein können jedoch schwerlich als eine tragfähige Grundlage für eine Evaluierung dienen. Verbleiben doch viele Tätigkeitsbereiche und Befugnisse der Nachrichtendienste auch weiterhin im Dunkeln und kommen allenfalls dann partiell an das Licht der breiten Öffentlichkeit, wenn aus begründetem Anlass ein Parlamentarischer Untersuchungsausschuss zur Aufklärung bestimmter nachrichtendienstlicher Aktivitäten oder auch Unterlassungen eingerichtet worden ist. Trotz dieser Erschwernisse erweist sich eine Evaluierung von Sicherheitsgesetzen als eine unabdingbare und notwendige Aufgabe.

---

28 Vgl. dazu BVerfGE 100, 313 (337 f.), auch abrufbar unter www.bverfg.de, Az. 1 BvR 2226/94, Rn. 87 ff., insoweit nicht abgedruckt in NJW 2000, 55.
29 Gemäß der damaligen Rechtslage war der Bundesnachrichtendienst im Rahmen der strategischen Aufklärung (heute § 5 G 10) allein befugt, den nicht-leitungsgebunden Telekommunikationsverkehr, d.h. den über Fernmeldesatelliten geführten, zu überwachen.

Diskriminierende Tendenzen moderner Sicherheitspolitik: Ansätze für eine Methodik der Evaluierung

Daniel Moeckli

I.	Einleitung	115
II.	Das Diskriminierungsverbot	117
III.	Evaluierung	119
	1. Führen Eingriffsbefugnisse in Sicherheitsgesetzen zur Ungleichbehandlung von verschiedenen Personengruppen und falls ja, aufgrund welcher Merkmale?	119
	2. Rechtfertigung für die Ungleichbehandlung?	122
	a) Geeignetheit	122
	b) Erforderlichkeit	124
	c) Verhältnismäßigkeit im engeren Sinne	124
IV.	Möglichkeiten der Nachbesserung	125
V.	Fazit	127
VI.	Literatur	128

I. Einleitung

Ein zentrales Merkmal von in den letzten Jahren erlassenen Sicherheitsgesetzen ist die erhebliche Ausweitung der präventiven Befugnisse der Sicherheitsbehörden. Erhard Denninger hat diese Entwicklung als Teil des Wandels vom Rechts- zum Präventionsstaat beschrieben.[1] Insbesondere im Bereich der Terrorismusabwehr sind durch offen formulierte, unbestimmte Eingriffsnormen neue – häufig sehr weitgehende – sicherheitsbehördliche Kompetenzen geschaffen worden, die weder an einen Verdacht im Sinne des Strafrechts noch an eine konkrete Gefahr im Sinne der allgemeinen Polizeigesetzgebung anknüpfen.

Solche im Vorfeld konkreter Gefahren anwendbare Befugnisse umfassen auch freiheitsbeschränkende Maßnahmen, wie die Beispiele der in den USA nach dem 11. September 2001 geschaffenen Präventivhaft von möglichen Gefahrenverursachern[2] oder das britische *control order*-System, welches es der Polizei erlaubt, po-

---

1 Denninger (2002), S. 22; ders. (1989), S. 1.
2 Vgl. USA Patriot Act, Public Law No. 107-56, Art. 412; Disposition of Cases of Aliens Arrested Without Warrant, 8 CFR, Art 287.3(d) (2001); Authorization for the Use of Military Force, Public Law No. 107-40, 115 Stat 224 (2001).

tenzielle Terroristen unter Hausarrest zu stellen,[3] zeigen. Vor allem aber betreffen die erweiterten Vorfeldbefugnisse den Bereich der Fahndung. In Großbritannien darf die Polizei gemäß dem Terrorismusgesetz von 2000 in designierten Gebieten beliebig Personen anhalten und durchsuchen („stop and search"), ohne einen Verdacht oder eine konkrete Gefahr nachweisen zu müssen.[4] Von dieser Befugnis macht die Polizei regen Gebrauch: Seit 2001 ist die ganze Stadt London als ein solches Gebiet designiert; im Jahr 2006 wurden nicht weniger als 44,543 Anhaltungen gemäß Terrorismusgesetz durchgeführt.[5] Diesen anlassunabhängigen Kontrollen entspricht in der Bundesrepublik Deutschland die sogenannte Schleierfahndung. Auch hier setzt der Eingriff nur sehr geringe tatbestandliche Voraussetzungen voraus und richtet sich gegen Personen, die weder Verdächtige noch Störer sind.[6] Das gleiche gilt für die Rasterfahndung. Ursprünglich setzten die Polizeigesetze der Länder zur Durchführung einer präventiven Rasterfahndung überwiegend eine gegenwärtige Gefahr für den Bestand oder die Sicherheit des Bundes oder eines Landes sowie für Leib, Leben oder Freiheit einer Person voraus. Nach dem 11. September 2001 wurden in den meisten Bundesländern sowohl die Anforderungen an die Gefahrenschwelle als auch diejenigen an das gefährdete Schutzgut herabgesenkt. Während in einigen Ländern lediglich auf das Erfordernis der Gegenwärtigkeit der Gefahr verzichtet worden ist, hat die überwiegende Zahl der Landesgesetzgeber das Merkmal des Vorliegens einer Gefahr insgesamt fallengelassen.[7]

Bei so unbestimmt gefassten Normen mit niedriger Eingriffsschwelle liegt es weitgehend im Ermessen der Sicherheitsbehörden zu entscheiden, wann und insbesondere auch gegen wen die entsprechenden Maßnahmen angewandt werden sollen. Da ihre Ressourcen beschränkt sind, müssen die Sicherheitsbehörden ihre Kompetenzen gezwungenermaßen selektiv ausüben; umfassende Personenkontrollen („Totalkontrollen") kommen normalerweise nicht in Frage. Diese Selektion erfolgt aufgrund von Profilen oder Rastern der Zielpersonen. So hat die Europäische Union (EU) ihre Mitgliedsstaaten dazu aufgerufen, Profile von Terroristen zu entwickeln. Dabei definiert sie ein „Terroristenprofil" als „a set of physical, psychological or behavioural variables, which have been identified as typical of persons involved in terrorist activities and which may have some predictive value in that respect."[8]

Da allerdings die neuen Vorfeldbefugnisse nicht an die Verursachung einer konkreten Gefahr anknüpfen, sind „psychological or behavioural variables" weder erforderliche Elemente solcher Terroristenprofile noch überhaupt eruierbar. Das typische Merkmal des terroristischen „Schläfers" ist ja gerade, dass er sich *nicht* auffäl-

3   Vgl. Prevention of Terrorism Act 2005.
4   Terrorism Act 2000, Art. 44.
5   Ministry of Justice, Statistics on Race and the Criminal Justice System – 2006, Oktober 2007, S. 34.
6   Vgl. z.B. Herrnkind (2000), S. 188; Krane (2003); Graf (2006).
7   BVerfGE 115, 320 (322), auch abrufbar unter www.bverfg.de, Az. 1 BvR 518/02, Rn. 5-6 (Präventive Rasterfahndung im PolGNW).
8   Council of the European Union, Draft Council Recommendation on the development of terrorist profiles, 18. November 2002, Doc. 11858/3/02 REV 3.

lig verhält. Somit verbleiben die „physical variables" als Anhaltspunkte: Von Interesse sind statt einer im Einzelfall vorliegenden Gefahr gefährliche Strukturen, statt der Handlungen von Personen deren Eigenschaften.[9] Moderne Sicherheitsmassnahmen zielen deshalb typischerweise auf bestimmte Personengruppen ab, die als besonders gefährlich gelten. Dieser Fokus ist zum Teil schon in der Formulierung von modernen Sicherheitsgesetzen enthalten, die etwa gewisse Maßnahmen nur auf ausländische StaatsbürgerInnen anwendbar machen.[10] Vor allem aber hat das Abstützen auf Terroristenprofile zur Folge, dass die Sicherheitsbehörden ihre – neutral formulierten – Vorfeldbefugnisse primär gegen Personen einsetzen, die ein bestimmtes Muster von einfach feststellbaren persönlichen Charakteristiken wie Rasse, ethnische Zugehörigkeit, Religionszugehörigkeit, Geburts- oder Herkunftsland, Nationalität, Geschlecht und Alter erfüllen.[11] Unbestimmte Eingriffsbefugnisse bringen somit die Gefahr der diskriminierenden Anwendung mit sich.

II. Das Diskriminierungsverbot

Die Tendenz zur Ungleichbehandlung von verschiedenen Personengruppen wirft die Frage nach der Einhaltung des Diskriminierungsverbots auf. Die unterschiedliche Behandlung von Personengruppen verletzt gemäß dem Bundesverfassungsgericht den Gleichheitssatz von Art. 3 I Grundgesetz (GG) dann, wenn „zwischen beiden Gruppen keine Unterschiede von solcher Art und solchem Gewicht bestehen, dass sie die ungleiche Behandlung rechtfertigen könnten."[12] Eine Ungleichbehandlung ist besonders problematisch, wenn sich die personenbezogenen Merkmale den in Art. 3 III GG genannten (Geschlecht, Abstammung, Rasse, Sprache, Heimat und Herkunft, Glaube, religiöse oder politische Anschauungen) annähern.[13]

Das Diskriminierungsverbot ist auch in Art. 14 der Europäischen Menschenrechtskonvention (EMRK) statuiert, der festhält, dass der Genuss der Konventionsrechte „ohne Diskriminierung insbesondere wegen des Geschlechts, der Rasse, der Hautfarbe, der Sprache, der Religion, der politischen oder sonstigen Anschauung, der nationalen oder sozialen Herkunft, der Zugehörigkeit zu einer nationalen Minderheit, des Vermögens, der Geburt oder eines sonstigen Status zu gewährleisten" ist. Wie gemäß Bundesverfassungsgericht so ist auch gemäß der Rechtsprechung des Europäischen Gerichtshofs für Menschenrechte eine Ungleichbehandlung mit dem Diskriminierungsverbot insoweit vereinbar, als eine sachliche und vernünftige

---

9 Waechter (2006), S. 12.
10 Vgl. etwa den amerikanischen Military Commissions Act 2006 oder diejenigen in Deutschland durch das Zuwanderungsgesetz eingeführten Verschärfungen des Ausländerrechts, die primär der Terrorismusbekämpfung dienen.
11 Für eine Übersicht, vgl. Moeckli (2008).
12 BVerfGE 55, 72 (88).
13 BVerfGE 88, 87 (96).

Rechtfertigung vorliegt.[14] Allerdings hat der Europäische Gerichtshof in einem Russland betreffenden Fall festgehalten, dass eine unterschiedliche Behandlung, die sich „ausschließlich oder in einem entscheidenden Ausmaß" auf die ethnische (im vorliegenden Fall tschetschenische) Herkunft der fraglichen Person stützt, nie zu rechtfertigen ist.[15] Im Weiteren hat die Grosse Kammer des Gerichtshofs bestätigt, dass nicht nur Maßnahmen, die ausdrücklich auf eine Personengruppe abzielen, das Diskriminierungsverbot verletzen können. Vielmehr kann auch eine allgemeine behördliche Praxis, die zwar neutral formuliert ist, aber diskriminierende Auswirkungen auf bestimmte Gruppen hat („indirekte Diskriminierung"), konventionswidrig sein.[16]

Schließlich verbietet das Internationale Übereinkommen zur Beseitigung jeder Form von Rassendiskriminierung (ICERD) jede auf der Rasse, der Hautfarbe, der Abstammung oder dem nationalen oder ethnischen Ursprung beruhende Unterscheidung, die zum Ziel oder zur Folge hat, dass dadurch ein gleichberechtigtes Anerkennen, Genießen oder Ausüben von Menschenrechten vereitelt oder beeinträchtigt wird. Art. 5 des Übereinkommens statuiert ausdrücklich, dass sich dieses Verbot auch auf die Behandlung vor allen Organen der Rechtspflege und das Recht der Bewegungsfreiheit bezieht. Der Ausschuss hat klar gemacht, dass sich das Verbot der direkten oder indirekten Diskriminierung aufgrund von Rasse, Hautfarbe, Abstammung und nationalem oder ethnischem Ursprung auch auf im Kampf gegen den Terrorismus ergriffene Maßnahmen erstreckt.[17]

Das verfassungsmäßige und völkerrechtliche Gebot der Gleichbehandlung schließt die Pflicht des Staates ein, sicherzustellen, dass sich seine verschiedenen Organe (einschließlich der Sicherheitsbehörden) nicht diskriminierend verhalten. So hat der UNO-Ausschuss zur Beseitigung der Rassendiskriminierung den eben genannten Art. 5 ICERD dahingehend ausgelegt, dass die Vertragsstaaten verpflichtet sind, die nötigen Schritte dagegen zu unternehmen, dass Personen ausschließlich wegen ihrer äußeren Erscheinung, ihrer Hautfarbe oder ihrer Zugehörigkeit zu einer ethnischen Gruppe befragt, durchsucht oder festgenommen werden.[18] Zudem hat er die Vertragsstaaten dazu aufgerufen, jegliche diskriminierende Auswirkungen von Terrorismusgesetzen, einschließlich als Folge von „racial profiling", zu verhindern

---

14 *Belgian Linguistics Case (Nr. 2)* (1968) 1 EHRR 252, Rn. 10.
15 *Timishev v. Russia* (Applications nos. 55762/00 and 55974/00), Urteil vom 13.12.2005, Rn. 58, auch abrufbar unter http://www.coe.int/T/D/Menschenrechtsgerichtshof/.
16 *D.H. and others v Czech Republic* (Application no. 57325/00), Urteil vom 13.11.2007, Rn. 175, 184, auch abrufbar unter http://www.coe.int/T/D/Menschenrechtsgerichtshof/.
17 UN Committee on the Elimination of Racial Discrimination, General Recommendation No. 30: Discrimination against Non-Citizens (2004), UN Doc. CERD/C/64/Misc.11/rev.3, Rn. 10.
18 UN Committee on the Elimination of Racial Discrimination, General Recommendation No. 31: Prevention of Racial Discrimination in the Administration and Functioning of the Criminal Justice System (2005), UN Doc. CERD/C/GC/31/Rev.4, Rn. 20.

bzw. zu beseitigen.[19] Der Europäische Gerichtshof für Menschenrechte hat in ähnlicher Weise darauf hingewiesen, dass die Gefahr der Rassendiskriminierung von den Behörden besondere Aufmerksamkeit und eine entschiedene Reaktion erfordert.[20]

Daraus ergibt sich eine allgemeine staatliche Verpflichtung, zu verhindern, dass in Sicherheitsgesetzen enthaltene Eingriffsnormen – auch wenn sie neutral formuliert sind – diskriminierende Auswirkungen auf bestimmte Personengruppen haben. Dem entspricht gemäß der Rechtsprechung des Bundesverfassungsgerichts eine besondere, sich aus dem verfassungsrechtlichen Gebot effektiver Grundrechtsgewährleistung ergebende, Pflicht des Gesetzgebers, Sicherheitsgesetze zu evaluieren soweit das zur Erfüllung seiner Nachbesserungspflicht notwendig ist.[21] Solche Evaluierungen müssen so gestaltet werden, dass hinreichend umfangreiche, qualitativ richtige und sinnvoll aufbereitete Informationen zu allen für die Evaluierung wichtigen Kriterien zur Verfügung stehen.[22]

III. Evaluierung

Zentrale Kriterien zur Beurteilung, ob eine Verletzung des Diskriminierungsverbots vorliegt, sind, wie oben ausgeführt, erstens das Vorliegen einer Ungleichbehandlung von verschiedenen Personengruppen und zweitens die Frage, ob eine Rechtfertigung für die Ungleichbehandlung besteht. Eine Überprüfung von Sicherheitsgesetzen auf diskriminierende Auswirkungen hin muss sich deshalb auf hinreichende Informationen zu diesen beiden Kriterien stützen.

1. Führen Eingriffsbefugnisse in Sicherheitsgesetzen zur Ungleichbehandlung von verschiedenen Personengruppen und falls ja, aufgrund welcher Merkmale?

Eine Ungleichbehandlung lässt sich dann relativ einfach feststellen, wenn sich die Sicherheitsbehörden auf ein explizites Profil abstützen um ihre Zielpersonen auszuwählen. Im Bereich der Terrorismusbekämpfung sind Beispiele des Gebrauchs von solchen formalisierten Profilen die nach dem 11. September 2001 in Deutschland eingeleitete Rasterfahndung (verwendete Merkmale: Geschlecht, Alter, Beschäfti-

---

19   UN Committee on the Elimination of Racial Discrimination, General Recommendation No. 31: Prevention of Racial Discrimination in the Administration and Functioning of the Criminal Justice System (2005), UN Doc. CERD/C/GC/31/Rev.4, Rn. 4(b); Committee on the Elimination of Racial Discrimination, Concluding Observations: Canada (2002), UN Doc. CERD C/61/CO/3, Rn. 338.
20   *D.H. and others v Czech Republic* (Application no. 57325/00), Urteil vom 13.11.2007, Rn. 176.
21   Für eine Übersicht vgl. Albers (2006), S. 27 f.
22   Albers (2006), S. 34.

gung, Religionszugehörigkeit und Geburtsland oder Nationalität)[23] und die in den USA ergriffenen ausländerrechtlichen Maßnahmen, die explizit auf bestimmte Gruppen von ausländischen Staatsbürgern (verwendete Merkmale: Geschlecht, Alter, Geburtsland und/oder Nationalität) abzielen.[24]

Häufiger aber benützen die Sicherheitsbehörden Suchprofile, die nicht explizit definiert sind. Das ist zum Beispiel der Fall bei anlassunabhängigen Kontrollen wie der Schleierfahndung oder den Anhaltungen gemäß dem britischen Terrorismusgesetz. Hier lässt sich somit nur feststellen, ob verschiedene Personengruppen unterschiedlich behandelt werden, wenn Daten dazu vorliegen, wer wie oft von der Polizei angehalten wird. Mit einer Ausnahme wird dieses Zahlenmaterial in Europa aber nicht systematisch erhoben.[25] Die Ausnahme betrifft Großbritannien, wo die Polizei seit in den 90er Jahren erhobenen Rassismusvorwürfen gesetzlich verpflichtet ist, jeden „stop and search" zu dokumentieren.[26] Die Polizei muss festhalten, wann, wo und weshalb die Anhaltung durchgeführt wurde, welcher ethnischen Gruppe (White, Black, Asian, Other) sich die angehaltene Person selbst zuordnet, und was das Resultat der Anhaltung war (z.B. Verhaftung).[27] Gestützt auf diese Daten erstellt das Innenministerium jährliche Statistiken, aus denen ersichtlich ist, wie häufig die Angehörigen der verschiedenen ethnischen Gruppen aufgrund welcher gesetzlichen Grundlage angehalten werden, wie sich diese Zahlen zum jeweiligen prozentualen Anteil der ethnischen Gruppe an der Gesamtbevölkerung verhalten, und zu wie vielen Verhaftungen (aufgrund welcher Delikte) die Anhaltungen schließlich führen. Es besteht eine gesetzliche Verpflichtung zur Veröffentlichung dieser Statistiken.[28]

Ohne die Erhebung solcher Daten ist eine zuverlässige Evaluierung von Sicherheitsgesetzen, die der Polizei einen weiten Ermessensspielraum einräumen, auf diskriminierende Auswirkungen hin nicht denkbar.[29] Der UNO-Ausschuss zur Beseitigung der Rassendiskriminierung hat dementsprechend in seiner letzten Allgemeinen Empfehlung (General Recommendation) zur Konkretisierung der ICERD von 2005

---

23 BVerfGE 115, 320 (323), auch abrufbar unter www.bverfg.de, Az. 1 BvR 518/02, Rn. 8 (Präventive Rasterfahndung im PolGNW).
24 Für das „Voluntary Interview Program", siehe US General Accounting Office, Homeland Security: Justice Department's Project to Interview Aliens after September 11, 2001, GAO-03-459, April 2003, S. 1. Für das „National Security Entry-Exit Registration System", siehe Attorney General John Ashcroft, Attorney General Prepared Remarks on the National Security Entry-Exit Registration System, 6. Juni 2002. Für die „Absconder Apprehension Initiative", siehe Deputy Attorney General, Memorandum for the INS Commissioner, the FBI Director, the Director of the US Marshals Service and US Attorneys re Guidance for Absconder Apprehension Initiative, 25. Januar 2002, http://news.findlaw.com/hdocs/docs/doj/abscndr 012502mem.pdf (zuletzt abgerufen am 19.02.2009). Für eine kritische Beurteilung dieser Maßnahmen, siehe Migration Policy Institute, America's Challenge: Domestic Security, Civil Liberties, and National Unity after September 11 (2003).
25 Für eine Übersicht vgl. Open Society Justice Initiative (2005).
26 Vgl. Sir William Macpherson, The Stephen Lawrence Inquiry (Cm 4262-I, 1999).
27 Police and Criminal Evidence Act (PACE), Code A, S. 12 f.
28 Criminal Justice Act 1991, Art. 95.
29 Vgl. auch de Schutter/Ringelheim (2008), S. 358.

die Vertragsstaaten dazu aufgefordert, systematisch Daten zu erheben, die darüber Aufschluss geben, ob Angehörige bestimmter ethnischer Gruppen von der Polizei oder den Strafverfolgungs- oder Ausländerbehörden benachteiligend behandelt werden.[30]

Die Europäische Kommission gegen Rassismus und Intoleranz (ECRI) stellt diesbezüglich gar noch konkretere Anforderungen an die Mitgliedsstaaten des Europarates. In ihrer Allgemeinen Politischen Empfehlung Nr. 11 zur Bekämpfung von Rassismus und Rassendiskriminierung in der Polizeiarbeit, verabschiedet am 29. Juni 2007, empfiehlt sie den Regierungen der Mitgliedsstaaten, „das Problem rassischer Profilbildung zu untersuchen und für eine diesbezügliche laufende Beobachtung der Polizeiarbeit zu sorgen, um Praktiken der Erstellung rassischer Profile aufzudecken, z.B. auch mittels statistischer Angaben über die in Frage stehende Polizeiarbeit, aufgeschlüsselt nach Motiven wie nationale oder völkische Herkunft, Sprache, Religion und Staatsangehörigkeit."[31] In ihren Erläuterungen hat die Kommission präzisiert, dass diese Angaben hinsichtlich der relevanten Tätigkeitsbereiche der Polizei erhoben werden müssen, „wozu Identitätskontrollen, Durchsuchung von Fahrzeugen, Leibesvisitation, Durchsuchung von Wohnungen und anderen Räumlichkeiten und Razzien zählen."[32] Bereits in ihrem dritten Bericht über Deutschland von 2003 hatte die Kommission die deutschen Behörden aufgefordert, „die Einführung eines Meldesystems für Polizeikontrollen zu erwägen, weil der Einzelne dadurch nachweisen könnte, wie oft er kontrolliert wurde. Dadurch ließe sich feststellen, ob es systematisch zu unmittelbarer oder mittelbarer Rassendiskriminierung kommt."[33] Zudem forderte die Kommission eine verbesserte Überwachung der Situation von Minderheitsgruppen in Deutschland und empfahl deshalb den Behörden, „diesbezügliche Erhebungen anzustellen, und zwar aufgeschlüsselt nach Religion, Sprache, Staatsangehörigkeit und nationaler oder ethnischer Herkunft. Dabei wäre sicherzustellen, dass dies in allen Fällen unter gebührender Beachtung der Grundsätze der Vertraulichkeit geschieht und dass die Betroffenen nach vorheriger Aufklärung ihre Zustimmung erteilt und sich aus freien Stücken als Angehörige einer bestimmten Gruppe zu erkennen gegeben haben."[34]

Die zentrale Bedeutung, die solchen Statistiken zukommt, ist auch vom Europäischen Gerichtshof für Menschenrechte hervorgehoben worden. Im Fall *D.H. and others v. Czech Republic*, der die quasi-automatische Einweisung von Roma-Kindern in Sonderschulen betraf, stützte die Grosse Kammer ihr Urteil auf von den Beschwerdeführern vorgelegtes statistisches Zahlenmaterial, das auf eine diskrimi-

---

30 UN Committee on the Elimination of Racial Discrimination, General Recommendation No. 31: Prevention of Racial Discrimination in the Administration and Functioning of the Criminal Justice System (2005), UN Doc CERD/C/GC/31/Rev.4, Rn. 1 f.
31 ECRI, Allgemeine Politische Empfehlung Nr. 11: Bekämpfung von Rassismus und Rassendiskriminierung in der Polizeiarbeit, 29. Juni 2007, CRI (2007) 39, Rn. 2.
32 Ebenda, Rn. 42.
33 ECRI, Dritter Bericht über Deutschland, 5. Dezember 2003, CRI (2004), Rn. 85.
34 Ebenda, Rn. 91.

nierende behördliche Praxis hindeutete; die Behörden konnten keine eigenen Zahlen vorlegen, die dieses diskriminierende Muster widerlegt hätten.[35] Auch wenn der Gerichtshof nicht explizit eine behördliche Pflicht zur Datenerhebung statuierte, so zeigt der Fall doch, dass falls die Behörden nicht von sich aus relevantes Datenmaterial erheben, sie Gefahr laufen, dass das Gericht sich auf von Dritten eingereichte Statistiken stützt.

2. Rechtfertigung für die Ungleichbehandlung?

Nicht jede aus Sicherheitsgesetzen resultierende unterschiedliche Behandlung von mehreren Personengruppen verletzt das Diskriminierungsverbot. Eine Ungleichbehandlung ist mit dem Diskriminierungsverbot insoweit vereinbar, als dafür eine sachliche und vernünftige Rechtfertigung vorliegt und sie sich nicht ausschließlich oder in einem entscheidenden Ausmaß auf das Merkmal der ethnischen Herkunft stützt. Eine sachliche und vernünftige Rechtfertigung liegt dann vor, wenn die Differenzierung einen legitimen öffentlichen Zweck verfolgt und sie ein verhältnismäßiges Mittel zur Erreichung dieses Zwecks ist, d.h. geeignet, erforderlich und verhältnismäßig im engeren Sinn (angemessen) ist. Der Europäische Gerichtshof für Menschenrechte hat in seinem Urteil in *D.H. and others v. Czech Republic* klargemacht, dass es, sobald der Beschwerdeführer eine unterschiedliche Behandlung nachgewiesen hat, dem Staat obliegt, das Vorliegen einer Rechtfertigung zu beweisen.[36] Eine gründliche Erhebung von Informationen zu den Kriterien der Geeignetheit, Erforderlichkeit und Verhältnismäßigkeit ist somit nicht nur unerlässliche Voraussetzung für eine Evaluierung von Sicherheitsgesetzen, sondern durchaus auch im Interesse der Behörden, um gegen allfällige Diskriminierungsklagen gewappnet zu sein.

a) Geeignetheit

Es stellt sich zunächst also die Frage, ob das Abstützen auf bestimmte persönliche Merkmale als Suchkriterien und die daraus resultierende Ungleichbehandlung ein für den fraglichen Fahndungszweck geeignetes Mittel ist. Zur Beantwortung dieser Frage müssen Informationen zu den folgenden Punkten vorliegen:
- Besteht eine statistische Korrelation zwischen den für den entsprechenden Fahndungszweck benützten Suchkriterien (z.B. Herkunft, Glaube, ethnische Zugehörigkeit, Nationalität usw.) und einer erhöhten Wahrscheinlichkeit, dass eine Person in die jeweiligen kriminellen Aktivitäten (z.B. Terrorismus) verwickelt ist?

---

35 *D.H. and others v Czech Republic* (Application no. 57325/00), Urteil vom 13.11.2007, Rn. 187-191.
36 Ebenda, Rn. 177-179, 189, 195.

- Insofern als – wie z.B. bei Anhaltungen zum Zweck der Terrorismusbekämpfung – die Merkmale der Hautfarbe oder der nationalen/ethnischen Herkunft als Hinweis auf die Religionszugehörigkeit dienen: Besteht tatsächlich eine Korrelation zwischen diesen Merkmalen und Religionszugehörigkeit?
- Erfasst das sich aus den verschiedenen Suchkriterien ergebende Profil tatsächlich alle Zielpersonen? So hätte etwa das für die Rasterfahndung verwendete Profil diejenigen Terroristen nicht erfasst, die aus westlichen Ländern stammen (Richard Reid, José Padilla, John Walker Lindh usw.). Auch das Abstellen auf Kriterien wie Geschlecht oder Alter kann die Geeignetheit von terroristischen Suchprofilen beeinträchtigen, da gemäß neuen Erkenntnissen vermehrt Frauen und Kinder für terroristische Operationen eingesetzt werden.[37]
- Wie effizient sind die Fahndungsmaßnahmen, die sich auf die fraglichen Suchkriterien stützen? Um solche „Erfolgs- oder Aufgriffsquoten" zu ermitteln, müssen – um den Fall der Anhaltungen als Beispiel heranzuziehen – Daten zum Grund der Anhaltung und zu deren Ergebnis (Beschlagnahmung, Anzeige, Verhaftung, Anklageerhebung, Verurteilung usw.) erhoben werden. Die ECRI hat deshalb in ihrer Empfehlung zur Erhebung von Daten zu rassischer Profilbildung festgehalten, dass aus den durchgeführten Erhebungen das Endergebnis der fraglichen Tätigkeit der Polizei (strafrechtliche Untersuchung und etwaige Verurteilung) ersichtlich sein muss. Nur so lasse sich feststellen, „ob das Verhältnis zwischen den durchgeführten Kontrollen und der schließlich erfolgten Verurteilung sich bei Mitgliedern von Minderheitsgruppen von dem der restlichen Bevölkerung unterscheidet."[38] Die in Großbritannien erstellten Statistiken zeigen, dass nur jede vierhundertste aufgrund des Terrorismusgesetzes ausgeführte Anhaltung zu einer Verhaftung führt, dass der Prozentsatz der Verhaftungen bei als „Asian" und „Black" klassifizierten Personen nicht höher als bei Weißen ist und dass bis jetzt noch keine einzige angehaltene Person wegen Terrorismus verurteilt wurde.[39] In Deutschland hat die Rasterfahndung in keinem einzigen Fall dazu geführt, dass „Schläfer" aufgedeckt worden wären oder gar eine Anklage erhoben worden wäre.[40] Diese Quoten lassen Zweifel darüber aufkommen, dass die jeweiligen Differenzierungen für den Fahndungszweck geeignet sind.
- Hat die Benutzung von Fahndungsprofilen, die sich ausschließlich auf vage persönliche Merkmale stützen, nachteilige Folgen für die Sicherheitsbehörden? Die Rasterfahndung etwa zog einen immensen Personal- und Zeitaufwand für die

---

37 Vgl. Zedalis (2004), Female Suicide Bombers, Strategic Studies Institute, http://www.strategicstudiesinstitute.army.mil/pdffiles/PUB408.pdf (zuletzt abgerufen am 19.02.2009).
38 ECRI, Allgemeine Politische Empfehlung Nr. 11: Bekämpfung von Rassismus und Rassendiskriminierung in der Polizeiarbeit, 29. Juni 2007, CRI (2007) 39, Rn. 42.
39 Only 1 in 400 anti-terror stop and searches leads to arrest, The Guardian, 31. Oktober 2007.
40 BVerfG 115, 320 (324), auch abrufbar unter www.bverfg.de, Az. 1 BvR 518/02, Rn. 10 (Präventive Rasterfahndung im PolGNW).

Polizei nach sich, der zulasten anderer Fahndungsmethoden kompensiert werden musste.

b) Erforderlichkeit

Unter dem Kriterium der Erforderlichkeit ist zu prüfen – und sind dementsprechende Informationen zu erheben –, ob es „neutrale", nicht-diskriminierende Suchkriterien gibt, die ebenso Erfolg versprechend sind wie die Merkmale der Rasse, der ethnischen oder nationalen Herkunft, der Religionszugehörigkeit usw. So gibt es Untersuchungen, die zumindest für bestimmte Fahndungskontexte belegen, dass Profile, die auf Verhaltensmerkmale abstützen, Erfolg versprechender sind.[41]

c) Verhältnismäßigkeit im engeren Sinne

Um beurteilen zu können, ob die fragliche Fahndungsmaßnahme und die daraus resultierende Ungleichbehandlung ein angemessenes Mittel ist, muss zunächst eruiert werden, wie viele Personen von ihr betroffen sind. Sodann geht es um die Intensität der Beeinträchtigung: Welche Nachteile entstehen den Betroffenen und der Gesellschaft? Einerseits entstehen „persönliche Kosten": Anhaltungen oder andere Polizeimaßnahmen, die aufgrund von persönlichen Merkmalen wie etwa der ethnischen Herkunft vorgenommen werden, wirken auf die betroffenen Personen besonders erniedrigend.[42] Andererseits entstehen „soziale Kosten": Polizeimaßnahmen, die auf Ungleichbehandlung gründen, können zur Stigmatisierung von ganzen Personengruppen führen. So hat das Bundesverfassungsgericht in seiner Entscheidung zur Rasterfahndung festgehalten, dass „die Tatsache einer nach bestimmten Kriterien durchgeführten polizeilichen Rasterfahndung als solche - wenn sie bekannt wird - eine stigmatisierende Wirkung für diejenigen haben kann, die diese Kriterien erfüllen."[43] Für die Rasterfahndungen, die nach dem 11. September 2001 durchgeführt wurden, falle „im Hinblick auf deren Eingriffsintensität ins Gewicht, dass sie sich gegen Ausländer bestimmter Herkunft und muslimischen Glaubens richten, womit stets auch das Risiko verbunden ist, Vorurteile zu reproduzieren und diese Bevölkerungsgruppen in der öffentlichen Wahrnehmung zu stigmatisieren."[44]

Diese Stigmatisierung gewisser Personengruppen wiederum kann negative Auswirkungen auf deren Zusammenarbeit mit den Sicherheits- und Strafverfolgungsbe-

---

41 Lamberth Consulting, Racial Profiling Doesn't Work, http://www.lamberthconsulting.com/about-racial-profiling/racial-profiling-doesnt-work.asp (zuletzt abgerufen am 19.02.2009).
42 Vgl. Kennedy (1997), S. 157 ff.
43 BVerfGE 115, 320 (352), auch abrufbar unter www.bverfg.de, Az. 1 BvR 518/02, Rn. 111 (Präventive Rasterfahndung im PolGNW).
44 BVerfGE 115, 320 (353), auch abrufbar unter www.bverfg.de, Az. 1 BvR 518/02, Rn. 112.

hörden haben. So hat die ECRI betont, dass es das Ausmaß in Erwägung zu ziehen gelte, in dem die vorgenommene Polizeimaßnahme Vorurteile institutionalisiert und in den Augen der Öffentlichkeit diskriminierendes Verhalten gegenüber bestimmten Gruppen legitimiert. Weiter hielt die Kommission fest: „Untersuchungen haben die äußerst verhängnisvollen Auswirkungen der Erstellung rassischer Profile aufgezeigt. Profilbildung dieser Art erzeugt in bestimmten Personengruppen ein Gefühl der Erniedrigung und der Ungerechtigkeit, führt zu ihrer Stigmatisierung und Entfremdung und verschlechtert das Verhältnis zwischen diesen Gruppen und der Polizei, weil sie das nötige Vertrauen in die Polizei verlieren."[45]

IV. Möglichkeiten der Nachbesserung

Falls die Evaluierung zeigt, dass ein Sicherheitsgesetz diskriminierende Auswirkungen hat, kann der Gesetzgeber mehrere mögliche Maßnahmen ergreifen, um seiner Nachbesserungspflicht gerecht zu werden:

- Da sich diskriminierende Maßnahmen typischer Weise auf Normen mit niedriger Eingriffsschwelle stützen, die den Sicherheitsbehörden ein weites Ermessen einräumen, drängt es sich auf, solche Normen bestimmter und präziser zu fassen. So sollte der Anwendungsbereich der Eingriffsbefugnis klar statuiert, Zweckbindungen eingebaut, das Kriterium der Erforderlichkeit eindeutig definiert werden usw. Das EU Network of Independent Experts on Fundamental Rights hat dementsprechend die folgende Empfehlung abgegeben: „A legal framework ensuring an adequate protection from the risk of ethnic profiling in the field of law enforcement, should ... define with the greatest clarity possible the conditions under which law enforcement authorities may exercise their powers in areas such as identity checks or stop-and-search procedures."[46]
- Insbesondere sollte auch klar und detailliert festgelegt werden – sei es in der Eingriffsnorm, sei es in entsprechenden Verwaltungs- oder Dienstvorschriften –, auf welche Suchkriterien die Sicherheitsbehörden abstellen dürfen und auf welche nicht. Der UNO-Sonderberichterstatter zu Terrorismus und Menschenrechten hat deshalb gefordert, dass „States establish clear and strict standards as to what factors law-enforcement agents may or may not employ for their search efforts."[47] Die ECRI hat an die Mitgliedsstaaten des Europarates die noch konkretere Aufforderung gerichtet, „das Erfordernis vernünftig begründeten Verdachts einzuführen, dem zufolge die mit Kontrolle, Überwachung und

---

45   ECRI, Allgemeine Politische Empfehlung Nr. 11: Bekämpfung von Rassismus und Rassendiskriminierung in der Polizeiarbeit, 29. Juni 2007, CRI (2007) 39, Rn. 34.
46   EU Network of Independent Experts on Fundamental Rights, Opinion No. 4: Ethnic Profiling' (Dezember 2006), S. 26.
47   Report of the Special Rapporteur on the promotion and protection of human rights and fundamental freedoms while countering terrorism, 29. Januar 2007, UN Doc A/HRC/4/26, Rn. 86.

Ermittlungen zusammenhängenden Befugnisse der Polizei nur auf Grund von Verdachtsmomenten wahrgenommen werden dürfen, die auf objektiven Kriterien beruhen."[48]

- Um ein Beispiel der praktischen Umsetzung dieser Erfordernisse zu nennen, kann etwa vorgeschrieben werden, dass Polizeibeamte mit Checklisten ausgerüstet werden, die zulässige Verdachtsmomente und andere Minimalvoraussetzungen für die Durchführung bestimmter Fahndungsmaßnahmen aufführen.
- Um sicherzustellen, dass das Diskriminierungsverbot respektiert wird, muss die Arbeit der Sicherheitsbehörden einer gründlichen und effektiven Kontrolle unterworfen sein. Es bedarf deshalb eines internen Kontrollmechanismus durch übergeordnete Dienststellen, die die Arbeit der operativ tätigen Polizeibeamten – gestützt auf umfassendes Datenmaterial – auf allfällige diskriminierende Muster überprüfen. So schreibt zum Beispiel in Großbritannien das Reglement über die Anwendung der „stop and search"-Befugnisse ausdrücklich vor, dass der oder die für einen Polizeibezirk zuständige Vorgesetzte regelmäßig prüfen muss, wie diese Befugnisse angewandt werden, insbesondere ob es Hinweise darauf gibt, dass bestimmte Personengruppen diskriminiert werden. Falls solche Hinweise bestehen, muss eine Untersuchung eingeleitet werden.[49]
- Zusätzlich zu dieser internen Kontrolle braucht es unabhängige, externe Kontrollinstanzen. Der UNO-Sonderberichterstatter hat die UNO-Mitgliedsstaaten dazu aufgerufen, transparente und unabhängige Systeme zur Kontrolle der Sicherheitsbehörden einzurichten, um sicherzustellen, dass Praktiken der Terrorismusbekämpfung sowohl menschenrechtlichen Standards als auch Dienstvorschriften entsprechen.[50] Die ECRI hat in ihrer Allgemeinen Politischen Empfehlung Nr. 11 die Mitgliedsstaaten des Europarates aufgefordert, eine von der Polizei und der Staatsanwaltschaft unabhängige Stelle zur Untersuchung behaupteter Fälle von Rassendiskriminierung und rassistisch motivierten Fehlverhaltens der Polizei zu schaffen.[51]
- Um diskriminierenden Auswirkungen von Sicherheitsgesetzen zuvorzukommen, sollte der Gesetzgeber sicherstellen, dass eine Aus- und Fortbildung von Polizeibeamten gewährleistet ist, die auf interkulturelle Kompetenz und Wachsamkeit gegenüber Rassismus Wert legt und dem Gebrauch von Stereotypen entgegen wirkt. Die ECRI hat den Mitgliedsstaaten empfohlen, die Polizei für die Arbeit in einer von Vielfalt geprägten Gesellschaft auszubilden[52] und in der

---

48 ECRI, Allgemeine Politische Empfehlung Nr. 11: Bekämpfung von Rassismus und Rassendiskriminierung in der Polizeiarbeit, 29. Juni 2007, CRI (2007) 39, Rn. 3.
49 Police and Criminal Evidence Act (PACE), Code A, S. 15 f.
50 Report of the Special Rapporteur on the promotion and protection of human rights and fundamental freedoms while countering terrorism, 29. Januar 2007, UN Doc A/HRC/4/26, Rn. 88.
51 ECRI, Allgemeine Politische Empfehlung Nr. 11: Bekämpfung von Rassismus und Rassendiskriminierung in der Polizeiarbeit, 29. Juni 2007, CRI (2007) 39, Rn. 10.
52 Ebenda, Rn. 16.

Polizeiausbildung insbesondere auch auf das Problem rassischer Profilbildung und auf das Erfordernis vernünftig begründeter Verdachtsmomente einzugehen.[53] Im Weiteren sollte die Polizeiausbildung klar machen, dass diskriminierende Fahndungsmethoden ineffizient sind oder gar kontraproduktiv sein können.[54]

- Von zentraler Bedeutung zur Verhinderung von Diskriminierung und einer entsprechenden Modifikation der Polizeikultur ist schließlich auch eine angemessene Vertretung von Minderheitsgruppen in der Polizei. Der UNO-Ausschuss zur Beseitigung der Rassendiskriminierung hat die Vertragsstaaten der ICERD deshalb aufgefordert, eine verhältnismäßige Vertretung von ethnischen Minderheiten im Polizei- und Justizwesen zu fördern.[55] Und die ECRI hat die Europarats-Mitgliedsstaaten aufgefordert, Angehörige unterrepräsentierter Minderheitsgruppen in den Polizeidienst aufzunehmen und dafür zu sorgen, dass ihnen beim beruflichen Aufstieg Chancengleichheit gewährt wird.[56]

V. Fazit

Eine Überprüfung von Sicherheitsgesetzen darauf hin, ob sie diskriminierend wirken, ist nur möglich, wenn sich genau feststellen lässt, ob, in welchem Ausmaß und aufgrund welcher Merkmale mehrere Personengruppen unterschiedlich behandelt werden. Dazu bedarf es einer umfassenden Erhebung von relevanten Daten nach wissenschaftlichen Grundsätzen. Das Beispiel von Großbritannien zeigt nicht nur, dass eine solche Datenerhebung praktisch durchaus machbar ist, sondern auch, dass das Vorliegen von entsprechenden Statistiken für die Evaluierung von Sicherheitsgesetzen – auch über die Frage der Diskriminierung hinaus – von zentraler Bedeutung ist. So hat sich Lord Carlile, der unabhängige Gutachter („independent reviewer") der britischen Terrorismusgesetzgebung, in seinen regelmäßigen Evaluierungen des im Jahr 2000 erlassenen Terrorismusgesetzes bereits mehrere Male auf diese Statistiken gestützt, um die praktische Anwendung der „stop and search"-Befugnisse zu kritisieren.[57] Solange die entsprechenden Daten anonym erhoben oder später anonymisiert werden, ist ein System der Datenerhebung wie es in Großbritannien existiert im Übrigen durchaus mit datenschutzrechtlichen Prinzipien vereinbar.[58]

---

53 Ebenda, Rn. 4.
54 Report of the Special Rapporteur on the promotion and protection of human rights and fundamental freedoms while countering terrorism, 29. Januar 2007, UN Doc A/HRC/4/26, Rn. 89.
55 UN Committee on the Elimination of Racial Discrimination, General Recommendation No. 31: Prevention of Racial Discrimination in the Administration and Functioning of the Criminal Justice System (2005), UN Doc CERD/C/GC/31/Rev.4, Rn. 5(d).
56 ECRI, Allgemeine Politische Empfehlung Nr. 11: Bekämpfung von Rassismus und Rassendiskriminierung in der Polizeiarbeit, 29. Juni 2007, CRI (2007) 39, Rn. 17.
57 Vgl. etwa Lord Carlile, Report on the Operation in 2004 of the Terrorism Act 2000.
58 Vgl. de Schutter und Ringelheim (2008).

Insofern eine Ungleichbehandlung vorliegt, stellt sich die Frage nach der Rechtfertigung. Zur Beantwortung dieser Frage muss eine umfassende Bewertung der Geeignetheit, Erforderlichkeit und Verhältnismäßigkeit der fraglichen Polizeimaßnahme vorgenommen werden. In vielen Fällen wird es einer genaueren Untersuchung dieser Kriterien bedürfen, als sie bis jetzt erfolgt ist. Auf stereotypische Verallgemeinerungen zurückgreifende Begründungen stellen jedenfalls keine genügende Rechtfertigung für Ungleichbehandlungen dar. Da sich die Geeignetheit, Erforderlichkeit und Verhältnismäßigkeit von polizeilichen Maßnahmen aufgrund von neuen Erkenntnissen oder technischen Entwicklungen jederzeit verändern können, ist es schließlich wichtig, dass Sicherheitsgesetze in regelmäßigen Abständen auf ihre diskriminierenden Auswirkungen hin untersucht werden.

VI. Literatur

Albers (2006), Die verfassungsrechtliche Bedeutung der Evaluierung neuer Gesetze zum Schutz der Inneren Sicherheit, in: Menschenrechte – Innere Sicherheit – Rechtsstaat, Deutsches Institut für Menschenrechte (Hrsg.), Berlin, S. 21 ff.

Denninger (1989), Der Präventionsstaat, KJ 1989, 1 ff.

Denninger (2002), Freiheit durch Sicherheit? Anmerkungen zum Terrorismusbekämpfungsgesetz, Aus Politik und Zeitgeschichte 2002, 22 ff.

Graf (2006), Verdachts- und ereignisunabhängige Personenkontrollen: Polizeirechtliche und verfassungsrechtliche Aspekte der Schleierfahndung, Berlin

Herrnkind (2000), Personenkontrollen und Schleierfahndung, KJ 2000, 188 ff.

Kennedy (1997), Race, Crime and the Law, New York

Krane (2003), Schleierfahndung: Rechtliche Anforderungen an die Gefahrenabwehr durch ereignisunabhängige Personenkontrollen, Stuttgart/München u.a.

Moeckli (2008), Human Rights and Non-discrimination in the 'War on Terror', Oxford

Open Society Justice Initiative (2005). Ethnic Profiling by Police in Europe

De Schutter/Ringelheim (2008), Ethnic Profiling: A Rising Challenge for European Human Rights Law, 71 Modern Law Review 2008, 358

Waechter (2006), Die Menschenrechte und der Schutz der Inneren Sicherheit im 21. Jahrhundert: Neue Tendenzen im Sicherheitsrecht – Spiegel eines sich wandelnden Werte- und Verfassungsverständnisses?, in: Menschenrechte – Innere Sicherheit – Rechtsstaat, Deutsches Institut für Menschenrechte (Hrsg.), Berlin, S. 6 ff.

Zedalis (2004), Female Suicide Bombers, Strategic Studies Institute

Biometrie als globale Kontrolltechnologie – Die Rolle der Technikfolgenabschätzung

Thomas Petermann

I.	Einführung	129
II.	Zur Genese einer politischen Kontrolltechnologie – Fallbeispiel EU	130
III.	Diffusion und Diskurs – Beiträge der TA	132
IV.	Technikfolgenabschätzung	133
V.	Grenzen der Technik	134
VI.	Ziele und Zielkonflikte	138
VII.	Kosten	140
VIII.	Ausblick	141
IX.	Literatur	144

I. *Einführung*

Ein prägnantes Merkmal in der Herausbildung (post)moderner Gesellschaften ist die Expansion von technologisch basierter Kontrolle und Überwachung von Personen, aber auch von Geldflüssen, Gütern oder Kommunikation. Diese fand und findet statt in allen gesellschaftlichen Bereichen – öffentlich wie privat. Der Staat ist hierbei – mit dem Ziel der Gewährleistung innerer und äußerer Sicherheit – nach wie vor ein Hauptakteur, auch wenn die Methoden der „surveillance" der Gesellschaft nicht auf staatliches Handeln begrenzt sind. Im Folgenden geht es um einen Ausschnitt aus dem Panoptikum der Akteure und Instrumente der Überwachung und Kontrolle „in a world of mobilities"[1]: die biometrische Aufrüstung von Ausweisdokumenten in Verbindung mit den Verfahren und Strategien der biometrischen Identifikation von Menschen, die politische Grenzen legal oder illegal überschreiten wollen – Reisende, Migranten, Asylanten, Kriminelle.

Spätestens seit dem 11. September 2001 war zu erkennen, dass Staaten und supranationale Akteure ihre Anstrengungen intensivierten, Ausweisdokumente (fälschungs)sicherer und Grenzkontrollen effektiver zu machen. Biometrische Verfahren zur Identifikation von Personen wurden dabei zum technologischen Herzstück entsprechender Politiken. Als eine Ausprägung „neuer Identitätsinfrastrukturen"[2] zielten insbesondere die USA und die EU auf die Etablierung „intelligenter Grenzen". Die Technologien der Biometrie als Methoden der Identifikation entwickelten

---

1 Lyon (2003), S. 25.
2 Roßnagel (2006).

dabei einen besonderen Charme als leistungsfähiges Werkzeug im Kampf gegen die missbräuchliche Nutzung von (fremden) Ausweisdokumenten, illegale Einwanderung, (organisierte) Kriminalität und Terrorismus[3] – zugleich aber auch als Mittel zum Management globaler und anwachsender Reiseströme. Politische Entscheidungen, Gesetze und Verordnungen, die Förderung von Forschung, Entwicklung und Feldtests sowie Anstöße zu intensivierten Standardisierungsbemühungen haben die rechtlichen und organisatorischen Rahmenbedingungen geschaffen und zur Verbesserung der technischen Machbarkeit beigetragen.

Im Folgenden soll zunächst die Biometriepolitik der EU bis etwa 2005 in aller Kürze skizziert werden. Danach will ich in einer historischen Perspektive die Rolle der Technikfolgenabschätzung (TA) herausarbeiten, die sich dieses Themas angenommen hatte und dabei ein Element im diskursiven Hintergrundrauschen der diese Entwicklung begleitenden Debatte darstellte. Schließlich wird ein Ausblick auf die Herausforderungen gegeben, den der zu erwartende weitere Siegeszug der Biometrie und ihre Veralltäglichung für TA mit sich bringen werden.

II. Zur Genese einer politischen Kontrolltechnologie – Fallbeispiel EU

Bereits vor den Anschlägen in New York und der anschließenden ultimativen Aufforderung der USA an alle Staaten, zukünftig nur Reisedokumente mit biometrischen Merkmalen auszugeben, hatte die EU die Biometrie als Sicherheit- und Kontrolltechnologie entdeckt: Ein erster Schritt zu ihrer Nutzung erfolgte im Jahr 2000 mit dem länderübergreifenden System Eurodac, in dem Fingerabdrücke von Asylbewerbern gespeichert werden sollten.[4] Seit Januar 2003 werden allerdings europaweit nicht nur alle mindestens 14 Jahre alten Asylbewerber, sondern auch in den Mitgliedstaaten der EU aufgegriffene illegal eingereiste Personen mit dem automatisierten Fingerabdruckidentifizierungs-System AFIS erfasst. Ihre vor Ort genommenen Fingerabdrücke werden in Eurodac zentral gespeichert und abgeglichen. Dadurch sollen Mehrfachanträge eines Asylbewerbers in verschiedenen Ländern der EU ausgeschlossen sowie unerlaubt in das Unionsgebiet eingereiste Personen erkannt werden.[5] Insofern dient Eurodac mittlerweile nicht nur dem politischen Management von Asylbewerbern, sondern auch der Kontrolle illegaler Einwanderung.[6]

---

3   OECD (2004), S. 9.
4   Verordnung (EG) Nr. 2725/2000 des Rates vom 11. Dezember 2000 über die Einrichtung von „Eurodac" für den Vergleich von Fingerabdrücken zum Zwecke der effektiven Anwendung des Dubliner Übereinkommens, ABl. EG L 316/1.
5   Aus (2003); Verordnung (EG) Nr. 407/2002 des Rates vom 28. Februar 2002 zur Festlegung von Durchführungsbestimmungen zur Verordnung (EG) Nr. 2725/2000 des Rates über die Einrichtung von „Eurodac" für den Vergleich von Fingerabdrücken zum Zwecke der effektiven Anwendung des Dubliner Übereinkommens, ABl. EG L 62/1.
6   Aus (2003), S. 19.

Im Zusammenhang mit ihrer Visapolitik setzte die EU auf die Etablierung und Fortentwicklung leistungsfähiger „Informationssysteme"[7] – auch hier unter Nutzung biometrischer Technologien. Dazu zählte das Schengener Informationssystem (SIS) – ein computergestütztes Fahndungssystem mit mehr als 8 Mio. Fahndungsdaten, das einen Zentralrechner in Straßburg und zehn nationale Systeme umfasst. Die Kommission beschloss am 18. Dezember 2001 die Entwicklung des Informationssystem Schengen II (SIS II), u.a. um zusätzliche Identifikationsdaten erheben zu können. Neben den Datenkategorien des SIS I könnten im SIS II auch biometrische Daten wie Fingerabdrücke und Lichtbilder hinterlegt werden.

Ein weiteres „Informationssystem" ist das Visa-Informationssystem (VIS), ein System zur Speicherung aller Visaanträge an die EU-Staaten bzw. zum Austausch von Visadaten. Gemäß geltender Beschlusslage sollen Visa zwei biometrische Identifikatoren enthalten, um zu verhindern, dass Visaanträge bei mehreren Mitgliedstaaten („Visa-Shopping") gestellt werden können, um die Verfahrensabläufe zu harmonisieren und um die internationale Sicherheit zu erhöhen und den Terrorismus zu bekämpfen.[8]

Ausgehend von dem in diesen Feldern erreichten Status, waren schon bald Bemühungen um eine weitergehende kohärente und konsistente Strategie zu erkennen. Der Strategieansatz in Bezug auf biometrische Identifikatoren oder biometrische Daten sollte in harmonisierten Lösungen bei Dokumenten für Staatsangehörige von Drittländern, bei den Pässen von EU-Bürgern und bei den hierzu geeigneten „Informationssystemen" wie VIS und SIS II münden.[9] Die Umsetzung der Strategie erfolgte in Etappen:[10]

- Die Europäische Kommission stellte im September 2003 ihre Vorschläge für biometrische Identifikatoren in Visa und Aufenthaltsgenehmigungen für Drittstaatler vor. Übergreifendes Ziel sei es, Personen aufzuspüren, die mit gefälschten amtlichen Dokumenten in die EU einreisen wollen.[11]
- Der nächste Schritt zielte auf die Regelungen zu den Pässen von EU-Bürgern ab. Auf der Grundlage der Rechtsetzungskompetenz der EU in Art. 62, Nr. 2a EGV vom 18. Februar 2004 reichte die Europäische Kommission einen Vorschlag für eine Verordnung des Rats über Normen für Sicherheitsmerkmale und Biometrie in Pässen der EU-Bürger ein.[12] In diesem Entwurf schlug sie vor,

---

7   Zu den Informationssystemen auch Weinzierl (2010).
8   Entscheidung des Rates der Europäischen Union vom 8. Juni 2004 zur Einrichtung des Visa-Informationssystems (VIS) (2004/512/EG), ABl EU L 213/5.
9   Rat der Europäischen Union (2003), S. 3.
10 Liberatore (2005); Petermann et al. (2006); TAB (2003).
11 Europäische Kommission, Vorschlag für eine Verordnung des Rates zur Änderung der Verordnung (EG) Nr. 1683/95 des Rates über eine einheitliche Visagestaltung, Vorschlag für eine Verordnung des Rates zur Änderung der Verordnung (EG) Nr. 1030/2002 zur einheitlichen Gestaltung des Aufenthaltstitels für Drittstaatenangehörige, KOM (2003) 558 endg., S. 12.
12 Europäische Kommission, Vorschlag für eine Verordnung des Rates über Normen für Sicherheitsmerkmale und Biometrie in Pässen der EU-Bürger, KOM (2004) 116 endg.

dass Pässe und andere Reisedokumente einen Datenträger enthalten sollten, „der hohen Sicherheitsanforderungen genügt und ein Gesichtsbild enthält". Den Mitgliedstaaten sollte erlaubt sein, Fingerabdrücke in interoperabler Form hinzuzufügen. In Folge einer Tagung der Justiz- und Innenminister vom 25. bis 26. Oktober 2004, auf der weitergehende Vorstellungen einiger Mitgliedsländer eingebracht wurden, wurde der Text geändert, um beide Biometrien in der für das Gesichtsbild vorgesehenen Weise zu berücksichtigen. Zum Vorschlag der EU-Kommission vom Februar 2004 verabschiedete das Europäische Parlament im Oktober 2004 eine Stellungnahme mit zahlreichen Änderungsvorschlägen, denen aber nur teilweise gefolgt wurde. Der Rat bestätigte schließlich die Empfehlungen „über Normen für Sicherheitsmerkmale und biometrische Daten in von den Mitgliedstaaten ausgestellten Pässen und Reisedokumenten" am 13. Dezember 2004.[13] Die Verordnung des Rats sieht in Art. 1 für Pässe und Reisedokumente ein Speichermedium vor, das ein Gesichtsbild und Fingerabdrücke in interoperablen Formaten enthalten soll.

- Mit der Bearbeitung und Integration des vorläufig letzten Bausteins der europäischen Sicherheitsarchitektur wurde danach begonnen. Der Europäische Rat legte am 11. November 2005 seine Schlussfolgerungen für zukünftige nationale Personalausweise vor.[14] In Bezug auf die biometrischen Identifikatoren sollten die technischen Spezifikatoren für die Aufnahme biometrischer Merkmale in Pässe gemäß der oben genannten Verordnung des Rats gelten.

Mit ihrem Votum zu nationalen ID-Dokumenten – bei dem die EU ausdrücklich anerkennt, dass diese nicht in ihren Zuständigkeitsbereich fallen – war das Spektrum der EU-Aktivitäten – von den Visa über die Reisepässe zu den nationalen ID-Karten – vorläufig komplett. Innerhalb kurzer Zeit war es den verantwortlichen politischen und administrativen Akteuren gelungen, in Bezug nicht nur auf Drittstaatenangehörige, sondern auch in Bezug auf die Bürgerschaft der EU ihre Strategie zur Implementierung biometrischer Identifikationstechnologien umzusetzen.

III. Diffusion und Diskurs – Beiträge der TA

Technikgeschichte, Techniksoziologie und die sozialwissenschaftliche Wissenschafts- und Technikforschung haben anhand vieler Fallbeispiele gezeigt, dass gesellschaftliche Debatten und Diskurse verschiedener Akteure die Entwicklung, Implementierung und Aneignung einer Technik begleiten. Während es in gesellschaftlichen und pluralistischen politischen Diskursen häufig um Ziele, Visionen und Leit-

---

13 Verordnung (EG) Nr. 2252/2004 des Rates vom 13. Dezember 2004 über Normen für Sicherheitsmerkmale und biometrische Daten in von Mitgliedstaaten ausgestellten Pässen und Reisedokumenten, ABl EU L 385/1.
14 Rat der Europäischen Union (2005).

bilder geht, die von unterschiedlichen Akteuren mit einer Technik verbunden werden und an denen auch Gestaltung und politische Steuerung orientiert sind, fokussieren die Diskurse technischer Experten in der Regel auf die Funktionalitäten der Technik, auf Zahlen zur Leistungsmessung, zu Energieverbrauch, zu Emissionen etc. Die Innovationsgeschichte der Biometrie ist in ihrer frühen Phase vor allem von dieser Art Expertendiskurs sowie einer entsprechend unterentwickelten öffentlichen Debatte geprägt gewesen.[15] Eine Ursache war der Umstand einer relativ öffentlichkeitsscheuen Politik der EU-Exekutive. Als wesentliche Treiberin nutzte sie den Umstand, dass sie ihr Konzept der „biometrischen Kontrolle" der Reise- und Migrationsströme aktiv, aber kaum öffentlichkeitsorientiert als Regelungsmaterie eines vergemeinschafteten Politikfeldes ausgestalten konnte. Erst mit Verzögerung erweiterte und differenzierte sich der Diskurs um andere Themen und Akteure.[16] Als ein belebendes Element einer erweiterten Diskursarena erwiesen sich verschiedene Akteure und Prozesse der Technikfolgenabschätzung. Im Folgenden soll skizziert werden, wie durch TA im Zuge einer übergreifenden „Politisierung der Biometrie" „in terms of its contribution to security needs and goals and of its implications for fundamental rights and democratic values"[17] die Formierung eines kritischen Gegendiskurses mitgestaltet wurde.

IV. Technikfolgenabschätzung

In einer sehr ambitionierten Ausprägung lässt sich Technikfolgenabschätzung als eine prospektive und adressatenorientierte Analyse der Entstehungs- und Nutzungsbedingungen von Technologien sowie der mit ihnen verbundenen Folgenpotenziale verstehen. Als eine Art „Idealkonzept" orientiert sie sich an folgenden Zielen:

- Stand und Entwicklungsperspektiven einer Technologie und ihrer wissenschaftlichen Basis werden analysiert und hinsichtlich ihrer Funktions- und Leistungsfähigkeit, aber auch ihrer technischen Grenzen und Risiken beurteilt.
- Analysiert werden in einem umfassenden Ansatz die möglichen positiven und negativen – auch nichtintendierten – Auswirkungen einer Techniknutzung auf Gesellschaft, Wirtschaft, Politik, Recht, Kultur, Umwelt.
- Im Modus einer prospektiven Analyse werden mögliche *zukünftige* technologische und gesellschaftliche Entwicklungstrends in ihren Wechselwirkungen beschrieben und bewertet, um rechtzeitig auf nichterwünschte Folgen reagieren oder erwünschte Folgen herbeiführen zu können.

---

15 „We have concerned ourselves with the technicalities of biometric template formats, portable storage such as embedded chips and the practical considerations of tokens such as chip cards and smart passports." Ashbourne (2005), S. 4.
16 Liberatore (2005).
17 Liberatore (2005), S. 17.

Positive und negative Folgen werden, über die lediglich quantifizierende Erfassung hinausgehend, auch als qualitative Folgen im Blick auf soziale Kontexte, gesellschaftliche Werte, Interessen und Rechte analysiert und beurteilt.

Entsprechend der Vielfalt und Komplexität der Auswirkungsbereiche ist TA interdisziplinär angelegt und durchgeführt.

Diese eher wissenschaftlich-analytischen Seiten der TA-Programmatik sind konstitutiv mit dem Postulat der Anwendungs- oder Entscheidungsorientierung gekoppelt: Angestrebt wird dementsprechend, verschiedene technische und soziale Handlungsoptionen zu formulieren. Technikfolgenabschätzung ist so auf den Entscheidungsfindungsprozess von Personen und Institutionen bezogen. TA versteht sich aber zugleich auch als dem öffentlichen Diskurs verpflichtet, und ihre Beiträge sind deshalb häufig auch als Beitrag zur öffentlichen Debatte konzipiert.

In diesem Sinn einer frühzeitigen Beurteilung möglicher Folgen einer Entscheidung für eine Technik bzw. einer Entwicklung hin zu ihrer verbreiteten Nutzung haben sich auch verschiedene Akteure der Technikfolgenabschätzung mit Folgenanalysen biometrischer Identifikationstechnologien relativ zeitnah zum Entscheidungsprozess der EU zu Wort gemeldet. Sie haben Beiträge geliefert zur Meinungsbildung und Entscheidungsfindung von politischen und administrativen Akteuren, in der Regel aber auch Beiträge zur öffentlichen Debatte. Dazu gehörte u.a. das General Accounting Office des US-amerikanischen Kongresses (GAO), das Institute for Prospective Studies of Technologies (IPTS) in Sevilla im Auftrag des Europäischen Parlaments, die London School of Economics and Politics, London, und schließlich das Büro für Technikfolgen-Abschätzung beim Deutschen Bundestag (TAB) im Auftrag des Deutschen Bundestages. Auf Ergebnisse ihrer Analysen zum Anwendungsfall „Biometrie an den Grenzen" beziehe ich mich im Folgenden. Dabei sollen exemplarisch deren zentrale Anliegen und einige der wesentlichen thematischen Foki rekonstruiert werden

V. *Grenzen der Technik*

Biometrie ist, allgemein definiert, die automatisierte Messung hochcharakteristischer physiologischer (Fingerabdruck) oder Verhaltensmerkmale (Sprache) eines Menschen, um ihn von anderen zu unterscheiden. Um entsprechende Verfahren im Anwendungsfall „Biometrie an den Grenzen" einzusetzen, müssen zunächst das jeweilige Merkmal mittels Sensor erfasst, verarbeitet, umgewandelt und dann die (Referenz-)Daten gespeichert werden (enrolment) – beispielsweise in einem Chip, der in eine ID-Card integriert ist. Am Ort der Kontrolle erfolgt dann das sog. „matching": Am Merkmalsträger werden die entsprechenden Daten aktuell erhoben und mit den gespeicherten Daten verglichen. Ist die Ähnlichkeit zwischen beiden Datensätzen hinreichend hoch, hat sich der Ausweisinhaber als berechtigter Nutzer des Ausweisdokuments legitimiert (Verifikation); er ist, wer er vorgibt zu sein. Weitergehend besteht dann die Möglichkeit, einen Abgleich der Referenz- oder aktuell erhobene

Daten mit Datenbanken (z.B. Fahndungsdatenbank, Passregister) durchzuführen, um ggf. die Identität der betreffenden Person festzustellen (Identifikation), also die Frage zu beantworten, *wer* diese Person ist.

Das Versprechen der Biometrie bestand zudem darin, die Überprüfung der Identität einer Person auf der Basis ihrer unverwechselbaren Körper- oder Verhaltensmerkmale vorzunehmen – und nicht wie bisher auf Gedächtnis (PIN) oder Besitz (Pass). Aufgrund des erkennbaren Mehrwerts gegenüber papierbasierten Dokumenten stellte sich Biometrie als besonders anschlussfähig an Bedarf und Ziele von Polizei und Sicherheitsbehörden: Sie „offers advantages over traditional authentication systems, which cannot discriminate between an impostor who fraudulently obtains the access identifier, for example a password or swipe card, and a bona fide user".[18] Deshalb wurden die innovativen Technologien der biometrischen Identifikation mit der Absicht ins Rennen geschickt, bisherige soziotechnische Optionen bei der Ausstellung und Überprüfung von Ausweisdokumenten zu substituieren.

Um dieses Potenzial für die Ausweisanwendung auch ausschöpfen zu können, müssen allerdings zwei Voraussetzungen möglichst optimal gewährleistet sein: eine möglichst hohe Rate der korrekten Erfassung biometrischer Merkmale beim enrolment potenzieller Ausweisinhaber sowie eine möglichst hohe Erkennungssicherheit bei der Überprüfung von Ausweisdokument und Ausweisinhaber, beispielsweise am Grenzübergang.

Die Erfassbarkeit eines individuellen biometrischen Merkmals spielt insofern eine besondere Rolle, als ein bestimmter Prozentsatz der Bevölkerung, der im enrolment process *ständig* nicht erfassbar ist, ein Ausfallkriterium für die Applikation der Biometrie in nationalen Ausweisdokumenten wäre (wohingegen *temporäre* Nichterfassbarkeit das enrolment zu einem späteren Zeitpunkt offen lässt). Die Verlässlichkeit des Überprüfungsvorgangs am Ort der Kontrolle ist Voraussetzung dafür, dass möglichst wenige Personen entweder unbegründet zurückgewiesen (Falschakzeptanz) oder trotz fehlender Legitimation vom System als „falsch positiv" erkannt werden.

Die Frage nach der bei diesen beiden Parametern erreichbaren Leistung spielte deshalb in Expertendiskursen, politischer Meinungsbildung und öffentlicher Diskussion eine Schlüsselrolle für die vergleichende Einschätzung von Stärken und Schwächen der für den Einsatz infrage kommenden unterschiedlichen Techniken. In den TA-Studien wurden anhand dieser beiden Qualitätsparameter die biometrischen Technologien kritisch hinsichtlich ihrer Leistungsgrenzen geprüft. So wurde beispielsweise deutlich gemacht, dass Fingerabdruck-Verfahren im Falle einer biometrischen Ausrüstung von nationalen Ausweisdokumenten zum damaligen Zeitpunkt den Anforderungen im Hinblick auf die Erfassbarkeit nur bedingt gerecht werden. Das US-amerikanische Standardisierungsinstitut NIST folgerte aus seinen Tests und den Erfahrungen anderer Einrichtungen und Behörden, dass bei etwa 2 % der Ge-

---

[18] FIDIS (2005), S. 61.

samtbevölkerung Probleme beim enrolment auftreten.[19] Die International Biometric Group (IBG) wies darauf hin, dass bis zu 2 % der Bevölkerung keine ausreichend geeigneten Fingerabdrücke – bei bestimmten Sensoren – besitzen.[20] Die Enrolment-Ausfallraten der Iriserkennungs-Verfahren wurden in einigen Studien zwar als geringer eingeschätzt als diejenigen bei Fingerabdruck-Verfahren. Es wurde aber darauf hingewiesen, dass bei bestimmten Nutzergruppen Probleme aufgrund ihres Alters, ihrer Ethnie[21] bzw. wegen Blindheit oder Augenschäden[22] bestünden. Im Fall Großbritanniens hätte dies bedeutet, dass bis zu 1 Mio. Bürger nicht erfassbar gewesen wären.[23]

Trotz der wahrscheinlich nicht unerheblichen Probleme bei der Erfassung der biometrischen Merkmale von Iris und Fingerbild großer Personenmengen haben Befürworter dieser Technologie diesem Umstand – zumindest öffentlich – wenig Beachtung geschenkt. Eine Dethematisierung war aber nicht nur seitens der Industrie zu konstatieren. Auch im politischen Entscheidungsprozess wurde diesem Aspekt nur geringe Aufmerksamkeit geschenkt. Organisatorische, personelle und fiskalische Konsequenzen dieses Symptoms einer „biometric divide" wurden, wenn überhaupt, nur in Ansätzen diskutiert.

Größere Aufmerksamkeit fand die Frage nach der Leistungsfähigkeit der biometrischen Systeme bei der Überprüfung der Ausweisdokumente und ihrer Inhaber. Die hierzu durchgeführten Labor- und Feldtests[24] lieferten allerdings den Entscheidungsträgern und der Öffentlichkeit ein nicht ganz klares Bild. Die TA-Studien setzten sich dementsprechend ausführlich mit dem damaligen Wissens- und Informationsstand auseinander.

Das TAB hatte in seinem Bericht für den Deutschen Bundestag – unter Berücksichtigung der zuvor genannten Aspekte – eine vorsichtige Bilanz der damals vorliegenden Tests (bis 2003) gezogen.[25] Festgehalten wurde eine hohe Erkennungsleistung von Iriserkennungs-Verfahren, die aber in Großanwendungen noch zu überprüfen wäre, da die vorliegenden Tests begrenzten Umfangs für die Ausweisanwendung nur bedingt aussagekräftig seien. Konstatiert wurde ferner, dass Fingerabdruck- und Gesichtserkennungs-Verfahren in neueren und unabhängigen Studien zur Leistungsmessung eine hohe Erkennungsleistung beim 1:1-matching auch bei umfang-

---

19 NIST (2002), S. 21.
20 IBG (2003), S. 8. Aus diesem Defizit ergibt sich die Notwendigkeit, dass Ersatzfinger aufgenommen oder Ausweichmöglichkeiten auf andere Merkmale vorgesehen werden müssten, was einen zusätzlichen finanziellen, administrativen und technischen Aufwand erfordert.
21 TAB (2003), S. 63.
22 LSE (2005), S. 177 ff.
23 LSE (2005), S. 179; s.a. GAO (2002).
24 Die umfangreichsten Studien und Tests lagen dabei für Fingerabdruck- und Gesichtserkennungs-Verfahren vor. Das U.S. National Institute for Standardization (NIST 2002) beispielsweise hatte (bis 2003) die Erkennungsleistung der Gesichtserkennung und der Fingerabdruckerkennung auf der Basis von bis zu 120.000 Gesichtsbildern und 620.000 Fingerabdrücken in Originaldatenbeständen getestet.
25 TAB (2003); s.a. LSE (2005), S. 169 ff.

reichen Datenmengen unter Beweis gestellt hätten. Die Leistung der beiden Verfahren sei dabei ungefähr gleich einzustufen.[26] Speziell für die Gesichtserkennungs-Systeme wurde aber angemerkt, dass die Tests zwar unter kontrollierten Lichtbedingungen relativ günstige Werte erbrächten, dass aber Anwendungen außerhalb geschlossener Gebäude doch drastische Qualitätseinbußen nach sich zögen.[27] Der IPTS-Report folgert deshalb: „face recognition is not yet ready for outdoor use".[28]

Der TAB-Bericht resümierte den damaligen Stand der Entwicklung dahingehend, dass bei Fingerabdruck- und Gesichtserkennungs-Verfahren davon auszugehen sei, dass sie sich weiter verbessern. Beide seien aber heute bereits so weit ausgereift und leistungsstark, dass ihr Einsatz im Verifikationsmodus, bei Anwesenheit von Personal und (bei der Gesichtserkennung) unter kontrollierten Lichtbedingungen im Vergleich zu bisherigen manuellen Grenzkontrollen eine Effektivierung der Überprüfung verspricht. Andere Studien und Berichte kamen zu einer auf den ersten Blick skeptischeren Einschätzung. Allerdings ist zu berücksichtigen, dass dort im bilanzierenden Urteil auch die Leistungsstärke der Technologien bei Verfahren der Identifikation (1:n) und bei anderen Randbedingungen mit einbezogen wurden. Dementsprechend und auch plausibel wurde gefolgert, dass zurzeit erzielbare Fehlerraten für sicherheitskritische Anwendungen noch nicht akzeptabel seien.[29]

Der zentrale Beitrag von TA zum technologischen Expertendiskurs lag zusammengefasst darin, dass die oftmals mehr behauptete als nachgewiesene Verlässlichkeit und Leistungsstärke einzelner Technologien relativiert wurde. Vor allem wurde deutlich gemacht, dass die Anwendung bei großen Personenzahlen die biometrischen Verfahren noch überfordern dürfte. Ein OECD-Bericht formuliert sein Resümee hierzu folgendermaßen:

> „A review of the publicly available biometric performance data and the media reports of biometric-based technology trials leave the reader with one conclusion: biometrics are not quite 'ready for prime time yet'. That is to say, while they appear to function adequately in small, limited 1:n identification implementations (and indeed in some larger 1:1 verification implementations), their accuracy, reliability and convenience are not yet sufficiently refined for very large population identification systems."[30]

Damit wurde auch die unzulässig fokussierte Betrachtung auf technologische Parameter als solche kritisiert. Gezeigt wurde, dass entscheidende Fragen, nämlich ob die erwartbare Erkennungsleistung bei der Verifikation als hinreichend bewertet werden kann und ob die erhofften Verbesserungen bei der Grenzkontrolle den hierzu erforderlichen Aufwand rechtfertigen, aus den scheinbar „objektiven" Raten allein nicht beantwortet werden kann. Erst die Verknüpfung von Daten zur technischen

---

26 So auch GAO (2002), S. 20. Für Identifikationsaufgaben wird dort das Fingerabdruck-Verfahren als leistungsstärker eingeschätzt.
27 NIST (2002).
28 IPTS (2005), S. 48.
29 FIDIS (2005), S. 92.
30 OECD (2004), S. 36.

Performanz mit ihrem (organisatorischen, gesellschaftlichen) „Kontext"[31] macht eine Technologie einer gesellschaftlichen, politischen oder rechtlichen Bewertung zugänglich.

Es gehört zu den Verdiensten der Beiträge der TA, dass sie auf die Bedeutung der „Kontextualisierung" von Testergebnissen für die Urteilsbildung aufmerksam gemacht und nach den konkreten Bedingungen eines Masseneinsatzes vor Ort gefragt hat: In einem internationalen Großflughafen bedeutete selbst eine Falschabweisungsrate von nur 1 % hunderte täglicher Falschalarme verbunden mit möglichen Eingriffen in die Grundrechte betroffener Personen.[32] Das TAB hat deshalb in seinem Bericht gefordert, es solle „offen diskutiert werden, dass – trotz eindrucksvoller geringer Fehlerraten – in der Praxis eines Masseneinsatzes immer noch eine relativ große Zahl von Personen falsch erkannt wird."[33]

VI. Ziele und Zielkonflikte

Wie Ashbourne vermerkt hat, haben zahlreiche Regierungen in den ersten Jahren des neuen Jahrtausends ihre intensive Promotion der Biometrie mit „clouds of emotionally misleading and technically incorrect rhetoric" begründet.[34] In großem Tempo wurden politische, rechtliche und technisch-organisatorische Vorentscheidungen getroffen, ohne dass Ziele, Chancen und Risiken der zukünftigen Nutzung von Biometrie im öffentlichen Bereich durch aktive politische Kommunikation umfassend vermittelt wurden.

In den öffentlich zugänglichen politischen Dokumenten der Exekutive (in den USA als auch von EU-Kommission und EU-Ministerrat sowie einigen EU-Mitgliedstaaten) kulminierte die legitimierende Rhetorik nahezu immer im zentralen, gleichwohl diffusen Topos der Sicherheit. Sicherheit wurde dabei zumeist verstanden als verbesserter Schutz vor illegaler Einwanderung und Missbrauch von staatlichen Leistungen sowie als verbesserte Sicherheit vor missbräuchlicher Einreise mit gefälschten oder gestohlenen Reisedokumenten (identity theft). Allenfalls reaktiv – und häufig den getroffenen Entscheidungen hinterherhinkend – wurde der Versuch unternommen, das legitime Ziel von mehr Sicherheit gegen den Schutz von Privatsphäre oder den der personenbezogenen Daten abzuwägen. Die Thematisierung dieser rechtlichen Schutzgüter bzw. datenschutzrechtlicher Anforderungen er-

---

31 OECD (2004), S. 4. Entsprechend wurde beispielsweise herausgearbeitet, dass Überwindungssicherheit in *automatisierten* Zugangskontrollen ein gewichtigeres Kriterium ist als in *biometriegestützten* Kontrollen mit ergänzender Überprüfung durch Personal oder Videokameras. Oder, um ein weiteres Beispiel zu nennen: Defizite eines Verfahrens bei der 1:n-Anwendung – wie vielfach für die Gesichtserkennung festgehalten – sind unerheblich, wenn das System lediglich auf die Funktion der Verifikation hin ausgelegt werden soll.
32 Hornung (2005), S. 179.
33 TAB (2003), S. 72.
34 Ashbourne (2005), S. 20.

folgte vielmehr durch andere Akteure. Dies waren vor allem Bürgerrechtsgruppen, TA-Einrichtungen in nationalen Parlamenten (z.B. in Großbritannien, Frankreich, Deutschland), die nationalen Parlamente und das EU-Parlament sowie schließlich die nationalen Datenschutzbeauftragten und die europäische Article 29 Data Protection Working Party.[35] Da mit der Sammlung und digitalen Speicherung biometrischer Merkmale der menschliche Körper für relativ unbestimmte Zwecke verfügbar gemacht wird – so die Perspektive des Datenschutzes –, seien diese Daten und die Privatsphäre (privacy) der Bürger auch zu schützen.[36] Wie auch die Akteure des Datenschutzes haben deshalb die TA-Einrichtungen auf die Notwendigkeit aufmerksam gemacht, zu einer besseren Balance zwischen den Paradigmen Sicherheit und Freiheit/privacy zu kommen.

Eine weitere wichtige Facette des TA-Diskurses war auch, auf mehr Klarheit bei der politischen Zielsetzung einer verstärkten Nutzung biometrischer Identifikationstechnologien in den durchaus unterschiedlichen Zusammenhängen von Visa, Pässen und auch nationaler ID card zu drängen. Zwar war beispielsweise die Zielführung des E-Passports durch den europäischen Gesetzgeber definiert: Es soll die Einreise solcher Personen erschwert werden, die sich mit gefälschten oder Papieren anderer Personen legitimieren wollen. Im Rahmen dieser Zielsetzung kann aber kein essenzieller Beitrag zur Terrorismusbekämpfung geleistet werden[37] – wie dies hin und wieder in regierungsamtlichen Dokumenten unter Bezugnahme auf die Anschläge von New York, Madrid oder London anklang.

> „The terrorists of the future will no doubt have valid biometrics; the only actual change will be in the mode of establishing identity. But terrorists who are willing to die do not care less about that; most will never reach the point where their identity will be checked against a stored template and, in any case, they would be happy to go through the process (especially if it is to become faster and more ‚reliable')."[38]

In der Mehrzahl der Berichte der TA-Akteure wird nachdrücklich klargemacht, dass Biometrie als technologische Option der Kontrolle und der Prävention von Missbrauch und Kriminalität Erfolge zeitigen kann, dass sie aber auch neue Probleme generieren und veränderte kriminelle Strategien evozieren wird.

> „Apart from all security related issues, identity theft and the like, all their implementation might achieve is merely to intensify illegal entry to a country by alternative means."[39]

Insofern wurde versucht zu verdeutlichen, dass Biometrie einen wichtigen, dennoch aber begrenzten Zielbeitrag zu mehr Sicherheit leisten kann.[40] Biometrie ist ein technischer Ansatz zur Prävention von Risiken und Gefahren, aber kein „substitute

---

35 Liberatore (2005), S. 13 ff.
36 Z.B. FIDIS (2005), S. 101 ff. Zu den allgemeinen rechtlichen und spezifisch datenschutzrechtlichen Aspekten biometrisch ausgerüsteter Ausweisdokumente aus Sicht der Technikfolgenabschätzung s. beispielsweise IPTS (2005, S. 75 ff. u. S. 97 ff.); TAB (2003, S. 91 ff.).
37 TAB (2003), S. 119.
38 FIDIS (2005), S. 114.
39 FIDIS (2005), S. 114.
40 TAB (2003), S. 119.

for responsibility".[41] Probleme des Terrorismus, der Einwanderung, des Asylmissbrauchs und des Identitätsdiebstahls lassen sich nicht mit symptomorientierten technischen Ansätzen alleine lösen.

VII. Kosten

Zu den Defiziten des politischen Diskurses bei Inhalten und Zielen und den Indizien fehlender Bereitschaft, einen substanziellen Dialog zu führen, gehörte auch, dass die Frage der Kosten der Biometrie nur eine marginale Rolle sowohl in den Entscheidungsprozessen als auch in der öffentlichen Diskussion gespielt hat. Auch in dieser Hinsicht gab es Anstrengungen seitens der TA, diese Frage auf die Agenda zu setzen und in die politische und gesellschaftliche Debatte einzuspeisen.

Das US General Accounting Office (GAO) des US-amerikanischen Kongresses war wohl die erste bedeutende Einrichtung, die umfassendere Überlegungen und auch konkrete Zahlen in die Debatte eingespeist hat und auf die doch erheblichen Investitions- und Folgekosten aufmerksam gemacht hat. In einem TA-Report „Using Biometrics for Border Security"[42] wurden Kostenschätzungen zu verschiedenen Einsatzszenarien, darunter „passports with biometrics", differenziert nach verschiedenen biometrischen Technologien und bezogen auf eine 10-Jahres-Periode durchgeführt. Errechnet wurden zwischen 4,4 und 8,8 Mrd. Dollar als Kosten der Einführung sowie zwischen 1,6 und 3,4 Mrd. Dollar für jährliche laufende Kosten unter der Annahme, dass 7 Mio. Pässe pro Jahr ausgegeben würden.[43]

Für Deutschland wurden erstmals in der TAB-Studie Kostenschätzungen durchgeführt.[44] Berücksichtigt wurden ähnliche Parameter wie in der US- und der UK-Studie. Angesetzt wurden insgesamt 400 Kontrollstationen sowie 6.500 Ausgabestellen für Ausweise. Für die Einführung eines biometrisch ausgerüsteten, in Deutschland obligatorischen Personalausweises, ergaben sich einmalige Kosten von ca. 670 Mio. Euro, die jährlichen laufenden Kosten lagen mit geschätzten ca. 610 Mio. Euro nur wenig darunter.

Selbstverständlich können Zahlen wie die genannten in einer so frühen Phase einer Technologiediffusion nicht mehr als „plausible Schätzungen" bzw. eine „erste brauchbare Näherung"[45] sein. Als Ex-ante-Analysen müssen sich Technikfolgenabschätzungen, die sich als Entscheidungshilfe verstehen, aber dennoch der Aufgabe stellen, die möglichen fiskalischen Folgen in die Bewertung der Folgenpotenziale

---

41 Ashbourne (2005), S. 19; s.a. LSE (2005), S. 185.
42 GAO (2002).
43 GAO (2002), S. 108 ff. Der Report der London School of Economics and Politics (LSE 2005, S. 242 ff.) diskutiert vorliegende – insbesondere regierungsamtliche – Kostenschätzungen. Kritisiert werden systematische „underestimations" der Regierung bezüglich der zu erwartenden Kosten.
44 TAB (2003), S. 127 ff.
45 TAB (2003), S. 81.

einer Techniknutzung einzubeziehen. Auch wenn Modellrechnungen nur grobe Schätzungen liefern können,[46] ist es gerade angesichts eines in der Vergangenheit schon häufig festgestellten „Politikversagens" bei der Entwicklung und Implementierung großer technischer Systeme zwingend geboten, eine Vorausschau zukünftiger finanzieller Belastungen für die öffentlichen Haushalte und die Bürger zu liefern.[47]

VIII. Ausblick

Wie zu zeigen versucht wurde, war eine wesentliche Zielrichtung der TA-Studien im betrachteten Zeitrahmen, den affirmativen Duktus der Legitimationsrhetorik von EU und einiger nationaler Regierungen zu brechen. Der „Mythos" der Biometrie, die ihr zugeschriebene „impossibility of error"[48] und der „faith in biometrics"[49] wurden infrage gestellt, ohne ihre Nutzung grundsätzlich abzulehnen. Ziel war keine Technikverhinderung, vielmehr war das Anliegen, Optionen für eine sozial- und rechtsverträgliche Technikgestaltung zu entwickeln.

Im Rückblick auf die Jahre unmittelbar nach den Attentaten von 2001 kann der Beitrag der TA folgendermaßen zusammengefasst werden:

Hinsichtlich der Sicherheit und Verlässlichkeit der biometrischen Technologien wurde gezeigt, dass – je nach Anwendungskontext – die von den Promotoren biometrischer Lösungen beschworene Leistungsstärke z.T. stark zu relativieren sei.[50]

Durch den systemaren Ansatz der TA konnte zudem verdeutlicht werden, dass biometrische Verfahren nur ein Teil in einem übergreifenden (Sicherheits-)System sind. Soll der Technikeinsatz die gewünschten Effekte erzielen, müssen andere Systemelemente einbezogen werden. Hat beispielsweise der Prozess der Beantragung, Prüfung und Ausstellung biometrischer Ausweise Schwachstellen, werden zwar hochwertige Ausweisdokumente ausgegeben, möglicherweise aber unter falschen Identitäten.[51]

Ein weiteres Beispiel für die Erforderlichkeit einer systemischen Betrachtung ist der Umstand, dass angesichts der in nicht geringem Umfang zu erwartenden Fälle von Falschzurückweisungen bei der Kontrolle technische und organisatorische Maßnahmen vorzusehen sind, auch um Benachteiligung von Reisenden möglichst zu vermeiden. Auch hierauf haben die meisten TA-Studien hingewiesen.

---

46 GAO (2002), S. 108; s.a. LSE (2005), S. 241.
47 Dies hat auch das Europäische Parlament gegenüber der Politik der Exekutive geltend gemacht und kritisiert, dass keinerlei Kostenschätzungen vorgelegt wurden.
48 Europäisches Parlament (2004).
49 LSE (2005), S. 170.
50 TAB (2003), S. 55 f.; LSE (2005), S. 185 ff.; IPTS (2005), S. 80 ff.
51 „If the document has been issued through legitimate channels, but to the wrong person, then we have a situation whereby government is effectively aiding and abetting fraud.", Ashbourne (2005), S. 15.

Hinsichtlich der Zielführung der politisch gewollten Implementierung der Biometrie in die Systeme der Ausweisdokumente wurde die fehlende Transparenz und Abwägung konkurrierender Ziele kritisiert und insbesondere die Notwendigkeit einer ausgewogeneren Berücksichtigung der Schutzgüter Sicherheit einerseits sowie informationelle Selbstbestimmung bzw. Privacy andererseits herausgestrichen.

Durch Beiträge der TA wurde die Frage der Kosten auf die Agenda gesetzt, die sowohl auf EU-Ebene als auch in nationalen Zusammenhängen von der Exekutive eher ausgeblendet wurde. Nicht zuletzt aufgrund der Aktivitäten des IPTS sowie des TAB wurden seitens des Europäischen Parlaments und aus der Mitte des Deutschen Bundestages die fehlende Offenheit und Transparenz bei den Kosten kritisiert.

Auch nach „Vollendung der Tatsachen" durch die Weichenstellungen und Entscheidungen der EU besteht der Bedarf an Information, Diskussion und Entscheidungen bezüglich der biometrischen Sicherheitsarchitekturen fort.[52] Dieser Bedarf – und damit Anlässe und Aufgaben für TA – betrifft weiterhin hoheitliche Anwendungen bei Ausweisdokumenten und bei Kontrollen (voraussichtlich nicht nur an Grenzen), wird aber darüber hinausgehen. In diesem Sinn leiten die Analysen des IPTS (2005) aus dem Anwendungsfall „Biometrie an den Grenzen" ab, dass die Implementierung biometrischer Technologien in hoheitliche Anwendungen zur verstärkten Diffusion in andere gesellschaftliche Zusammenhänge führen bzw. bereits vorhandene Ansätze der Nutzung biometrischer Technologien z.B. in der Wirtschaft und in der Arbeitswelt verstärken wird. Dieser „Diffusionseffekt" werde begleitet und verstärkt von einer – so die These – wachsenden Akzeptanz biometrischer Technologien „in their dealings with governments, and leading to a positive perception of its value and conveniance for other purpose".[53]

Aber auch das Projekt „Biometrie an den Grenzen" ist noch nicht abgeschlossen. Weitere Abstimmungsprozesse auf EU-Ebene und letztlich weltweit sind nach wie vor erforderlich, will man das versprochene Mehr an Sicherheit erreichen und zugleich weder den globalen Reiseverkehr unangemessen beeinträchtigen noch Belange des Datenschutzes und das Recht auf informationelle Selbstbestimmung verletzen.[54] Angesichts der erkennbaren Komplexität und der „infrastructural interconnectedness" des technischen Gesamtsystems[55] wären weitere umfassende Folgenanalysen zu den politischen, finanziellen und organisatorischen Konsequenzen auf allen Ebenen und im globalen Maßstab angebracht. Sie könnten eine verbesserte Informationsgrundlage für eine politische und datenschutzrechtliche Gestaltung der bereits jetzt eingetretenen soziotechnischen Entwicklungsdynamik liefern.

Auf einer Agenda der Technikfolgenabschätzung sollte auch – zukünftige weitere Nutzungskontexte von biometrischen Ausweisdokumenten einbeziehend – vor allem Überlegungen einer adäquaten „privacy architecture" stehen. Dazu könnten auch

---

52 TAB (2003); Ashbourne (2005); IPTS (2005); FIDIS (2005); de Hert (2005).
53 IPTS (2005), S. 7.
54 TAB (2003), S. 118.
55 FIDIS (2005), S. 100, 112, 115, 116.

„privacy impact assessments" gehören, also Analysen „of the system as how is dealt with the risks of the biometric data, taking the applicable legislation, recommendations and good practices into account".[56] Ein spezifisches Desiderat wäre es dabei zu klären, inwieweit freiheitsfördernde Anwendungen den Potenzialen der Biometrie als „privacy enhancing technologies" zur Geltung verhelfen könnten.[57]

Schließlich bleibt die durch die Politik immer noch vernachlässigte Aufgabe in Angriff zu nehmen, einen öffentlichen Diskurs anzustoßen und aktiv mitzugestalten. Dies war auch die Botschaft der TA im Blick auf den komplexen Prozess der biometrischen Vermessung der Bevölkerung in 25 Staaten der EU sowie von Millionen ausländischer Bürger, die nach Europa einreisen oder Asyl suchen. Bemühungen um technische Praktikabilität sowie um rechtsverträgliche und datenschutzfreundliche Regelungen sollten ergänzt werden um solche zur gesellschaftlichen Akzeptabilität.[58] Einen Beitrag könnten dabei Versuche liefern, mit der Bevölkerung in einen Dialog über das bislang eher in pluralistischen Eliten verhandelte Projekt der biometrischen Modernisierung einzutreten. Es gibt mittlerweile weltweit eine breite Erfahrungsbasis mit unterschiedlichen Formen partizipativer Verfahren, die genutzt werden könnte, um die Bürger in politische Entscheidungsprozesse einzubeziehen. Auch Foren und Verfahren partizipativer Technikfolgenabschätzung sind durchaus geeignet, den allgemeinen Informationsstand in der Gesellschaft zu verbessern und ein Bewusstsein für die Dynamik der gesellschaftlich-technischen Entwicklung zu schaffen, die mit der zukünftig intensiven Nutzung der Biometrie – weit über den Anwendungsfall Ausweisdokumente und Grenzkontrollen hinaus – verbunden sein dürfte. Die Maxime der EU-Politik, dass in zentralen Fragen des Gemeinwesens eine Konsultation der Zivilgesellschaft unabdingbar ist, die auch in zahlreichen europäischen Staaten durchaus zum Bestandteil vieler politischer Strategien geworden ist, sollte bei der weiteren Diffusion der Biometrie in hoheitliche Anwendungen aber auch darüber hinaus ernst genommen werden. Eine verbesserte Transparenz von Entscheidungsprozessen und eine größere Offenheit für die Meinungen und Bewertungen der Bevölkerung könnten helfen, offensichtliche Defizite bisheriger Biometriepolitiken in Zukunft zu vermeiden.

---

56 FIDIS (2005), S. 105.
57 IPTS (2005), S. 101.
58 TAB (2003).

IX. Literatur

Ashbourne (2005): The Social Implications of the Wide Scale Implementation of Biometric and Related Technologies, Background paper for the Institute of Prospective Technological Studies, DG JRC – Sevilla, Brüssel: Europäische Kommission. http://cybersecurity.jrc.es/pages/ProjectlibestudyBiometrics.htm.

Aus (2003): Supranational Governance in an „Area of Freedom, Security and Justice": Eurodac and the Politics of Biometric Control, SEI Working Paper No 72, Sussex: Sussex European Institut. http://www.sussex.ac.uk/sei.

De Hert (2005): Biometrics: legal issues and implications, Background paper for the Institute of Prospective Technological Studies, DG JRC – Sevilla, Brüssel: Europäische Kommission. http://cybersecurity.jrc.es/pages/ProjectlibestudyBiometrics.htm

Europäisches Parlament (2004): Sicherheitsmerkmale und Biometrie in Pässen. Legislative Entschließung des Europäischen Parlaments zu dem Vorschlag der Kommission für eine Verordnung des Rates über Normen für Sicherheitsmerkmale und Biometrie in Pässen der EU-Bürger (KOM(2004)0116 – C5-0101/2004 – 2004/0039(CNS)), Dok. Nr. P6_TA (2004) 0073.

FIDIS <Future of Identity in the Information Society> Network of Excellence (2005): D3.2: A study on PKI and biometrics. av http://www.fidis.net/resources/deliverables/hightechid/int-d32000.

GAO <United States General Accounting Office> (2002): Technology Assessment. Using Biometrics for Border Security.

Hornung (2005): Die digitale Identität. Rechtsprobleme von Chipkartenausweisen: Digitaler Personalausweis, elektronische Gesundheitskarte, JobCard-Verfahren, Baden-Baden

IBG <International Biometric Group> (2003): White House OSTP Biometric Report Brief. A Visa Issuance/Border Crossing Case Study.

IPTS <Institute for Prospecitve Technological Studies> (2005): Biometrics at the Frontiers: Assessing the Impact on Society. For the European Parliament Committee on Citizens' Freedoms and Rights, Justice and Home Affairs (LIBE), Brüssel: Europäische Kommission, http://ec.europa.eu/justice_home/doc_centre/freetravel/doc/biometrics_eur21585_en.pdf.

Liberatore (2005): Balancing Security and Democracy: The Politics of Biometric Identification in the European Union, EUI-‚RSCAS Working Papers No. 2005/30, Badia Fiesolana: European University Institute. http://www.iue.it/ERPA/RSCAS/../../RSCAS/WP-Texts/05_30.pdf

LSE <The London School of Economics & Political Science> (2005): The Identity Project. An assessment of the UK Identity Cards Bill & its implications. London

Lyon (2003): Surveillance as Social Sorting. Privacy, risk and digital discrimination. London, New York

NIST <National Institute for Standards and Security> (2002): Summary of NIST Standards for Biometric Accuracy, Tamper Resistance, and Interoperability. ftp://sequoyah.nist.gov/pub/nist_internal_reports/NISTAPP_Nov02.pdf

OECD <Organisation for Economic Co-operation and Development> (2004): Biometric-Based Technologies, Committee for Information, Computer and Communications Policy, Working Party on Information Security and Privacy, Dok. Nr. DSTI/ICCP/REG (2003) 2/Final. http://www.oecd.org/sti/privacy-security.

Petermann/Sauter/Scherz (2006): Biometrics at the Borders – the Challenges of a Political Technology. In: International Review of Law, Computers & Technology, Bd. 20, Nr. 1 & 2, S. 149–166

Rat der Europäischen Union (2003): Europäischer Rat (Thessaloniki), Tagung vom 19. und 20. Juni 2003, Schlussfolgerungen des Vorsitzenden, 11638/03, 1.10.2003, Brüssel

Rat der Europäischen Union (2005): Draft Conclusions of the Representatives of the Governments of the Member States on common minimum security standards for Member States' national identity cards. 14351/05, 11.11.2005, Brüssel

Roßnagel <Hrsg.> (2006): Allgegenwärtige Identifizierung? Neue Identitätsinfrastrukturen und ihre rechtliche Gestaltung. Schriftenreihe des Instituts für Europäisches Medienrecht (EMR), Saarbrücken, Bd. 33, Baden-Baden

TAB <Büro für Technikfolgen-Abschätzung beim Deutschen Bundestag> (2003): Biometrie und Ausweisdokumente. Leistungsfähigkeit, politische Rahmenbedingungen, rechtliche Ausgestaltung. Zweiter Sachstandbericht, TAB-Arbeitsbericht Nr. 93, Berlin

Weinzierl (2010), Europäische Parallelentwicklungen als Gegenstand menschenrechtsorientierter Evaluierung, in: Albers/Weinzierl/Deutsches Institut für Menschenrechte (Hrsg.), Menschenrechtliche Standards in der Sicherheitspolitik. Beiträge zur rechtsstaatsorientierten Evaluierung von Sicherheitsgesetzen, Baden-Baden, S. 147 ff.

Europäische Parallelentwicklungen als Gegenstand menschenrechtsorientierter Evaluierung

Ruth Weinzierl

I.	Evaluierung in Situationen von Unsicherheit und Wandel	147
II.	Quellen der Ungewissheit: vertikale und horizontale Verknüpfungen zwischen der EU und ihren Mitgliedstaaten	149
	1. Die Zusammenarbeit zwischen den Behörden der Mitgliedstaaten	149
	a) Die Bedeutung von EU-Agenturen	149
	b) Der Grundsatz der gegenseitigen Anerkennung in der justiziellen Zusammenarbeit	150
	c) Uneinheitliches Datenschutzniveau beim Informationsaustausch in der polizeilichen Zusammenarbeit	152
	2. Die Ungewissheit bleibt: Geringer Harmonisierungserfolg im Hinblick auf menschenrechtsschützende Vorschriften	154
III.	Strukturelle Gefahren der Europäisierung: Kontroll- und Gestaltungsmöglichkeiten nationaler Parlamente	156
	1. Phase 1: Entstehung von EU-Recht	156
	2. Phase 2: Evaluierung ex ante im Zuge der Umsetzung von EU-Vorgaben	157
	a) Praxisbeispiel Asylverfahrensgesetz: Auswirkungen dynamischer Verweisungen auf Europarecht	158
	b) Praxisbeispiel VIS: Berücksichtigung (geplanter) EU-Rechtsentwicklung	159
	3. Phase 3: Evaluierung ex post und etwaige Nachbesserung	160
	a) Praxisbeispiel SIS II: laufende Berücksichtigung der EU-Rechtsentwicklung	161
	b) Praxisbeispiel Prümer Initiative: Verwertung „schmutziger" Daten?	162
	c) Praxisbeispiel Schwedische Initiative: Evaluierung allgemeiner Normen, die zum transnationalen Datenaustausch ermächtigen/verpflichten	163
IV.	Zusammenfassung und Ausblick	164
V.	Literatur	165

I. *Evaluierung in Situationen von Unsicherheit und Wandel*

Die Evaluierung von Sicherheitsgesetzen hat die Funktion, tragfähige Grundlagen für gesetzgeberische Entscheidungen zu schaffen, die Sicherheitsbedürfnis und Sicherheitsanforderungen einerseits und Rechtsstaatlichkeit und Menschenrechte andererseits in ein angemessenes Verhältnis setzen. Das politische Bedürfnis für und in bestimmten Konstellationen auch eine verfassungsrechtliche Pflicht zur Evaluierung ergibt sich in Situationen, in denen eine besondere Unsicherheit besteht[1]. Das moderne Sicherheitsrecht weist mehrere typische Unsicherheitsfaktoren auf: Diese sind erstens die schwierige Bewertung der tatsächlichen Bedrohungslage; zweitens das schwer ermittelbare Verhältnis zwischen Eingriffsnorm, Eingriffsbreite und Eingriffstiefe einerseits und Ermittlungserfolg andererseits angesichts der zunehmenden Verlagerung sicherheitsbehördliche Kompetenzen in das Vorfeld der Gefahrenabwehr und Strafverfolgung; drittens eine oft unerwartet hohe Eingriffsintensität aufgrund des Zusammenspiels sich schnell entwickelnder Überwachungs- und Verarbeitungsmöglichkeiten. Ein vierter Faktor, der Unsicherheit über die verfassungs- bzw. menschenrechtliche Bewertung zu erlassender bzw. existierender Sicherheitsnormen bringt, ist der Einfluss Europäischer Parallelentwicklungen. Unter europäischen Parallelentwicklungen werden hier sowohl die Entwicklung des Europarechts als auch die Entwicklung von Recht und Praxis der anderen EU-Mitgliedstaaten verstanden, soweit sie im Zusammenhang mit dem nationalen Sicherheitsrecht stehen. Die Rechtsordnungen der 27 EU-Mitgliedstaaten sind mittlerweile untereinander und mit dem Recht der EU so eng verknüpft, dass eine isolierte Betrachtung allein des nationalen Rechts nicht mehr alle für die Beurteilung menschenrechtlicher und rechtsstaatlicher Auswirkungen bedeutsamen Aspekte erfasst.

Dieser Beitrag befasst sich mit dem Thema der Evaluierung europäischer Entwicklungen aus nationaler Perspektive. Dazu werden zunächst die Strukturen der für das Sicherheitsrecht relevanten Zusammenarbeit zwischen den EU-Mitgliedstaaten dargestellt (II). Diese werden im Hinblick auf menschenrechtspolitisch problematische Tendenzen analysiert (III). Im Anschluss daran werden Kontroll- und Gestaltungsmöglichkeiten des Gesetzgebers in drei verschiedenen Phasen dargestellt (IV). Im Mittelpunkt steht dabei menschenrechtsorientierte Evaluierung europäischer Parallelentwicklungen ex ante und ex post. Ohne Anspruch auf Vollständigkeit werden anhand von Praxisbeispielen Bereiche identifiziert, in denen die Durchführung einer menschenrechtsorientierten Evaluierung als angemessen erscheint. Ziel hierbei ist es, zunächst aus menschenrechtlicher Sicht Problemlagen aufzuzeigen. Um die Evaluierung europäischer Parallelentwicklungen für die Praxis operationalisierbar zu machen, bedarf es über die in diesem Beitrag aufgezeigten Ansätze hinaus sicherlich weitergehender Forschung.

Es versteht sich von selbst, dass – entsprechend der Kompetenzverteilung zwischen der EU und ihren Mitgliedstaaten – eine wirkungsvolle menschenrechtsorientierte Evaluierung europäischer Entwicklungen nicht allein auf nationaler Ebene erfolgen kann. Vielmehr muss die Evaluierung auf nationaler Ebene durch eine Evaluierung auf EU-Ebene ergänzt werden. Letztere ist jedoch nicht Gegenstand dieses Artikels.

---

1 Dazu Albers (2006), insbesondere S. 27 ff.

II. Quellen der Ungewissheit: vertikale und horizontale Verknüpfungen zwischen der EU und ihren Mitgliedstaaten

Viele nationale Entwicklungen im Sicherheitsrecht sind vom sich schnell wandelnden und dynamischen Europarecht beeinflusst. Die polizeiliche und justizielle Zusammenarbeit in Strafsachen (dritte Säule) einerseits und das Ausländer- und Asylrecht (erste Säule) andererseits sind in unterschiedlicher Art und Tiefe Gegenstand der Rechtsharmonisierung und Zusammenarbeit auf der Grundlage des EU-Rechts.

Ziel der polizeilichen und justiziellen Zusammenarbeit in Strafsachen und des Einwanderungs- und Asylrechts ist die Schaffung eines Raumes der Freiheit, der Sicherheit und des Rechts. Dieses Ziel soll einerseits durch eine engere Zusammenarbeit der Behörden der Mitgliedstaaten untereinander, andererseits durch die Angleichung von Rechts- und Verwaltungsvorschriften durch Europarecht erreicht werden.

1. Die Zusammenarbeit zwischen den Behörden der Mitgliedstaaten

Die Zusammenarbeit zwischen den Behörden der Mitgliedstaaten, seien es Polizei-, Zoll- oder Strafverfolgungsbehörden, Nachrichtendienste[2] oder Ausländer- und Asylbehörden[3] wird durch unterschiedliche Maßnahmen auf europarechtlicher Grundlage gestärkt:

a) Die Bedeutung von EU-Agenturen

Eine zunehmende Rolle spielen dabei EU-Agenturen, wie zum Beispiel das Europäische Polizeiamt Europol und die Europäische Agentur für die operative Zusammenarbeit an den Außengrenzen FRONTEX. Primäre Aufgaben der Agenturen sind in der Regel die Erleichterung des Datenaustausches zwischen den Mitgliedstaaten, die Datenanalyse, die Koordination gemeinsamer Operationen der Mitgliedstaaten und das Zur-Verfügung-Stellen von technischer Unterstützung, Expertise und strategischen Berichten. Durch die Agenturen erfolgt sowohl eine vertikale Verknüpfung zwischen der EU und den Mitgliedstaaten als auch eine horizontale Verknüpfung der Mitgliedstaaten untereinander durch die koordinierenden und analysierenden Tätigkeiten der Agenturen.

---

2 S. Art. 29 EU-Vertrag bzw. Art. 67 Absatz 3, 74 des Vertrages über die Arbeitsweise der Europäischen Union in der Fassung von Lissabon (AEUV). Zur besonderen Bedeutung des Informationsaustausches zwischen den Nachrichten- und Sicherheitsdiensten in der EU-Strategie s. rat der EU (2004), Haager Programm, Ziff. 2.2.
3 Art. 66 EG-Vertrag bzw. Art. 67 Absatz 2, 74 AEUV.

b) Der Grundsatz der gegenseitigen Anerkennung in der justiziellen Zusammenarbeit

Daneben werden verschiedene Maßnahmen zur Verbesserung der direkten Zusammenarbeit der Mitgliedstaaten untereinander getroffen, die die horizontale Verknüpfung der Mitgliedstaaten untereinander betreffen. Die auf Europarecht beruhende Zusammenarbeit der Justizbehörden ist vom Grundsatz der gegenseitigen Anerkennung von Urteilen und Entscheidungen geprägt[4]. Dies zeigt sich beispielsweise beim Rahmenbeschluss über den Europäischen Haftbefehl[5], der auf dem Grundsatz der Anerkennung ausländischer Haftbefehle beruht. Die grundsätzliche Anerkennung der justiziellen Entscheidungen anderer Mitgliedstaaten bei transnationalen Sachverhalten ist aus nationaler Perspektive ein Unsicherheitsfaktor. Denn die Auswirkungen einer nationalen Norm bzw. eines nationalen Behördenhandelns auf die Grundrechte des Einzelnen sind dabei stets von Recht und Praxis anderer Staaten abhängig. Recht und Praxis der betreffenden anderen 26 EU-Staaten sind aber in der Regel weder dem Gesetzgeber noch der Verwaltung im Einzelnen bekannt.

Die Gestaltung des europäischen Rechtsraumes auf der Grundlage des Prinzips der gegenseitigen Anerkennung ist einerseits, wie das Bundesverfassungsgericht hervorgehoben hat[6], eine im Hinblick auf das Subsidiaritätsprinzip und die Wahrung nationaler Identität schonende Methode. Angesichts der Tatsache, dass Voraussetzung für den Beitritt zur Europäischen Union die Achtung der Menschenrechte und der Rechtsstaatlichkeit ist, die auch die Union selbst zu wahren hat[7], gibt es eine besonderer Grundlage für gegenseitiges Vertrauen zwischen den EU-Mitgliedstaaten. Dennoch – und auch das hat das Bundesverfassungsgericht in seinem Urteil zum Europäischen Haftbefehl sehr deutlich gemacht – entheht dieses grundsätzliche Vertrauen den Gesetzgeber und die handelnden Behörden nicht von der Verpflichtung zur gewissenhaften Prüfung der Frage, ob bei Sachverhalten von transnationalem Charakter wie der Auslieferung rechtsstaatliche und menschenrechtliche Grundsätze durch Handlungen anderer EU-Staaten verletzt werden[8]. Einen ähnlichen Ansatz verfolgt des übrigen der Europäische Gerichtshof für Menschenrechte. Dieser hat im Fall T.I. gegen Großbritannien entschieden, dass die EMRK-Staaten auch dann im Einzelfall prüfen müssen, ob ein Abschiebungsverbot aus der EMRK besteht, wenn die Abschiebung auf der Grundlage des EU-internen Zuständigkeitssystems für die Prüfung von Asylanträgen erfolgt, das seinerseits auf der Gleichwertigkeit der Schutzstandards im Asylverfahren beruht[9].

---

4 S. ausdrücklich Art. 82 AEUV.
5 Rahmenbeschluss über den Europäischen Haftbefehl und die Übergabeverfahren zwischen den Mitgliedstaaten, ABl. EU 2002 L 190/1.
6 BVerfGE 113, 273 (298), auch abrufbar unter www.bverfg.de, Az. 2 BvR 2236/04, Rn. 75.
7 S. Art. 6, 49 EUV.
8 BVerfGE 113, 273 (298), auch abrufbar unter www.bverfg.de, Az. 2 BvR 2236/04, Rn. 78.
9 EGMR, Zulässigkeitsentscheidung vom 7. März 2000, T.I. - Großbritannien (Appl. No. 43844/98), auch abrufbar unter http://cmiskp.echr.coe.int/tkp197/search.asp?skin=hudoc-en /.

Die Annahme und grundsätzliche Anerkennung eines gleichwertigen Niveaus des Grundrechtsschutzes ist also erschütterbar und kann eine Reaktion des nationalen Gesetzgebers in bestimmten Situationen erfordern[10]. Nach Ansicht des Bundesverfassungsgerichts behält der nationale Gesetzgeber bei Rahmenbeschlüssen der EU auch das Recht, die Umsetzung notfalls zu verweigern[11]. Obwohl das Prinzip der gegenseitigen Anerkennung die Angleichung der Rechts- und Verwaltungsvorschriften der Mitgliedstaaten voraussetzt[12] und das EU-Primärrecht diese auch zulässt[13], bestehen tatsächlich zwischen den Rechtsordnungen der Mitgliedstaaten beim Straf- und Strafverfahrensrecht erhebliche Unterschiede. Verbleibt dem nationalen Gesetzgeber bzw. den handelnden deutschen Behörden bei Anwendung bzw. Umsetzung des Europarechts ein Handlungsspielraum, etwa durch ordre-public-Vorbehalte in europarechtlichen Regelungen, so ist dieser zunächst vom Gesetzgeber grundrechtsschonend auszufüllen[14]. Die Ausfüllung verbleibender Handlungs- und Ermessensspielräume für deutsche Behörden und deutsche Gerichte birgt bei transnationalen Sachverhalten aus der Sicht des Gesetzgebers zwei Unsicherheitsfaktoren, die durch eine Evaluierung ausgeglichen werden könnten. Die Evaluierungsergebnisse wären anschließend die Grundlage für die Entscheidung über die etwaige Nachbesserungsbedürftigkeit der Gesetzgebung. Erstens sind aus der Sicht des Gesetzgebers die erheblichen praktische Probleme, die durch die Notwendigkeit der Berücksichtigung ausländischen Rechts und ausländischer Praxis in nationalen Verwaltungs- und Gerichtsverfahren entstehen können[15], ein nicht zu unterschätzender Unsicherheitsfaktor. Zweitens ist es häufig kaum möglich, einen Überblick über die Entscheidungspraxis zu bekommen, die ihrerseits wichtige Rückschlüsse auf menschenrechtliche Problemlagen geben kann. Eine dahingehende Evaluierung ex ante und ex post sollte indes nicht nur zum Zweck der Vermeidung klar verfassungswidriger Rechtspraxis durchgeführt werden, sondern auch als Grundlage für eine weitergehende Kontrolle über europäische Entwicklungen durch die nationalen Parlamente dienen. Die nationale parlamentarische Kontrolle über die Positionen der eigenen Regierungen im Rat der EU ist vor Inkrafttreten des Vertrages von Lissabon vor allem wegen mangelnder Kontrollmöglichkeiten des Europäischen Parlaments erforderlich. Nach dessen Inkrafttreten eröffnen suspensive Vetorechte, mit denen ein einzelner Mitgliedstaat Rechtssetzungsprozesse auf EU-Ebene stoppen kann[16], neue Einflussmög-

---

10 BVerfGE 113, 273 (298), auch abrufbar unter www.bverfg.de, Az. 2 BvR 2236/04, Rn. 78.
11 Bundesverfassungsgericht aaO., Rz. 81. Zur abweichenden, aber nicht abschließenden Interpretation des EuGH siehe z. B. EuGH, Rs. C-66/08, auch abrufbar unter http://curia.europa.eu.
12 Im Hinblick auf den Europäischen Haftbefehl EuGH, Rs. C 303/05, Rn. 29, auch abrufbar unter http://curia.europa.eu.
13 S. Art. 31 Absatz 1 EUV bzw. Art. 81 Absatz 1 und 2 AEUV.
14 BVerfGE 113, 273 (298), auch abrufbar unter www.bverfg.de, Az. 2 BvR 2236/04, Rn. 80.
15 Zu dieser Schwierigkeit an einem Fallbeispiel, das die Ausschreibung von Einreiseverweigerungen im Schengener Informationssystem betrifft, Brouwer (2008).
16 S. Art. 82 Absatz 3 und 83 Absatz 3 AEUV.

lichkeiten der nationalen Parlamente, die zu Gunsten von Grundrechtsstandards genützt werden können.

c) **Uneinheitliches Datenschutzniveau beim Informationsaustausch in der polizeilichen Zusammenarbeit**

Die polizeiliche Zusammenarbeit zwischen den Behörden der Mitgliedstaaten, die sowohl Zusammenarbeit zum Zweck der Gefahrenabwehr als auch zum Zweck polizeilicher Strafverfolgung mit umfasst, ist ganz wesentlich von Maßnahmen betreffend Erhebung, Speicherung, Analyse und Austausch von Daten geprägt[17]. Im Jahr 2004 hat der Rat der EU im Haager Programm das Ziel der Verwirklichung des Grundsatzes der Verfügbarkeit von Daten formuliert[18]. Das Prinzip der Verfügbarkeit sieht einen weitgehenden und möglichst unbeschränkten Datenaustausch zwischen den Strafverfolgungs- und Polizeibehörden der EU-Mitgliedstaaten vor. Die Förderung dieses Ziels erfolgt teilweise durch Rechtsakte, die den bilateralen – horizontalen – Austausch zwischen einzelnen Mitgliedstaaten erleichtern sollen, teilweise durch die Einrichtung von zentralen EU-Informationssystemen, zu denen verschiedenste Behörden der Mitgliedstaaten Zugriff haben. Beispiele für Rechtsakte, die den direkten Informationsaustausch zwischen Mitgliedstaaten erleichtern sollen, sind die so genannte „Schwedische Initiative" aus dem Jahr 2006[19] und die so genannte Prümer Initiative[20], mit der durch einen Beschluss des Rates der EU der gegenseitige Zugriff auf nationale Datenbanken der Polizei- und Justizbehörden, in denen DNA-Daten, Fingerabdrücke und Kraftfahrzeugdaten gespeichert sind, ermöglicht wird. Beispiele für zentralisierte EU-Informationssysteme sind die Europol-Datenbank, das Schengener Informationssystem (SIS)[21], das Visa-Informations-

---

17   Siehe sowohl den derzeit geltenden Art. 30 EUV Absatz 1 lit. b EUV als auch Art. 87 Absatz 2 lit. a AEUV in der Fassung von Lissabon.
18   Rat der EU (2004), Ziff. 2.1.
19   Rahmenbeschluss 2006/960/JI des Rates über die Vereinfachung des Austauschs von Informationen und Erkenntnissen zwischen den Strafverfolgungsbehörden der Mitgliedstaaten der Europäischen Union, ABl. EU 2006 L 386/9. Dazu näher unten III 3 c.
20   Beschluss des Rates 2008/615/JI zur Vertiefung der grenzüberschreitenden Zusammenarbeit, insbesondere zur Bekämpfung des Terrorismus und der grenzüberschreitenden Kriminalität, ABl. EU 2008 L 210/1. Hier handelt es sich um einen Rechtsakt, durch den der völkerrechtliche Vertrag von Prüm in das Europarecht einbezogen wurde. Dazu der Europäische Datenschutzbeauftragte (2007a) und unten Kapitel 3 b.
21   Siehe zum Beispiel Beschluss 2007/35/JI des Rates über die Einrichtung, den Betrieb und die Nutzung des Schengener Informationssystems der zweiten Generation (SIS II), ABl. EU 2007 L 205/63 und Verordnung (EG) Nr. 1987/2006 des Europäischen Parlaments und des Rates vom 20. Dezember 2006 über die Einrichtung, den Betrieb und die Nutzung des SIS II, ABl. EU 2006 L 381/4.

system (VIS)[22] und das Fingerabdrucksystem Eurodac[23]. Im Hinblick auf bestehende Informationssysteme auf nationaler und auf EU-Ebene ist zu berücksichtigen, dass der Rat sich im Haager Programm die Nutzung neuer Technologien in vollem Umfang und den gegenseitigen Zugriff bzw. die Interoperabilität zum Ziel gesetzt hat[24]. Die Nutzung neuer Technologien in vollem Umfang zeigt sich beispielsweise beim Schengener Informationssystems II[25], dessen technische Ausgestaltung die Veränderung des Systems von einem Fahndungssystem hin zu einem umfassenden polizeilichen Recherchesystem mit der Möglichkeit der Verknüpfung von Ausschreibungen und der Erfassung biometrischer Daten[26] ermöglicht[27]. Die Verknüpfung der bestehenden Informationssysteme untereinander, etwa durch den Zugang von Europol zum VIS und SIS II ist in Planung bzw. Vorbereitung, der Zugriff von Sicherheitsbehörden zu an sich ausländerrechtlichen Informationssystemen ist beschlossen (VIS) bzw. in Planung (Eurodac[28]).

Da die im Kontext der polizeilichen Zusammenarbeit erhobenen, gespeicherten und schließlich ausgetauschten Daten auch der Strafverfolgung dienen, ist aus datenschutzrechtlicher Sicht die oben bereits beschriebene Unsicherheit hinsichtlich des menschenrechtlichen Schutzniveaus der anderen EU-Staaten beim formellen und materiellen Strafrecht ein Aspekt, der auch bei der Weiterleitung von Daten zu berücksichtigen ist. Doch ist beim Informationsaustausch aus menschenrechtlicher Sicht nicht nur die Sicherung der rechtsstaats- und menschenrechtskonformen Verwertung von Daten nach ihrer Weiterleitung ins Ausland zu berücksichtigen. Auch die umgekehrte Blickrichtung und Frage nach der rechtsstaats- und menschenrechtskonformen Erhebung aus dem Ausland empfangener Daten ist menschenrechtlich sehr relevant. Dabei ist nicht nur an absolute Grenzen der Verwertung, wie etwa bei erfolterten Informationen zu denken, sondern auch an ein möglicherweise menschenrechtspolitisch unerwünschtes Unterlaufen deutscher Standards auf dem Umweg über die EU-Zusammenarbeit. Eine Evaluierung europäischer Parallelentwicklungen könnte eine Grundlage für weitere menschenrechtsorientierte Politikentscheidungen sein.

---

22 Verordnung (EG) Nr. 767/2008 des Europäischen Parlaments und des Rates über das Visa-Informationssystem (VIS) und den Datenaustausch zwischen Mitgliedstaaten über Visa für einen kurzfristigen Aufenthalt, ABl. EU 2008 L 218/60.
23 Verordnung (EG) Nr. 2725/2000 des Rates über die Einrichtung von „Eurodac" für den Vergleich von Fingerabdrücken zum Zwecke der effektiven Anwendung des Dubliner Übereinkommens, ABl. EU L 316/1.
24 Rat der EU (2004), Ziff. 2.1.
25 Siehe dazu auch unten III 3 a.
26 Zur Biometriepolitik der EU siehe Petermann (2010).
27 Dazu zum Beispiel Der Bundesbeauftragte für den Datenschutz und die Informationsfreiheit (2007), S. 28 f. und Huber (2003), S. 135, 140 f.
28 Siehe die Planungen der Europäischen Kommission im Hinblick auf das Fingerabdrucksystem für Asylbewerber Eurodac, Europäische Kommission, KOM (2007) 299, S. 12.

2. Die Ungewissheit bleibt: Geringer Harmonisierungserfolg im Hinblick auf menschenrechtsschützende Vorschriften

Parallel zu der primär auf Koordinierung, Informationsaustausch und gegenseitige Anerkennung ausgerichteten Zusammenarbeit wird die Verwirklichung des Raumes der Freiheit, der Sicherheit und des *Rechts* durch die zunehmende Angleichung der Rechtsvorschriften der Mitgliedstaaten verwirklicht. Die Harmonisierung eines für alle Mitgliedstaaten verbindlichen Rechts auf EU-Ebene stellt eine starke vertikale Verknüpfung zwischen der EU und ihren Mitgliedstaaten dar. Diese Rechtsangleichung hat teilweise den Charakter einer rechtsstaatlich notwendigen, flankierenden Begleitmaßnahme zur Vertiefung der behördlichen Zusammenarbeit, etwa wenn es um die Normierung von Mindeststandards für den Datenschutz in einem Rechtsakt zur Erleichterung des Datenaustauschs oder zur Schaffung eines zentralen EU-Informationssystems geht. Teilweise haben Maßnahmen zur Rechtsangleichung aber auch einen stark politiksteuernden, sicherheitsbetonten Eigencharakter, etwa wenn die Mitgliedstaaten durch einen Rahmenbeschluss zur Terrorismusbekämpfung[29] verpflichtet werden, bestimmte als terroristisch eingestufte Vorfeld-Aktivitäten unter Strafe zu stellen.

In der politischen Praxis sind die Erfolge hinsichtlich der Harmonisierung von menschenrechtsschützenden Vorschriften sowohl für das Strafverfahren als auch im Hinblick auf den Datenschutz in der polizeilichen und justiziellen Zusammenarbeit allerdings sehr begrenzt. So ist es den Vertretern der Mitgliedstaaten im Rat bisher nicht gelungen, eine Einigung über einen Rahmenbeschluss über Rechte im Strafverfahren[30] zu erzielen. Eine Einigung über den Rahmenbeschluss für den Datenschutz in der polizeilichen und justiziellen Zusammenarbeit in Strafsachen konnte nach langen Verhandlung Ende 2008 nur auf Kosten des darin verankerten Datenschutzniveaus erzielt werden[31]. In beiden Fällen erfuhren die individuellen Rechte, die in den Vorschlägen der Europäischen Kommission vorgesehen waren, während der unter dem Zwang der einstimmigen Entscheidungsfindung stehenden Verhandlungen im Rat empfindliche Einschränkungen. In beiden Fällen konnte keine Einigkeit darüber erzielt werden, dass die nationalen Vorschriften harmonisiert werden sollen. So scheiterte der Rahmenbeschluss über die Rechte im Strafverfahren bisher

---

29 Rahmenbeschluss zur Terrorismusbekämpfung, ABl. EU 2002 L 164/3 und Vorschlag der Europäischen Kommission zur Änderung dieses Beschlusses KOM (2007) 650.
30 Europäische Kommission, KOM (2004) 328.
31 Rahmenbeschluss 2008/977/JI über den Schutz personenbezogener Daten, die in der polizeilichen und justiziellen Zusammenarbeit in Strafsachen verwendet werden, Abl. EU 2008 L 350/60. Siehe zum Verlauf der Verhandlungen die dritte Stellungnahme des Europäischen Datenschutzbeauftragten (2007), Ziff. 49: *„Dem Europäischen Datenschutzbeauftragten ist durchaus bewusst, wie schwierig es ist, im Rat Einstimmigkeit zu erzielen. Das Beschlussfassungsverfahren kann jedoch nicht als Rechtfertigung dafür dienen, dass nach dem Grundsatz des kleinsten gemeinsamen Nenners vorgegangen wird, der zum einen die Grundrechte der EU-Bürger beeinträchtigen und zum anderen die Effizienz der Strafverfolgung einschränken würde".*

an einer fehlenden Einigung über die Harmonisierung rein nationaler Sachverhalte. Der verabschiedete Rahmenbeschluss über den Datenschutz enthält nur Regelungen, die zwischen Mitgliedstaaten, EU-Institionen und EU-Informationssystemen ausgetauschte polizeiliche und justizielle Daten betreffen, nicht aber solche, die die Datenschutzstandards für die Erhebung und Verwendung von Daten durch Polizei- und Strafverfolgungsbehörden in den Mitgliedstaaten harmonisieren. Ebenso begrenzt und rudimentär ist die Harmonisierung der Datenschutzvorschriften für die Erhebung und Verwertung von Daten in speziellen Rechtsakten, die den Informationsaustausch zwischen den Mitgliedstaaten erleichtern[32].

Das Vertrauen auf ein gleichwertiges Schutzniveau in anderen Mitgliedstaaten, das Voraussetzung und Grundlage für eine intensivierte und beschleunigte polizeiliche und justizielle Zusammenarbeit in Strafsachen ist, erhält daher durch die Harmonisierung menschenrechtsschützender Vorschriften nur eine sehr begrenzte Stärkung. Ob die Gleichwertigkeit von Menschenrechtsschutzstandards im Einzelfall bloße Fiktion oder Wirklichkeit ist, unterliegt damit einer relativ großen Ungewissheit. Damit besteht auch die Ungewissheit darüber, ob oder inwieweit nationale Grundrechtsstandards auf dem Umweg über die europäische Zusammenarbeit unterlaufen werden. Diese Ungewissheit könnte durch eine Evaluierung im Rahmen durch Europarecht gegebener Spielräume, durch etwaige Nachbesserung der Gesetze[33] sowie durch demokratische Kontrolle über nationale Verhandlungspositionen auf EU-Ebene[34] vermindert werden.

Anders als in der polizeilichen und justiziellen Zusammenarbeit in Strafsachen ist im Bereich des Einwanderungs- und Asylrechts die Angleichung von Rechtsvorschriften die prägende Methode der Integration. Wie sich an den Ergebnissen der ersten Harmonisierungsphase in diesem Bereich zeigt, ist die Harmonisierung menschenrechtlicher Schutzstandards zwar ein Erfolg insofern, als einheitliche Mindeststandards und eine supranationale Grundrechtskontrolle durch den EuGH dadurch geschaffen wurden. Andererseits hat sich aber auch gezeigt, dass im Harmonisierungsprozess strukturelle Gefahren für den Menschenrechtsschutz liegen. Zum einen besteht – auch abhängig vom jeweiligen Rechtssetzungsverfahren auf EU-Ebene – die Gefahr der Einigung auf dem kleinsten gemeinsamen Nenner sowie des Entstehens von Harmonisierungslücken und Handlungsoptionen an für den Menschenrechtsschutz neuralgischen Punkten. Zum anderen besteht im politischen Prozess der Umsetzung die Gefahr des Ausnützens europarechtlich gewährter Handlungsoptionen zum Nachteil der Menschenrechte. Schließlich wird der nationale Umsetzungsprozess häufig für die Einführung von Rechtsverschärfungen genützt, die vom Europarecht nicht vorgeschrieben sind[35].

---

32 Siehe dazu das Praxisbeispiel Schwedische Initiative unten III 3 c.
33 Zur Evaluierung ex post siehe unten III 3.
34 Dazu näher unten III 1.
35 Zu dieser Problematik bei der Umsetzung der einwanderungs- und asylrechtlichen Richtlinien der Union in Deutschland Deutsches Institut für Menschenrechte (2007).

III. Strukturelle Gefahren der Europäisierung: Kontroll- und Gestaltungsmöglichkeiten nationaler Parlamente

Dieser strukturellen Gefahr der Absenkung des Grundrechtsschutzes durch die EU-Harmonisierung kann von nationaler Ebene aus in drei verschiedenen Phasen entgegen gewirkt werden: in der Phase der Entstehung des EU-Rechts durch parlamentarische Kontrolle der Verhandlungspositionen der eigenen Regierung im Rat; in der Phase seiner Umsetzung mit Hilfe einer Evaluierung ex ante und nach dem Erlass nationaler Gesetze mit Hilfe einer Evaluierung des nationalen Rechts ex post. Diese verschiedenen Phasen parlamentarischer Kontrolle können sich, wie noch zu zeigen sein wird[36], in zeitlicher Hinsicht durchaus überschneiden. Die Evaluierung könnte dabei auf Bereiche konzentriert werden, in denen typischerweise ein starker Einfluss Europäischer Parallelentwicklungen besteht. Ohne den Anspruch der Aufstellung einer vollständigen Systematik sollen solche Bereiche in diesem Kapitel anhand von Praxisbeispielen identifiziert werden.

1. Phase 1: Entstehung von EU-Recht

In der Phase der Entstehung von EU-Recht ist die Kontrolle und Mitgestaltung der nationalen Parlamente vor allem insoweit und solange erforderlich, als parlamentarische Kontrolle auf EU-Ebene noch unzureichend gegeben ist. Dies betrifft insbesondere die polizeiliche und justizielle Zusammenarbeit in Strafsachen, also das Sicherheitsrecht. Nach Inkrafttreten des Vertrages von Lissabon könnte insbesondere die Ausübung der bereits erwähnten suspensiven Vetorechte, mit denen ein einzelner Mitgliedstaat Rechtssetzungsprozesse auf EU-Ebene stoppen kann[37], von den nationalen Parlamenten kontrolliert werden. Die erforderliche Kontrolle der nationalen Parlamente über das Handeln der eigenen Regierung im Rat der EU wird in der Praxis allerdings häufig aus parteipolitischen Gründen nur sehr zögerlich ausgeübt. Auf der Grundlage von eigenen Evaluierungen und von Ergebnissen von evaluierungsähnlichen Prozessen insbesondere bei der Europäischen Kommission könnten die nationalen Parlamente sich hier für eine ausdrückliche Harmonisierung menschenrechtsschützender Vorschriften auf hohem Niveau einsetzen. Dadurch könnten die nationalen Parlamente bereits präventiv nationalen Umsetzungsgesetzen und nationalem Verwaltungshandeln mit großen Unsicherheitsfaktoren entgegenwirken. Soweit ein solches Vorgehen nicht als Erfolg versprechend oder opportun erscheint, könnte die nationale parlamentarische Kontrolle – insbesondere im Zusammenhang mit Regelungen über die gegenseitige Anerkennung – auf Handlungsoptionen für die Mitgliedstaaten hinwirken, die eine Verweigerung der Anerkennung oder Zusammenarbeit aus Gründen des Menschenrechtsschutzes wenigstens ausnahmsweise

---

36 Siehe unten III 2 und 3.
37 S. Art. 82 Absatz 3 und 83 Absatz 3 AEUV.

erlauben[38]. Als solche Handlungsoptionen kommen Ermessensspielräume und ordre-public-Vorbehalte in Frage, auf die sich Verwaltung und Gerichte berufen können.

2. Phase 2: Evaluierung ex ante im Zuge der Umsetzung von EU-Vorgaben

In der Phase der Umsetzung und Anwendung von EU-Recht kann strukturellen Gefahren für den Menschenrechtsschutz, die von der Harmonisierung ausgehen, durch eine menschenrechtsorientierte Umsetzung und Auslegung des EU-Rechts im Lichte der nationalen und der EU-Grundrechte[39] begegnet werden.

Eine menschenrechtsorientierte Umsetzung erfordert zunächst eine kritische Beleuchtung der nationalen Handlungs- und Umsetzungsspielräume im Lichte der Grundrechte. Handlungs- und Umsetzungsspielräume, die das EU-Sekundärrecht belässt, können auch so weit sein, dass sie grundrechtswidrige Praktiken der Mitgliedstaaten mit umfassen. Nach der Rechtsprechung des EuGH tragen die Mitgliedstaaten einerseits die Verantwortung für eine grundrechtskonforme Umsetzung. Andererseits besteht nach der EuGH-Rechtsprechung die Möglichkeit der Grundrechtswidrigkeit des EU-Sekundärrechts selbst, soweit dieses grundrechtswidriges Verhalten explizit oder implizit gestattet[40]. Der nationale Gesetzgeber trägt daher Verantwortung für eine grundrechtskonforme Umsetzung und ist zur kritischen Prüfung der Handlungsspielräume verpflichtet.

Um der Gefahr der Absenkung von Grundrechtsstandards im Zuge der Harmonisierung entgegen zu wirken, sollte das „Draufsatteln" („*gold plating*") vom Europarecht nicht geforderter menschenrechtseinschränkender Vorschriften im Umsetzungsprozess konsequent vermieden werden. Anders als etwa bei der Vereinheitlichung technischer Normen bleibt bei der Harmonisierung menschenrechtlicher Schutzstandards die Gewährung eines höheren menschenrechtlichen Schutzniveaus durch die Mitgliedstaaten stets offen[41].

Die Art und Weise der Umsetzung sollte die Schaffung zusätzlicher Unsicherheitsfaktoren, etwa durch die Verwendung dynamischer Verweisungen, die auch künftiges Europarecht umfassen, vermeiden.

---

38   Den Hinweis auf eine teilweise bereits geübte dahin gehende parlamentarische Praxis verdanke ich Dr. Birgit Daiber.
39   Die Mitgliedstaaten sind bei der Durchführung des EU-Rechts an die EU-Grundrechte gebunden und unterliegen insoweit der Grundrechtskontrolle durch den EuGH: Siehe Art. 51 der EU-Grundrechtscharta, der den Stand der Rechtsprechung des EuGH wiedergibt. Zur Verpflichtung des nationalen Gesetzgebers zur Berücksichtigung der Grundrechte des deutschen Grundgesetzes bei der Umsetzung bereits oben II 1 b.
40   EuGH, Rs. C-540/03, (Familienzusammenführungsrichtlinie), insbes. Ziff. 22-24 und 104-106, auch abrufbar unter http://curia.europa.eu. Zur Verantwortungsteilung am Beispiel des EU-Außengrenzschutzes Weinzierl/Lisson (2007), S. 72 ff.
41   So für die justizielle Zusammenarbeit in Strafsachen ausdrücklich Art. 82 Absatz 2 AEUV.

Einer zu vermeidenden dynamischen Verweisung auf das Europarecht und zum Teil auch einer vorweggenommenen Anerkennung des menschenrechtlichen Schutzniveaus anderer Staaten kommt es gleich, wenn ein nationales Gesetz den Anschluss an ein EU-Informationssystem oder den Austausch von Informationen mit anderen Mitgliedstaaten rechtlich ermöglicht, noch bevor auf EU-Ebene Einigkeit über diesbezügliche datenschutzrechtliche Regelungen oder den geplanten Ausbau eines Informationssystems besteht. Der nationale Gesetzgeber sollte daher Gesetzesvorschläge bereits ex ante gezielt daraufhin evaluieren, ob, inwieweit und in welcher Art und Weise sie einen Austausch von personenbezogenen Daten mit Drittstaaten oder den Anschluss an ein Informationssystem erlauben. Die zeitlich parallelen Verhandlungen auf EU-Ebene sind dabei in die Prüfung mit einzubeziehen. Gegebenenfalls könnte – in eng umgrenzten Fällen – die Annahme eines Gesetzesvorschlags unter den Vorbehalt eines bestimmten Verhandlungsergebnisses auf EU-Ebene gestellt werden. In jedem Fall sollte bereits der Gesetzesentwurf den Bezug zu Verhandlungsprozessen auf EU-Ebene offen thematisieren und insbesondere menschenrechtsrelevante Streitpunkte in aktuellen Verhandlungen benennen. Dabei ist es durchaus denkbar und der gemeinsamen Verantwortung der EU und ihrer Mitgliedstaaten für den Menschenrechtsschutz auch angemessen, dass derartige Informationen in der Gesetzesbegründung für das Parlament Anlass geben, die Verhandlungsposition der Regierung im Rat demokratisch zu kontrollieren (dazu oben 1., Phase 1).

Dynamische Verweisungen auf Europarecht sind grundsätzlich im Hinblick auf das verfassungsrechtliche Bestimmtheitsgebot problematisch. Der nationale Gesetzgeber begibt sich damit auch eines Teils seiner Kontrollmöglichkeiten über die Entwicklung des Europarechts. Teilweise können auch verfassungsrechtlich gebotene Parlamentsvorbehalte durch dynamische Verweisungen auf Europarecht verletzt werden.

a) Praxisbeispiel Asylverfahrensgesetz: Auswirkungen dynamischer Verweisungen auf Europarecht

Im Jahr 2007 wurde das Asylverfahrensgesetz (AsylVfG) geändert. Nach §§ 18 Absatz 2 Nr. 2, 27a und 34a AsylVfG n. F. wird einem Asylbewerber die Einreise verweigert und die Möglichkeit des vorläufigen Rechtsschutzes gegen eine Abschiebungsanordnung genommen, wenn „auf Grund von Rechtsvorschriften der Europäischen Gemeinschaft oder eines völkerrechtlichen Vertrages" ein anderer Staat für die Durchführung des Asylverfahrens zuständig ist. Der Asylbewerber wird dann also so behandelt, als käme er aus einem sicheren Drittstaat i. S. v. Art. 16a Grundgesetz (GG). Die Festlegung sicherer Drittstaaten außerhalb der EU obliegt nach Art. 16 a GG einem Parlamentsvorbehalt. Die zitierte Verweisung bezieht sich wegen ihrer Offenheit auch auf gegenwärtige und künftige völkerrechtliche Abkommen der EG bzw. EU mit Drittstaaten. Durch die offene Verweisung ist es daher möglich, dass ein Staat als sicherer Drittstaat behandelt wird, weil ein Vertrag über die Zuständigkeit für die Prüfung eines Asylvertrags zwischen der EG und diesem Drittstaat besteht. Zum Abschluss solcher Verträge besteht eine EG-Kompetenz, die auch schon ausgeübt wurde. Einer Beteiligung des Deutschen Bundestags bedarf es für den Abschluss solcher Verträge nicht. Soweit die Anwendung der dynamischen Verweisungen einer Anerkennung sicheren Drittstaaten gleichkommt, die durch gegenwärtiges oder künftiges Europarecht bestimmt werden, sind die Verweisungen wegen eines Verstoßes gegen den verfassungsrechtlichen Parlamentsvorbehalt verfassungswidrig[42]. Ein Verzicht auf dynamische Verweisungen auf Europarecht nach Evaluierung europäischer Parallelentwicklungen wäre europarechtlich völlig unbedenklich gewesen.

b) Praxisbeispiel VIS: Berücksichtigung (geplanter) EU-Rechtsentwicklung

Ein Gesetzesvorschlag für ein Bundesgesetz enthält eine Norm, die das Bundesministerium des Innern ermächtigt, durch Verordnung eine Behörde zu bestimmen, die als zentrale Schnittstelle („Kommunikationsknoten") zwischen den für die Visaerteilung zuständigen Auslandsvertretungen und den Sicherheitsbehörden fungiert. Diese Norm erhält eine über die Durchbrechung des datenschutzrechtlichen Zweckbindungsgrundsatzes auf nationaler Ebene hinausgehende datenschutzrechtliche Dimension, wenn man in Betracht zieht, dass die Schaffung einer zentralen Zugangsstelle zugleich europarechtliche Voraussetzung[43] für einen Zugriff der nationalen Sicherheitsbehörden auf das neu zu schaffende Visa-Informationssystem (VIS) der EU ist, in dem auch biometrische Daten gespeichert werden sollen.

Wird eine solche Verordnungsermächtigung[44], wie in Deutschland geschehen, vom Gesetzgeber zu einem Zeitpunkt angenommen, in dem auf europäischer Ebene das Rechtssetzungsverfahren für die dem VIS zugrunde liegende EG-Verordnung[45] und einen Beschluss des Rates[46] über die Zugriffsmöglichkeit der nationalen Sicher-

---

42 Deutsches Institut für Menschenrechte (2007), S. 19 ff. Siehe zum Ganzen auch Die Beauftragte der Bundesregierung für Flüchtlinge und Integration (2007), S. 176.
43 Siehe Art. 3 Absatz 2 der mittlerweile in Kraft getretenen Verordnung (EG) Nr. 767/2008 über das Visa-Informationssystem (VIS) und den Datenaustausch zwischen Mitgliedstaaten über Visa für einen kurzfristigen Aufenthalt, ABl. EU 2008 L 218/60.
44 Siehe § 99 Absatz 3 in Verbindung mit § 73 Absatz 1 Aufenthaltsgesetz, beide geändert durch Gesetz vom 19. 8. 2007, BGBl. I S. 1970. Siehe dazu Deutsches Institut für Menschenrechte (2007), S. 15-18.
45 Siehe dazu den Vorschlag der Europäischen Kommission KOM (2004) 835 und die im Sommer 2008, also ein Jahr nach Inkrafttreten der der entsprechenden deutschen Gesetzesänderung angenommene Fassung der Verordnung (EG) Nr. 767/2008 über das Visa-Informationssystem (VIS) und den Datenaustausch zwischen Mitgliedstaaten über Visa für einen kurzfristigen Aufenthalt, ABl. EU 2008 L 218/60.
46 Siehe dazu den Vorschlag der Europäischen Kommission KOM (2005) 600 und den Beschluss des Rates 2008/633/JI über den Zugang der benannten Behörden der Mitgliedstaaten und von Europol zum Visa-Informationssystem (VIS) für Datenabfragen zum Zwecke der

heitsbehörden auf das VIS gerade wegen Uneinigkeit über zentrale Datenschutzstandards[47] noch nicht abgeschlossen ist, sind die datenschutzrechtlichen Folgen einer solchen Verordnungsermächtigung kaum absehbar. Sie unterliegen mithin der Strategie und den Zufälligkeiten des Verhandlungsprozesses auf EU-Ebene und möglichen späteren Änderungen des EU-Rechts. Im Hinblick auf den Zugang der Sicherheitsbehörden zum VIS kommt hinzu, dass dieser Verhandlungsprozess in der polizeilichen und justiziellen Zusammenarbeit in Strafsachen (dritte Säule) noch ohne effektive parlamentarische Kontrolle durch das Europäische Parlament ablief. Eine Evaluierung europäischer Parallelentwicklungen ex ante hätte im deutschen Gesetzgebungsverfahren jedenfalls zu einer kontroversen Debatte über die Verordnungsermächtigung führen müssen.

3. Phase 3: Evaluierung ex post und etwaige Nachbesserung

Eine menschenrechtsorientierte Evaluierung nationaler Gesetze ex post im Hinblick auf europäische Parallelentwicklungen könnte Bereiche, in denen eine strukturell bedingte Unsicherheit über die Auswirkungen einer Norm auf die Grund- und Menschenrechte Einzelner besteht, näher beleuchten. Die nachträgliche Evaluierung könnte Grundlage sowohl für politische Entscheidungen hinsichtlich der parlamentarischen Kontrolle des Rechtssetzungsprozess auf EU-Ebene als auch hinsichtlich der Nachbesserung nationalen Rechts sein.

Aus Gründen der Praktikabilität und der Kompetenzverteilung zwischen der EU und ihren Mitgliedstaaten ist eine nachträgliche Evaluierung europäischer Parallelentwicklungen auf nationaler Ebene vor allem in den Bereichen sinnvoll, in denen das Europarecht den Mitgliedstaaten Handlungs- bzw. Umsetzungsspielräume belässt. In den Bereichen, in denen keine Handlungsspielräume der Mitgliedstaaten mehr bestehen, und im Hinblick auf die rechtsvergleichende Evaluierung der Entwicklung der menschenrechtlichen Schutzstandards der 27 EU-Mitgliedstaaten in Folge der Harmonisierung sollte eine Evaluierung auf EU-Ebene eingreifen[48].

Die Bereiche, in denen die Einflüsse europäischer Parallelentwicklungen – sei es in den anderen Mitgliedstaaten oder hinsichtlich der EU-Gesetzgebung – besonders groß sind und in denen zugleich ein Handlungs- bzw. Umsetzungsspielraum der

---

Verhütung, Aufdeckung und Ermittlung terroristischer und sonstiger schwerwiegender Straftaten, ABl. EU 2008 L 218/129.

47 Siehe dazu zum Beispiel Der Bundesbeauftragte für den Datenschutz und die Informationsfreiheit (2007), S. 21; Art. 29-Gruppe (2004); Der Europäische Datenschutzbeauftragte (2005) und (2006).

48 Die hierzu bestehenden Ansätze im impact assessment und der nachträglichen Evaluierung der EU sind nicht Gegenstand dieses Artikels. Die Methode der spezifisch menschenrechtsorientierten Evaluierung ex ante und ex post ist erst in der Entwicklung. Siehe dazu insbesondere Europäische Kommission, KOM (2005) 172. Auch die Entwicklung des von der Europäischen Kommission ins Leben gerufenen Forums zur Erörterung der EU-Rechtspolitik und Praxis sollte beobachtet werden, siehe KOM (2008) 38.

Mitgliedstaaten besteht, müssten bereits im Gesetzgebungsverfahren identifiziert werden. Nur so kann nämlich sichergestellt werden, dass die für eine Evaluierung erforderlichen Informationen, zum Beispiel über die Weiterentwicklung des Europarechts, die Praxis anderer Mitgliedstaaten oder die Praxis von Behörden und Gerichten in Deutschland systematisch gesammelt werden.

Bei der nachträglichen Evaluierung müssen im Hinblick auf die kumulative Wirkung von Grundrechtseingriffen[49] auch mögliche Eingriffe nichtdeutscher Behörden mit in Betracht gezogen werden, die auf der EU-Zusammenarbeit beruhen. Das deutsche Bundesverfassungsgericht hat in seiner GPS-Entscheidung auf das Gefährdungspotential „additiver" Grundrechtseingriffe hingewiesen und dem Gesetzgeber aufgegeben, sowohl technische Entwicklungen als auch die Auswirkungen möglicher unkoordinierter Maßnahmen verschiedener Behörden zu beobachten. Der Gesetzgeber sei verpflichtet, die Gesetze im Hinblick auf effektiven Grundrechtsschutz und das Verbot der Totalüberwachung erforderlichenfalls nachzubessern[50]. Greift man den Gedankengang des Bundesverfassungsgerichts aus der GPS-Entscheidung auf und zieht in Betracht, dass Europarecht aufgrund einer Hoheitsübertragung auf die EU erlassen wurde, so lässt sich argumentieren, dass der nationale Gesetzgeber bei der Überprüfung der Erforderlichkeit und Verhältnismäßigkeit neuer oder bereits erlassener nationaler Eingriffsbefugnisse auch auf Europarecht beruhende Eingriffsmöglichkeiten anderer EU-Staaten zu berücksichtigen hat. Dies gilt sowohl hinsichtlich der vermehrten anlasslosen Vorratsspeicherung von Daten (z. B. Vorratsspeicherung von Telekommunikationsverbindungsdaten und Vorratsspeicherung von Fluggastdaten, Speicherung der Antragsteller, Einlader- und Unterstützerdaten im VIS) als auch hinsichtlich möglicher Eingriffsmaßnahmen, die andere EU-Staaten in Folge des Datenaustausches mit der Bundesrepublik vornehmen.

Die Praxis des Datenaustauschs mit anderen Mitgliedstaaten auf der Grundlage bestehender Vorschriften sowie die Weiterentwicklung und die Neuschaffung von Datensammlungen und Informationssystemen auf EU-Ebene sollten als besonderer Unsicherheitsfaktor jedenfalls Gegenstand nachträglicher Evaluierung sein.

a) Praxisbeispiel SIS II: laufende Berücksichtigung der EU-Rechtsentwicklung

Durch die Einführung des § 17 Absatz 3 des Bundesverfassungsschutzgesetzes (BVerfSchG) 2007 wurde dem Bundesamt für Verfassungsschutz die Kompetenz zur Ausschreibung von Personen und Sachen zur verdeckten Registrierung im Schengener Informationssystem (SIS) eingeräumt. Wird eine zur verdeckten Registrierung nach SIS ausgeschriebene Person beispielsweise bei einer polizeilichen Kon-

---

49 Dazu näher Hornung (2010).
50 BVerfGE 112, 304 (318 f.), auch abrufbar unter www.bverfg.de, Az. 2 BvR 581/01, Leitsätze 1 und 2, Rn. 57 ff.

trolle in einem anderen Mitgliedstaat angetroffen, so kann eine Reihe personenbezogener Informationen verdeckt eingeholt und der ausschreibenden Stelle übermittelt werden[51], was an sich schon den deutschen Grundsatz der Trennung von Polizei und Geheimdiensten berührt.

Zeitgleich mit dem deutschen Gesetzgebungsverfahren zur Änderung des BVerfSchG wurde in Brüssel über die im Hinblick auf das geplante SIS II erforderlichen neuen Rechtsgrundlagen verhandelt. Dabei wurde ein Halbsatz in einen Beschlussentwurf eingefügt, der allen nationalen Stellen, die zur Eingabe von Daten berechtigt sind (und damit auch dem Bundesamt für Verfassungsschutz nach dem neuen § 17 Absatz 3 BVerfSchG), auch Zugriff auf die im SIS gespeicherten Daten eingeräumt hätte[52]. Wäre dieser Beschlussentwurf nicht im Paket mit der neuen Verordnung über das SIS II vom Europäischen Parlament blockiert worden, hätte der deutsche § 17 Absatz 3 BVerfSchG im Hinblick auf das Trennungsgebot und das Grundrecht auf Datenschutz bzw. informationelle Selbstbestimmung durch das Zusammenwirken mit dem Europarecht eine wesentlich andere und sehr bedenkliche Dimension bekommen. Eine Zugriffsmöglichkeit der Nachrichtendienste könnte nach dem Modell des Beschlussentwurfs theoretisch jederzeit durch Änderung des mittlerweile angenommenen EU-Ratsbeschlusses[53] noch nachträglich eingeführt werden. Die Weiterentwicklung des SIS II sollte daher Gegenstand der Evaluierung auf nationaler Ebene sein, um erforderlichenfalls eine Nachbesserung des nationalen Rechts zum Schutz des Grundrechts auf informationelle Selbstbestimmung bzw. Datenschutz vornehmen zu können.

b) Praxisbeispiel Prümer Initiative: Verwertung „schmutziger" Daten?

Die Prümer Initiative, durch die der Vertrag von Prüm in das Unionsrecht einbezogen wurde, verpflichtet die Mitgliedstaaten zur Einrichtung von DNA-Analyse-Dateien zum Zwecke des Abgleichs mit anderen Mitgliedstaaten[54], regelt aber nicht genau, welche Personengruppen in die DNA-Datenbanken aufgenommen werden sollen. Während in Deutschland die Speicherung von DNA-Daten nur nach den relativ strengen Voraussetzungen der §§ 81g, 81h StPO (Straftaten von erheblicher Bedeutung, Qualifizierte Prognose im Hinblick auf künftige Tatbegehung, Richtervorbehalt, keine Speicherung von DNA-Daten aus Reihengentests) zulässig ist, erlau-

---

51 Siehe Art. 99 Absatz 4 des Schengener Durchführungsübereinkommens bzw. Art. 37 des Beschlusses des Rates 2007/533/JI über die Errichtung, den Betrieb und die Nutzung des Schengener Informationssystems der zweiten Generation, ABl. EU 2007 L 205/63.
52 Siehe Kompromissvorschlag des Ratsvorsitzes hinsichtlich eines Beschlusses über das SIS II, Ratsdokument Nr. 5710/7/06, Art. 37 Absatz 1 lit. b.
53 Beschluss des Rates 2007/533/JI über die Errichtung, den Betrieb und die Nutzung des Schengener Informationssystems der zweiten Generation, ABl. EU 2007 L 205/63.
54 Siehe dazu Beschluss des Rates 2008/615/JI zur Vertiefung der grenzüberschreitenden Zusammenarbeit, insbesondere zur Bekämpfung des Terrorismus und der grenzüberschreitenden Kriminalität, ABl. EU 2008 L 210/1. Dazu der Europäische Datenschutzbeauftragte (2007a).

ben DNA-Datenbanken anderer Mitgliedstaaten eine wesentlich weiter gehende, mit dem nationalen Verfassungsrecht nicht vereinbare Speicherung von DNA-Daten[55]. Da die Prümer Initiative in Hinblick auf die menschenrechtlich erforderliche Beschränkung zulässiger DNA-Datenspeicherung keine harmonisierenden Vorschriften enthält, zugleich aber nationalen Behörden den Datenabgleich ermöglicht und sie dazu verpflichtet, stellt sich aus menschenrechtlicher Sicht die Frage, ob und inwieweit ein Datenabgleich und die sich daran anschließende Verwendung von nach einem Treffer übermittelten Daten zu Ermittlungszwecken grundrechtskonform und menschenrechtspolitisch wünschenswert sind. Eine eingehende Evaluierung der Praxis des Austausches von DNA-Daten aufgrund der Prümer Initiative müsste einerseits menschenrechtsrelevante Informationen über die Verwendung ins Ausland übermittelter Daten auswerten. Andererseits müssten aber auch Informationen über die Erhebung aus dem Ausland empfangener Daten analysiert werden. Eine rechtsvergleichende Herangehensweise wäre für beide Aspekte notwendig.

c) **Praxisbeispiel Schwedische Initiative: Evaluierung allgemeiner Normen, die zum transnationalen Datenaustausch ermächtigen/verpflichten**

Die so genannte Schwedische Initiative[56] ist ein Rahmenbeschluss des Rates aus dem Jahr 2006, der den Austausch von Informationen und Erkenntnissen zwischen den Polizei- und Strafverfolgungsbehörden der Mitgliedstaaten untereinander und mit Europol erleichtern und beschleunigen soll. Die vorhandenen Informationen müssen den Behörden anderer Mitgliedstaaten unter den gleichen Voraussetzungen zur Verfügung gestellt werden wie nationalen Behörden. Insbesondere darf die Übermittlung nicht von einer zusätzlichen Genehmigung der Justizbehörde abhängig gemacht werden[57]. Die in der Initiative anerkannten Gründe für die Zurückhaltung von Informationen sind äußerst eng umgrenzt, enthalten jedoch ein Zurückhaltungsrecht bei mangelnder Verhältnismäßigkeit[58]. Eine Harmonisierung von Datenschutzstandards enthält die Initiative nicht. Die sehr weit gehende Übermittlungspflicht, sehr kurze Fristen (8 Stunden bzw. eine Woche[59]) für die Übermittlung der Informationen und die Nutzung eines einheitlichen Formblatts lassen einen erheblichen Anstieg des Datenaustauschs vor allem zwischen den Polizeibehörden der Mitgliedstaaten erwarten. Beim Bundeskriminalamt (BKA) wird derzeit geprüft, ob für die Umsetzung der Schwedischen Initiative durch das BKA eine Gesetzesänderung erfor-

---

55   Zur sehr umfangreichen DNA-Datenbank Großbritanniens Der Europäische Datenschutzbeauftragte (2007a), Ziff. 50.
56   Rahmenbeschluss 2006/960/JI des Rates über die Vereinfachung des Austauschs von Informationen und Erkenntnissen zwischen den Strafverfolgungsbehörden der Mitgliedstaaten der Europäischen Union, ABl. EU 2006 L 386/89 (Schwedische Initiative).
57   Art. 3 Absatz 3 der Schwedischen Initiative.
58   Art. 10 der Schwedischen Initiative.
59   Art. 4 der Schwedischen Initiative.

derlich ist, oder ob das BKA Informationen und Erkenntnisse nach dem Verfahren der Schwedischen Initiative bereits auf der Grundlage bestehender Kompetenzen im BKA-Gesetz empfangen und weiterleiten darf[60]. Es erscheint daher in diesem – wie auch in anderen Fällen – als möglich, dass eine qua Europarecht wesentlich veränderte Praxis der Übermittlung von Daten, die neue Gefahren für das Recht auf informationelle Selbstbestimmung bzw. Datenschutz des Einzelnen schafft, ohne nationale Gesetzesänderung und Beteiligung der nationalen Parlamente möglich ist. Dies gibt Anlass zur nachträglichen Evaluierung der allgemeinen Vorschriften, die eine Übermittlung von Daten ins Ausland ermöglichen, etwa des § 14 BKA-Gesetz. Evaluiert werden sollte dabei auch die Anwendungspraxis im Hinblick auf den ordre-public-Vorbehalt in § 14 Absatz 7 BKA-G. Ebenso besteht Anlass zur Evaluierung der Vorschriften, die die Verwertung von aus dem Ausland empfangenen Daten betrifft. Das Fehlen umfassender Regelungen für die Grenzen der rechtsstaatlichen Informationsbeschaffung (Stichwort: „schmutzige Daten"), das schon seit längerer Zeit als Problem erkannt ist[61], wird durch die Europäisierung und Intensivierung der polizeilichen und justiziellen Zusammenarbeit weiter verstärkt. Die Praxis der Anwendung des Zurückhaltungsrechts in der Schwedischen Initiative sollte – unabhängig von der Frage, ob zu deren Umsetzung noch ein nationales Gesetz erlassen wird oder nicht, ebenfalls einer Evaluierung unterzogen werden.

IV. Zusammenfassung und Ausblick

Die Zusammenarbeit der Polizei- und Justizbehörden der EU-Mitgliedstaaten in Strafsachen ist mittlerweile so vielfältig und so eng, dass sich die Auswirkungen nationaler Sicherheitsgesetze auf die Grund- und Menschenrechte des Einzelnen ohne Berücksichtigung der Entwicklung des EU-Rechts und der Entwicklung von Recht und Praxis anderer Mitgliedstaaten vielfach gar nicht beurteilen lassen. Die Transnationalität der Sachverhalte und der Zusammenarbeit wird nur sehr unzureichend von einer Harmonisierung von Menschenrechtsschutzstandards für das Strafverfahren und die polizeiliche Präventions- und Ermittlungsarbeit begleitet. Insbesondere die vergleichsweise hohen deutschen Datenschutzstandards könnten dadurch – größtenteils ohne effektive parlamentarische Kontrolle auf EU-Ebene – unterlaufen werden. Solange die Harmonisierung von Menschenrechtsschutzstandards im Bereich des Polizei- und Strafrechts auf EU-Ebene lückenhaft und schwach bleibt, besteht die strukturelle Gefahr des Grundrechtsabbaus durch die EU-Zusammenarbeit. Dieser Beitrag analysiert diese Gefahr für verschiedene Regelungs- und Harmonisierungskontexte.

Der nationale Gesetzgeber kann strukturellen Gefahren, die von der Europäisierung des Polizei- und Strafrechts ausgehen, in drei verschiedenen Phasen entgegen-

---

60 Telefonische Auskunft aus dem Bundeskriminalamt vom 2. Juni 2008.
61 Siehe zum Beispiel Baldus (2005), S. 383, 393; Wolter (2003).

wirken, die sich zeitlich unter Umständen überschneiden können. In einer ersten Phase könnte eine verstärkte menschenrechtsorientierte parlamentarische Kontrolle der Verhandlungspositionen der Regierung im Rat der EU ausgeübt werden. Die zweite Phase ist die der nationalen Gesetzgebung, für die eine menschenrechtsorientierte Evaluierung europäischer Parallelentwicklungen ex ante vorgeschlagen wird. Schließlich könnte in einer dritten Phase eine menschenrechtsorientierte Evaluierung europäischer Parallelentwicklungen ex post Entscheidungsgrundlagen für eine möglicherweise erforderliche Nachbesserung des nationalen Rechts schaffen. Dieser Beitrag identifiziert anhand von Praxisbeispielen und ohne Anspruch auf Vollständigkeit einige Bereiche, in denen aus menschenrechtlicher Sicht eine Evaluierung europäischer Parallelentwicklungen wünschenswert ist. Er kommt zu dem Ergebnis, dass solche Evaluierungen ex ante und ex post Informationen über Recht und Praxis auf drei verschiedenen rechtlichen Ebenen auswerten müssen: Erstens muss die Rechtspraxis bei der Anwendung bestimmter nationaler Vorschriften mit transnationalem Bezug evaluiert werden. Zweitens muss eine Evaluierung sich – insbesondere im Hinblick auf EU-Informationssysteme – mit der Weiterentwicklung des Europarechts auseinandersetzen. Drittens ist es unumgänglich, dass in begrenzten Teilbereichen auch Recht und Praxis der anderen EU-Mitgliedstaaten bei der Evaluierung mit berücksichtigt werden. Um dieses komplexe Evaluierungsprogramm durchführbar zu machen, bedarf es zunächst der Einführung bestimmter Routinen wie der konsequenten Positionierung des Parlaments zu den im Rat der EU verhandelten Rechtssetzungsvorschlägen, der Einbeziehung relevanter Informationen bereits in nationale Gesetzesbegründungen durch die Bundesregierung und der Identifizierung besonders evaluierungsbedürftiger Bereiche durch Gesetz. Verfahren und Grenzen der Evaluierungsmöglichkeiten im Einzelnen müssen jedoch noch durch weitere Forschung ausgelotet werden.

In den Bereichen, in denen das Europarecht den Mitgliedstaaten keine Umsetzungs- bzw. Handlungsspielräume belässt, sollte eine Evaluierung auf EU-Ebene eingreifen. Das gleiche gilt für eine umfassendere rechtsvergleichende Evaluierung der mitgliedstaatlichen Entwicklung von Recht und Praxis. Wissenschaft und Politik sollten bei der Entwicklung einer Methodik der Evaluierung die relevanten Prozesse des impact assessment und der Evaluierung auf EU-Ebene mit berücksichtigen.

V. *Literatur*

Albers (2006), Die verfassungsrechtliche Bedeutung der Evaluierung neuer Gesetze zum Schutz der inneren Sicherheit, in: Deutsches Institut für Menschenrechte (Hrsg.), Menschenrechte – Innere Sicherheit – Rechtsstaat, Berlin, S. 21 ff. http://www.institut-fuer-menschenrechte.de

Artikel 29-Gruppe, Stellungnahme 7/2004 zur Verarbeitung biometrischer Merkmale in Visen und Aufenthaltstiteln im Visa-Informationssystem (VIS), http://ec.europa.eu/justice_home/fsj/privacy/workinggroup/index_de.htm-

Baldus (2005), Polizeiliche Zusammenarbeit im Raum der Freiheit, der Sicherheit und des Rechts, in: Möllers/v. Ooyen (Hrsg.), Jahrbuch Öffentliche Sicherheit 2004/2005, S. 383-401, Frankfurt

Die Beauftragte der Bundesregierung für Migration, Flüchtlinge und Integration (2007), 7. Bericht der Beauftragten für Migration, Flüchtlinge und Integration über die Lage der Ausländerinnen und Ausländer in Deutschland, Berlin

Brouwer (2008), The Other Side of Moon. The Schengen Information System and Human Rights: A Task for National Courts. CEPS Working Document No. 288, Brüssel, www.ceps.eu

Der Bundesbeauftragte für den Datenschutz und die Informationsfreiheit (2007), Tätigkeitsbericht 2005-2006, Bonn, www.bfdi.bund.de

Deutsches Institut für Menschenrechte (2007), Stellungnahme von Ruth Weinzierl für die Anhörung „EU-Richtlinien-Umsetzungsgesetz" des Innenausschusses des Deutschen Bundestages am 21. Mai 2007 zu BT-Drucks. 16/5065 und anderen Gesetzesentwürfen. Innenausschuss A-Drucks. 16(4)209 J., www.institut-fuer-menschenrechte.de

Der Europäische Datenschutzbeauftragte (2005), Stellungnahme zu dem Vorschlag für eine Verordnung des Europäischen Parlaments und des Rates über das Visa-Informationssystem (VIS) und den Datenaustausch zwischen Mitgliedstaaten über Visa für den kurzfristigen Aufenthalt, ABl. EU 2005C 181/13

Der Europäische Datenschutzbeauftragte (2006), Stellungnahme zu dem Vorschlag für einen Beschluss des Rates über den Zugang der für die innere Sicherheit zuständigen Behörden der Mitgliedstaaten und von Europol zum Visa-Informationssystem (VIS) für Datenabfragen zum Zweck der Prävention, Aufdeckung und Untersuchung terroristischer und sonstiger schwerer Straftaten, ABl. EU 2006 C 97/6

Der Europäische Datenschutzbeauftragte (2007), Dritte Stellungnahme des Europäischen Datenschutzbeauftragten zu dem Vorschlag für einen Rahmenbeschluss des Rates über den Schutz personenbezogener Daten, die im Rahmen der polizeilichen und justiziellen Zusammenarbeit in Strafsachen verarbeitet werden, ABl. EU 2007 C 139/1

Der Europäische Datenschutzbeauftragte (2007a), Stellungnahme zur Initiative von 15 Mitgliedstaaten zum Erlass eines Beschlusses des Rates zur Vertiefung der grenzüberschreitenden Zusammenarbeit, insbesondere zur Bekämpfung des Terrorismus und der grenzüberschreitenden Kriminalität, ABl. EU 2007 C 169/2

Europäische Kommission, KOM (2004) 328, Vorschlag für einen Rahmenbeschluss über bestimmte Verfahrensrechte in Strafverfahren innerhalb der Europäischen Union

Europäische Kommission, KOM (2005) 172, Mitteilung der Kommission: Berücksichtigung der Charta der Grundrechte in den Rechtssetzungsvorschlägen der Kommission. Methodisches Vorgehen im Interesse einer systematischen und gründlichen Kontrolle

Europäische Kommission, KOM (2007) 299, Bericht der Kommission zur Bewertung des Dubliner Systems

Europäische Kommission, KOM (2007) 650, Vorschlag für einen Rahmenbeschluss zur Änderung des Rahmenbeschlusses 2002/475/JI zur Terrorismusbekämpfung {SEK(2007) 1424}{SEK (2007) 1425}

Europäische Kommission, KOM (2008) 38, Mitteilung der Kommission über die Einrichtung eines Forums zur Erörterung der EU-Rechtspolitik und Praxis

Europäischer Rat (2004), Haager Programm zur Stärkung von Freiheit, Sicherheit und Recht in der Europäischen Union, ABl. EU 2005 C 53/1

Hornung (2010), Die kumulative Wirkung von Überwachungsmaßnahmen: Eine Herausforderung an die Evaluierung von Sicherheitsgesetzen, in: Albers/Weinzierl/Deutsches Institut für Menschenrechte (Hrsg.), Menschenrechtliche Standards in der Sicherheitspolitik. Beiträge zur rechtsstaatsorientierten Evaluierung von Sicherheitsgesetzen, Baden-Baden, S. 65 ff.

Huber (2003), Die polizeiliche und justizielle Zusammenarbeit in Europa – Ein Überblick, in: Wolter/Schenke/Rieß/Zöller (Hrsg.): Datenübermittlungen und Vorermittlungen. Festgabe für Hans Hilger, Heidelberg, S. 135-152

Petermann (2010), Biometrie als globale Kontrolltechnologie – Die Rolle der Technikfolgenabschätzung in: Albers/Weinzierl/Deutsches Institut für Menschenrechte (Hrsg.), Menschenrechtliche Standards in der Sicherheitspolitik. Beiträge zur rechtsstaatsorientierten Evaluierung von Sicherheitsgesetzen, Baden-Baden, S. 129 ff.

Rat der EU (2004), Haager Programm zur Stärkung von Freiheit, Sicherheit und Recht in der Europäischen Union, ABl. EU 2005 C 53/1

Weinzierl/Lisson (2007), Grenzschutz und Menschenrechte. Eine europarechtliche und seerechtliche Studie. Berlin: Deutsches Institut für Menschenrechte, www.institut-fuer-menschenrechte.de

Wolter (2003), Polizeiliche und justizielle Datenübermittlungen in Deutschland und der Europäischen Union – Polizei, Europol, Staatsanwaltschaft und Eurojust, in: Wolter/Schenke/Rieß/Zöller (Hrsg.): Datenübermittlungen und Vorermittlungen. Festgabe für Hans Hilger, Heidelberg, S. 275 – 290

Human-Rights-Oriented Evaluation of Security Legislation: National Practice and European Guidance from the ECHR

Martin Kuijer

I.	Introduction	169
II.	Terrorism as a „New" Threat	170
III.	The Striking of a Balance	171
IV.	Making Anti-Terrorism Measures Human Rights Proof	173
V.	The Creation of a Separate Legal Space for Terrorism	174
VI.	The Rise of Administrative Measures	174
VII.	Security legislation in the Netherlands, including its evaluation	175
VIII.	Collecting Intelligence and the Notion of Privacy	180
IX.	The Arrest of Terrorism Suspects	182
X.	Criminal Trials of Terrorism Suspects and the (Un)Accountability of Information from Intelligence Agencies in Judicial Proceedings	185
XI.	Concluding Comments	188
XII.	Literature	188

„Against the call for so-called ‚tough measures', few political leaders can find the strength and wisdom or indeed the support to fight terrorism while preserving the established human rights protective system. Repressive sirens will always call for ‚new' harsh measures to meet these ‚new' challenges from terrorism and few leaders have the toughness to ‚hold the fort' in such circumstances" (Judge ECourtHR John Hedigan)

I. Introduction

The fight against terrorism is high on the domestic and international political agenda. Over the past few years, various governments in Europe have approved numerous laws to amend domestic law in order to fight the „War on Terror" more effectively. This contribution is not so much interested in the individual legislative measures that have been taken, but in the question whether the domestic legislator has been willing to evaluate its security legislation and whether the case-law of the European Court of Human Rights (ECHR) can offer guidance to the domestic authorities when evaluating its security legislation. This contribution exists of three parts. The first part is concerned with some more general remarks concerning terrorism as a „new" threat (§ 2), the balancing between security and personal liberties (§ 3), the need for the legislator to motivate the necessity of a new anti-terrorism measure (§ 4), the desirability of creating a separate legal space for anti-terrorism measures (§ 5), and the rise of administrative measures in the fight against terrorism (§ 6). The second part will look at the security legislation in a specific European country, The Netherlands, including the evaluation of the newly introduced security legislation (§ 7). The third part examines whether the case-law of the ECHR can offer domestic authorities guidance when drafting their security legislation and when evaluating their security legislation. I will look at a few subsequent stages of fighting terrorism: collecting intelligence and the notion of privacy (§ 8), the arrest of terrorism suspects (§ 9), and criminal trials of terrorism suspects and the (un)accountability of information from intelligence agencies in judicial proceedings (§ 10).

II. Terrorism as a „New" Threat

The horrific events of „9/11" had a tremendous impact on public debate on the issue of the fight against terrorism. Media, politicians and international organisations were quick to respond on this „new" threat to international stability and security. On the one hand, this response may be understandable. For the first time non-Americans successfully carried out a terrorist attack on American territory. The American administration was clearly shocked by the realisation that its national security was not inviolable. As a consequence, its reaction was a very strong one. That is my polite qualification of the interrogation techniques and detention circumstances in Abu Ghraib and Guantánamo Bay, and the (permanent) withholding of the right of access to an ordinary court. I believe that in the American hearts and minds „9/11" was the beginning realisation of the existence of a „new" threat. In view of the position of the United States in international politics, its reaction had a global impact in other parts of the world. There are other considerations to be taken into account. The nature of the terrorist attacks seems to have changed. Terrorists no longer primarily seem to target governmental, infrastructural, industrial or military objects. Attacks nowadays seem to target as many as possible innocent civilians, at random, aimed at creating as much as possible fear under the population, disrupting ordinary life. Another consideration is the global nature of modern (religiously motivated) terrorism, whereas terrorism used to be more nationally orientated.

Whereas it may be understandable to a certain degree that modern forms of terrorism are considered as a „new" threat, it is good to realise that many European democracies have been confronted with terrorist movements (albeit nationally orientated) for many decades: the *Rote Armee Fraktion* (RAF) in Germany, the Irish Republican Army (IRA) in the United Kingdom, the PKK in Turkey, and the Basque separation movement ETA in Spain to name a few. This also means that the debate on the tension between anti-terrorist measures and human rights standards started a few decades ago. The very first judgment of the European Court of Human Rights in

1961 in the *Lawless* case[1] dealt with a person who was arrested and kept in administrative detention because he was a member of the IRA and was suspected of being engaged in activities prejudicial to the conservation of public peace and order or to the security of the state. The administrative detention lasted 5 months. During this period Lawless was not brought before a court. The Strasbourg Court held that the administrative detention was therefore in breach with the requirements of Article 5 ECHR. I fully realise that the United States administration is in no way bound by the case-law of the European Court of Human Rights. But it is interesting to realise that an international human rights tribunal already ruled on the compatibility of withholding alleged terrorists access to court with human rights standards almost 50 years ago.

So, for nearly 50 years the European Court has had to examine the strained relationship between anti-terrorist measures and fundamental rights and freedoms, trying to strike a balance between both interests in order to silence those who argue that human rights are a hindrance in the fight against terrorism.

III. The Striking of a Balance

Some would argue that protecting a state against the scourge of terrorism outweighs the protection of individual rights and freedoms. A state based on the Rule of Law including the protection of human rights can only exist if the integrity of the state as such is guaranteed. The integrity of a state and the corresponding national security is a *conditio sine qua non* for the existence of any state. The fight against terrorism, which is considered a direct attack on the integrity and stability of a state, is in this view of the most fundamental nature. More fundamental than the protection of individual rights and freedoms. In short: the interests of the collective outweigh the interests of the individual, the preservation of the state outweighs the preservation of the state based on the Rule of Law, security outweighs the protection of human rights. Personally, I am not convinced by this line of reasoning. A victory over terrorism can no longer be considered a victory when human rights are sacrificed, the constitutional state is eroded and the *Streitbare Demokratie* is merely „streitbar". Peter Schieder, chairman of the Parliamentary Assembly of the Council of Europe, stated the following during a conference in St Petersburg in March 2002:

> „The perpetrators of the attacks on 11 September 2001 tried to provoke an uncontrolled reaction. A reaction which would blur the boundary between right and wrong, and throw the world into chaos, into a war of religion against religion, of culture against culture [...] A war against terrorism, which neglects human rights, is perpetuating the threat. In the long term, terrorists will be quick to exploit any human rights abuse or violation of justice as an argument to further their cause [...] They prosper under oppression, because it provides a fertile ground for their recruitment. They thrive on injustice, because they can exploit it to argue their cause.

---

1 ECHR, 1 July 1961, Lawless – Ireland (Series A-3), available at http://www.coe.int/T/D/Menschenrechtsgerichtshof/; See also: Robertson (1960).

They profit from censorship, because their lies do not have to compete with the truth. They fervently believe in capital punishment, because it transforms murderers into martyrs. What they are afraid of is justice and human rights."

At the same time, one should not forget that the fight against terrorism is to a certain degree also recognised as a human right.[2] In its case-law, the European Court of Human Rights acknowledged that States have a positive obligation to protect the life of their citizens.[3] They should do all that could be reasonably expected from them to avoid a real and immediate risk to life of which they have or ought to have knowledge. In that sense the right to security has long been „codified" as a human right in the Strasbourg case-law. In my opinion, this doctrine is equally applicable to life-threatening situations as a result of a terrorist threat. This seems to have been confirmed in various soft law documents. The preamble to the *Guidelines on human rights and the fight against terrorism* which the Committee of Ministers of the Council of Europe adopted on 11 July 2002 refers to „the *imperative* [emphasis added] duty of States to protect their populations against possible terrorist acts". The same consideration can be found in the *Guidelines on the Protection of Victims of Terrorist Acts*, adopted by the Committee of Ministers of the Council of Europe on 2 March 2005.[4]

Therefore, States have to balance competing human rights interests, that is the protection of its population against terrorist threats and the fundamental rights of individuals, including persons suspected or convicted of terrorist activities. On the basis of the specific facts of the case, one has to determine which human right has to yield. In case of so-called *notstandsfeste* human rights, like the absolute prohibition of torture, one may assume that the protection of the fundamental rights of the individual outweighs the fight against terrorism.[5] However, with regard to other human rights (such as privacy, freedom of religion, freedom of expression, freedom of assembly) the balancing exercise may have a different outcome. The European Court of Human Rights has always emphasised that the Convention is a „living instrument" that needs to be interpreted according to present day conditions.[6] In case our societies change substantially as a result of modern terrorism, the possibility can

---

2   In that respect I recall that Freedom from Fear is one of the Four Freedoms mentioned in Roosevelt's famous speech in 1941.

3   ECHR, 28 October 1998, Osman – the United Kingdom (Reports 1998, 3124), available at http://www.coe.int/T/D/Menschenrechtsgerichtshof/.

4   In the Preamble sub f: „Underlining in particular the states' obligation to take the measures needed to protect the fundamental rights of everyone within their jurisdiction against terrorist acts, especially the right to life".

5   See ECHR, 15 November 1996, Chahal – the United Kingdom (appl. no. 22414/93) available at http://www.coe.int/T/D/Menschenrechtsgerichtshof/.

6   See for example ECHR, 25 April 1978, Tyrer – the United Kingdom (Series A-26), available at http://www.coe.int/T/D/Menschenrechtsgerichtshof/, § 31. Former President of the European Court of Human Rights Rolv Ryssdal stated: „Democratic society and its underlying values move on, and so, accordingly, should the Convention if it is not to loose contact with the forces that invest it with legitimacy", Ryssdal (1995), p. 2.

not be ruled out that the Court interprets certain provisions differently. This could theoretically even result in a certain lowering of standards.[7]

IV. Making Anti-Terrorism Measures Human Rights Proof

As a reaction to the threat of terrorism, States have adopted (or are in the process of adopting) various new anti-terrorism measures. In view of the diverse nature of the various anti-terrorism measures, it is impossible to come up with a uniform approach of ensuring the compatibility of these measures with human rights standards. However, a few more general comments can be made.

When introducing a new legislative measure national authorities have a duty to properly motivate the necessity of the new measure. This entails demonstrating the real nature and extent of the phenomenon which the measure is intended to target, the manner in which the new measure will be *effective* in the fight against that phenomenon, and why *new* measures are necessary on top of already existing measures. In my opinion, the accumulative effect of a number of anti-terrorism measures is a matter of growing concern. Too often new legislative measures are proposed without properly answering these fundamental questions.

When assessing the proportionality of an anti-terrorism measure, the existence of proper procedural guarantees is essential. In my view, access to court and judicial control should always be guaranteed. Not only *ex post facto* at a trial against a suspected terrorist, but also as much as possible in the pre-trial stage when intrusive investigative measures are taken. We should confront terrorism *within* our legal framework. As a matter of principle suspected terrorists should receive the same level of procedural guarantees as other suspected criminals. Withholding terrorists the system of judicial control strikes at the roots of our legal order and it merely provides a fertile ground for radical movements (claiming that the democratic societies based on the Rule of Law impose dual standards). In that sense the weak wording of Article VI of the 2005 Guidelines on the Protection of Victims of Terrorist Acts is regrettable. It mentions that „States should [...] *strive* to bring individuals suspected of terrorist acts to justice and obtain a decision from a competent tribunal within a reasonable time". In my view, the text should be clarified in the sense that this does not mean that it opens the possibility of not bringing suspects of terrorist crimes to a court (e.g. administrative detention).

---

7 Barkhuysen/Kuijer/Lawson (2004).

V. The Creation of a Separate Legal Space for Terrorism

I would differentiate between issues concerning additional investigative powers for the authorities and issues concerning procedural protection offered to a suspect.

With regard to the latter category, I do not – in general – favour the creation of a separate legal regime applicable to cases related to terrorism. As I stated above, I believe that as a matter of principle suspected terrorists should receive the same level of procedural guarantees as other suspected criminals. Withholding terrorists the system of judicial control strikes at the roots of our legal order and it merely provides a fertile ground for radical movements. In general, fair trial guarantees, as they have been interpreted by the Court on the basis of Articles 5 and 6 ECHR, should fully apply in judicial proceedings in the context of terrorism. National courts (and the European Court of Human Rights) have been confronted with „striking the balance" situations before. Most of them were related to organised crime and its distinguishing characteristics. It is therefore already standing case-law of the Strasbourg Court that most procedural rights are not absolute (for example, the right to adversarial proceedings, the right to a public trial, et cetera). Restrictions on these rights have been accepted by the Court with regard to ordinary criminal offences. Member States can now apply this standing case-law vis-à-vis the phenomenon of terrorism. Apart from that, one may look at the practice of some European countries which have been confronted with violent movements on its territory for many years. Turkey had until recently two procedures, one for ordinary crimes, and another for terrorist offences. On top of ECHR-related problems this dual system did not prove to be as effective as planned and therefore it was abolished in the new criminal procedure code.

With regard to issues concerning additional investigative powers, I do favour separate legal regimes for ordinary crimes and terrorist offences in order to avoid „contamination" of ordinary criminal law. I do believe there is a natural tendency for authorities to fully use existing investigative powers, even though the investigative method was originally intended to serve a more limited purpose. Investigative powers tend to extend from terrorist related activities to general criminal investigations.

VI. The Rise of Administrative Measures

In the fight against terrorism, the legislator turns more and more often to administrative measures. To a certain degree this is not surprising. Criminal law is an outstanding example of an *ex post facto* instrument. Criminal law is ordinarily activated *after* an event has taken place.[8] Of course, national authorities will try to prevent

---

8 The introduction of some new criminal offences, such as the prohibition of preparatory acts with a view of executing a terrorist attack, seems to be at odds with this general feature of criminal law.

criminal acts from occurring. This is even more true with regard to terrorist acts which could potentially have a devastating impact on the lives of many people. The special characteristics of the social phenomenon (terrorism) call for non-criminal solutions. However, it cannot be totally excluded that the „popularity" of administrative law is partly due to a desire to „circumvent" the high procedural guarantees of criminal proceedings. Also in administrative proceedings therefore a person should be able to enjoy full and effective access to court, including „rights of the defence".

VII. Security legislation in the Netherlands, including its evaluation

Let me now turn to the domestic practice in a particular European country, one that has not been confronted with a history of frequent terrorist attacks, The Netherlands. I will first summarize the various legislative amendments to Dutch (procedural) law. I will then make some comments about the practice of evaluating security legislation in The Netherlands.

The *Crimes of Terrorism Act*, which came into effect on 10 August 2004, changed a number of penal provisions on the basis of the EU Framework Decree on Combating Terrorism. The intention is to toughen up the substantive criminal law to better express the fact that terrorist crimes are classified among the most serious of crimes. In cases where there is a terrorist objective, a number of offences that were already punishable under criminal law (murder, arson and hijacking) have been classified as terrorist crimes and – where possible (many offences were already potentially punishable by life imprisonment) – made subject to a more serious punishment. The latter also applies to a number of crimes that are committed with a view to the facilitation of intended terrorist crimes (see, for instance, Article 225, third paragraph, of the Criminal Code: forgery of documents for the purpose of facilitating a terrorist crime). In addition, the jurisdiction relating to terrorist crimes has been expanded. The Crimes of Terrorism Act also executes national policy intentions in the area of counterterrorism. These intentions were announced in the Government Memorandum entitled „Counterterrorism and the protection of society", as a result of which the penalisation of conspiracy to commit serious terrorist crimes (compare, for instance, Article 114b of the Criminal Code) was added to the legislative proposal on terrorist crimes by means of a memorandum of amendment. Recruiting for the purpose of armed combat was also added to the scope of the criminal legislation (Article 205 of the Criminal Code). During parliamentary debate on this Act, one political party (D´66, the liberal democrats) urged the Minister of Justice to introduce a sunset clause. The Minister of Justice, Donner, declined stating that the measures introduced by the Act were not intended to be temporary emergency measures.[9]

---

9 See Kamerstukken 28 463, no. 10: „De leden van de D66-fractie vroegen tenslotte of de regering bereid is een horizonbepaling in het wetsvoorstel in te voegen. Zulks ligt naar mijn

The Act amending the Code of Criminal Procedure relating to an arrangement for interviewing protected witnesses and a number of other subjects (*Protected Witnesses Act*) came into effect on 1 November 2006. This Act aims to broaden the usability of official reports of the General Intelligence and Security Service (AIVD) by allowing the information contained in official AIVD reports to be investigated further by means of the hearing of witnesses. The Act broadens the possibilities for considering „the interest of national security" when interviewing witnesses. The Act provides a method for the secluded interviewing of witnesses by the examining magistrate. The defence in criminal cases retains the right to interview witnesses. The defence has the opportunity to submit questions that may be posed to the witnesses through the intervention of the examining magistrate. These questions must be submitted in a manner tailored to the circumstances of the interview (now that the defence will not be permitted to attend the examination of the witness in the interest of national security, or will only be permitted to do so in highly exceptional cases). The statement of a protected witness who was interviewed in this manner will be included in a report of the witness interview, which will be drawn up by the examining magistrate after he has ascertained that the text of the statement included in the report does not threaten national security. Because ultimately only the General Intelligence and Security Service can fully assess whether the publication of certain information documented in the report of the witness interview may be a threat to national security, consolidation of the report formulated by the examining magistrate will subsequently only take place subject to the witness's consent. This is, therefore, an exceptional deviation from the starting point that it is the examining magistrate who determines which information becomes part of the procedural documents. In addition, the Act adapts the statutory law of evidence in the sense that official reports of the Intelligence and Security Services can, henceforth, be legally classed as valid written documentation in all circumstances. The situation whereby these written documents can no longer be used solely as evidence in relation to the content of other evidence is excluded. Also during parliamentary debate on this particular Act, one political party (again the liberal democrats D'66) urged the Minister of Justice to introduce a sunset clause. The Minister of Justice, Donner, declined again: international terrorism was not a temporary phenomenon and the measures that were introduced were not intended as temporary emergency measures. However, evaluation of legislation after 4 or 5 years was agreed upon.[10]

---

    mening niet voor de hand. De strafbaarstelling van samenspanning tot de ernstigste terroristische misdrijven is niet bedoeld als tijdelijke noodmaatregel, doch past bij de lijn inzake strafbaarstelling van samenspanning die in het Wetboek van Strafrecht gekozen is. Daarbij ligt het niet in de lijn der verwachting dat zich binnen een jaar na inwerkingtreding van dit wetsvoorstel dusdanig veel gevallen voordoen waarin deze bepalingen worden toegepast, dat evaluatie op die termijn zinnig voorkomt."

10   „Een evaluatie van de bruikbaarheid van de regeling is wat anders. Het lijkt mij echter dat een horizonbepaling niet in de wet moet worden opgenomen. Ik ben gaarne bereid, toe te zeggen de werking van de regeling in den brede over vier of vijf jaar te evalueren." (Kamerstukken 29 743, no. 78).

The Act amending the Code of Criminal Procedure and a number of other Acts for the purpose of documenting the authorisation to demand information (*Act on the Authorisation to demand Information*) came into effect on 1 January 2006. This Act aims to lay down general authorisations for demanding information in the Code of Criminal Procedure. If third parties – individuals, agencies, companies – have information that may be relevant to the investigation of crimes, it may be necessary to collect this information for the purpose of investigating crimes. Once again, the Minister of Justice committed to an evaluation of the legislation after a period of 4 or 5 years.[11]

The Act amending the Code of Criminal Procedure, the Criminal Code and a number of other Acts for the purpose of broadening the opportunities for the investigation and prosecution of terrorist crimes (*Act for the Broadening of the Opportunities for the Investigation and Prosecution of Terrorist Crimes*) came into effect on 1 February 2007. Briefly stated, this Act has introduced the following changes to the criminal process: (a) broadening of the opportunities for collecting information in an exploratory investigation; (b) broadening of the opportunities for searching individuals, items, et cetera without a concrete suspicion of a crime; (c) with a view to the above, safety risk areas may be designated; (d) broadening of the use of special investigative powers, such as systematic surveillance and telephone tapping. The use of these investigative powers will be possible in the case of indications of a terrorist crime rather than, as was the case, suspicion of a crime; (e) enabling detention upon suspicion of a terrorist crime. Detention is the first phase of remand, which lasts for 10 days. For crimes other than terrorist crimes, „substantial evidence" against the suspect is required. With regard to terrorist crimes the rule applies that the suspect can be held in custody even if there is only a normal level of suspicion; (f) postponement of full access to procedural documents is possible for a period not exceeding two years, compared to the current obligation to bring a case before the court - and therefore make the documents public - no later than after 90 days of detention. This time the issue of the inclusion of a sunset clause was raised in parliamentary debate by the socialist party (PvdA). The new Minister of Justice, Hirsch Ballin, urged the parliament not to include a sunset clause for similar reasons as his predecessor. A sunset clause would only be desirable in case the societal phenomena that led to the legislative proposals are of a temporary nature. That is not considered the case as far as international terrorism is concerned. However, the Minister was more than willing to agree to evaluation of the legislation once adopted.[12] However, this evaluation has not yet taken place.

11 Handelingen 2004-2005, 5 Juli 2005, EK 32 32-1495.
12 See Handelingen 2006/07, no. 5, pp. 217-218 („Dat laat onverlet dat ik uiteraard bereid ben de werking van dit wetsvoorstel, nadat het tot wet is verheven en in werking is getreden, op termijn te evalueren. Voor een koppeling van een dergelijk evaluatie-onderzoek aan een horizonbepaling zie ik evenwel geen aanleiding. Een horizonbepaling kan in de rede liggen, wanneer wordt voorzien dat de verschijnselen die tot indiening van dit wetsvoorstel hebben geleid van snel voorbijgaande aard zijn. Dat is bij het internationaal terrorisme, zo is inmiddels in de afgelopen jaren duidelijk geworden, helaas niet het geval.").

The Act for the implementation of the International Convention for the Combating of the Financing of Terrorism (*Act for the Combating of the Financing of Terrorism*), which was signed on 9 December 1999 in New York. It came into effect on 1 January 2002. Among other things this Act broadened the penalisation options for preparatory activities in the sense that the requirement that the preparations must be conducted in association with two or more persons no longer exists.

The Act amending the Sanctions Act 1977 with a view to the implementation of international obligations aimed at counterterrorism and expanding the monitoring of compliance with financial sanction measures came into effect on 12 January 2002. This Act is strongly linked with the abovementioned Act. Acts such as money-laundering and other – financial – transactions, can facilitate terrorist crimes. The old Sanctions Act 1977 provided a framework to fight such acts, but the limitations laid down in that Act proved to be troublesome. The legislative change has eliminated the limitation to certain states or territories, as a result of which persons and organisations without a demonstrable link to a state or territory now come under the scope of the Sanctions Act 1977.

The Act adopting the European Convention on the recognition of the corporate personality of international non-government organisations which was signed in Strasbourg on 24 April 1986, came into effect on 1 February 2007. The Act broadens the civil-law options for banning terrorist organisations. The regulation is linked to the international lists naming persons and organisations associated with terrorist activities. These lists are intended to ensure that financial institutions refrain from providing further services to persons and organisations on the lists (the lists are sometimes referred to as the „frozen lists"). Among other things, the Act amends Article 2:20 of the Civil Code and Article 140 of the Criminal Code. As a result, for instance, organisations that have been placed on an international list are legally prohibited and participation in the continuation of a prohibited (terrorist) organisation is subject to criminal prosecution. No sunset clause or evaluation clause was adopted during parliamentary debate. However, the government was urged by the Christian Democrats (CDA) to raise the issue of transparency of the listing and delisting procedures on both the level of the United Nationals as well as that of the European Union.

The legislative proposal containing regulations relating to the imposition of restrictive measures on persons in the interest of national security and in respect of refusing or revoking decisions in the interest of national security (*Act on Administrative Measures for National Security*). This legislative proposal provides for the introduction of a periodical reporting duty or an area ban or personal ban for persons associated with terrorist activities or the facilitation of terrorist activities. The measures may be imposed on the basis of facts and circumstances that, in themselves, are or appear to be insufficient for criminal prosecution, but which are of such a nature that measures are justified. Furthermore, this legislative proposal determines the options that municipalities and administrative bodies have for revoking subsidies or permits of persons and organisations associated with terrorist activities or the facilitation of terrorist activities. This measure may be extended by a maximum of 2 years. The administrative measure is imposed by the Minister of the Interior and Kingdom Relations in conjunction with the Minister of Justice. The affected party may lodge a written objection with the Minister of the Interior and Kingdom Relations and subsequently has the option to appeal to the court and, if necessary, to the Administrative Jurisdiction Division (*Afdeling Bestuursrechtspraak*) of the Council of State (*Raad van State*). If the party involved ignores the measure, a custodial punishment may be imposed. In the original legislative proposal no sunset clause was included. Once again, the Liberal Democrats D´66 tried to include such a provision.[13] Originally, they did not succeed. However, a slightly modified sunset clause (proposed by the Christen Unie[14]) did receive a parliamentary majority and was included in Article 11 of the amended Act. The Act will expire on 1 January 2012, unless the prolongation of the Act is decided by Royal Decree. In the explanatory note to the amendment, it is stated that the inclusion of the sunset clause will offer the possibility to parliament to examine the necessity and proportionality of the extraordinary measures introduced. A period of five years is chosen, so that the members of parliament can base their decision on the first three-annual evaluation of the legislation. The Act is now deliberated by the Senate of the Dutch parliament.

Draft legislative proposal for the partial amendment of the Criminal Code, the Code of Criminal Procedure and a number of associated laws. This draft legislative proposal is aimed at *penalising participation in a terrorist training camp* insofar as this is not already punishable by law. Participating and assisting in a terrorist training camp is made punishable by law. This also applies if such training camps are located in other countries and are focussed on committing terrorist crimes in the Netherlands. This legislative change has, in part, an international background. It is associated with Article 7 of the European Convention for the Prevention of Terrorism that was signed in Warsaw in May 2005. A maximum prison sentence of 8 years will apply to both participating and assisting in terrorist training.

From the above, it can be concluded that various legislative proposals have only been adopted by Dutch parliament after the Minister of Justice agreed upon evaluation of the legislation after a period of a couple of years. So far, however, no such evaluation research has been conducted yet in view of the fact that the security legislation has only been adopted recently. In one instance, the legislative proposal has been amended by parliament to include a sunset clause. It proves difficult to get evaluation or sunset clauses included in security legislation. Perhaps not surprisingly, inclusion of such clauses is supported by political parties in the political centre of left.

More generally speaking, in November 2007 a slight political majority was in favour of a more overall evaluation of the security legislation in The Netherlands. On 11 July 2008 the Ministers of Justice and of the Interior informed the Parliament that

---

13 Tweede Kamer 30 566, no. 8, amendment by Pechtold.
14 Tweede Kamer 30566, no. 13, amendment by Anker, supported by the political „left" (SP, PvdA, GroenLinks, D´66, PvdD and ChristenUnie).

the Netherlands anti-terrorism legislation will be evaluated by a temporary commission consisting of external experts under the chairmanship of dr. J.J.H. Suyver. The letter of both Ministers is in response to questions asked by one of the political parties, D66, the liberal democrats. The proposed evaluation is not so much concerned with efficiency, but with effectiveness (and therefore, the question whether the additional legislative measures are truly necessary).[15]

On the European level, a similar proposal by the European Parliament was accepted by the Council and the Commission in September 2007. But all in all there are very few materials on the issue of security legislation. In an American research of 2006, conducted by the Mason University and the Rutgers University, more than 20.000 studies on terrorism were examined. In only 1.5% of all these publications a few word were dedicated to the evaluation of the anti-terrorism policies and legislation, and only 8 publications were written after 9/11.

VIII. Collecting Intelligence and the Notion of Privacy

Various investigation techniques have been developed over the last few years: DNA-testing, CCTV, telephone tapping, data mining, monitoring of internet activity, to name a few. Yet to date the debate on privacy issues seems to be almost non-existent. In as far as there is some kind of debate, it is conducted amongst an inner circle of privacy (or general human rights) experts. The reaction of the general public seems to be „I've got nothing to hide".[16] Personally, I believe there are at least two reasons to have a more fundamental debate: (a) the accumulative effect of all investigative measures combined; and (b) the fact that the gathering of intelligence is increasingly extending to people who are not suspected of having committed a criminal offence (potential suspects are monitored on the basis of their risk profiles).[17]

The European Court has dealt with the issue of collection and the use of data by intelligence agencies on various occasions[18]. Let me take the June 2006 inadmissibility decision of the Court in the case of *Weber*[19] as a starting point. The case concerns the so-called G 10 Act and the extension of the powers of the Federal Intelligence Service with regard to the recording of telecommunications in the course of

---

15 Kamerstukken II 2007-2008, 29 754, no. 132.
16 In political debate the same argument is often used to plead in favour of an extension of investigative powers: if you have nothing to hide, you have nothing to fear. However, this puts the onus in the wrong place. It is for states to justify the interference in privacy, not for individuals to justify their concern about the interference.
17 See also Vedder/van der Wees/Koops/de Hert (2007).
18 For example: ECHR, 6 September 1978, Klass a.o. – Germany (Series A-28) and ECHR, 26 March 1987, Leander – Sweden (Series A-116), all ECHR decisions available at http://www.coe.int/T/D/Menschenrechtsgerichtshof/.
19 ECHR, 29 June 2006, Weber & Saravia – Germany (appl. no. 54934/00), available at http://www.coe.int/T/D/Menschenrechtsgerichtshof/.

so-called strategic monitoring, as well as the use of personal data obtained thereby and their transmission to other authorities. Numerous telecommunications could be monitored, in the absence of any concrete suspicions, with the aid of catchwords which remained secret. Weber is a freelance journalist who works for various German and foreign media on a regular basis. In particular, she investigates matters that are subject to the surveillance of the Federal Intelligence Service, notably armaments, preparations for war, drug and arms trafficking and money laundering. In view of her activities she was convinced that she would be monitored by the German intelligence service and she complained that certain provisions of the G 10 Act violated her right to respect for private life and correspondence as protected by Article 8 ECHR. The Court held that there had been an interference with the Article 8-rights of Ms Weber. Even though she was unable to demonstrate that the Law had actually been applied to her, she was member of a group of persons likely to be affected by the measures introduced in the Law. The mere existence of legislation allowing a system for secret monitoring of communications was therefore sufficient to continue with the examination of the complaint.[20] In addition, the Court held that the transmission of data to and their use by other authorities constituted a further separate interference with the applicants' rights under Article 8.[21] A third interference was found in light of the refusal to notify the persons concerned of surveillance measures taken (in that this may serve to conceal monitoring measures interfering with the applicants' rights under Article 8 which have been carried out by the authorities).

Interferences such as the above-mentioned can be compatible with Article 8 ECHR as long as they are „in accordance with the law", serve a legitimate aim, and are necessary in a democratic society. With regard to the first hurdle, the Court was satisfied that the German Act fulfilled the Court's criteria. In its case-law on secret measures of surveillance, the Court has developed the following minimum safeguards that should be set out in statute law in order to avoid abuses of power: the nature of the offences which may give rise to an interception order; a definition of the categories of people liable to have their telephones tapped; a limit on the duration of telephone tapping; the procedure to be followed for examining, using and storing the data obtained; the precautions to be taken when communicating the data to other parties; and the circumstances in which recordings may or must be erased or the tapes destroyed.[22] The second hurdle was equally unproblematic. The Court referred to „national security" which is a legitimate aim within the meaning of Article

---

20 Cf. ECHR, 6 September 1978, Klass a.o. – Germany (Series A-28), available at http://www.coe.int/T/D/Menschenrechtsgerichtshof/.
21 Cf. ECHR, 4 May 2000, Rotaru – Romania (appl. no. 28341/95), available at http://www.coe.int/T/D/Menschenrechtsgerichtshof/.
22 Often legislators fail to meet this first hurdle in the Court's test. See, for example, ECHR, 12 May 2000, Khan – the United Kingdom (appl. no. 35394/97; measures were based on legally non-binding guidelines which were not directly publicly accessible) and ECHR, 31 May 2005, Antunes Rocha – Portugal (appl. no. 64330/01; provisions in domestic legislation too vague), all ECHR decisions available at http://www.coe.int/T/D/Menschenrechtsgerichtshof/).

8 § 2 ECHR. With regard to the final hurdle, the necessity-test, the Court stresses the „fairly wide margin of appreciation" enjoyed by the national authorities. There are some more general criteria which are reiterated in the judgment: the nature, scope and duration of the possible measures, the grounds required for ordering them, the authorities competent to authorise, carry out and supervise them, and the kind of remedy provided by the national law.

In the Court's approach with regard to the necessity-test there seems to be a strong emphasis on the existence of procedural guarantees and independent supervision. Interestingly enough, the Court hardly pays attention to technical and operational considerations when examining the proportionality of the measures concerned. In light of the emergence of behaviour prediction technologies, it seems prudent to take these considerations into account when determining whether a measure has been proportionate. This leads me to one final concern. States should be particularly sensitive to the potential for indirect or direct discrimination. So called „terrorist profiling" (which is at the heart of many State's response to the so-called war on terror) may easily turn into ethnic or racial profiling.

IX. The Arrest of Terrorism Suspects

„The shooting took place on a fine Sunday afternoon" could be the opening sentence of an Ernest Hemingway novel, but is in fact to be found in the *McCann* judgment of the European Court of Human Rights.[23] In 1988, the United Kingdom, Spanish and Gibraltar authorities became aware that the Irish Republican Army (IRA) was planning a terrorist attack on Gibraltar. More specifically, the assembly area south of Ince's Hall where the Royal Anglian Regiment usually assembled to carry out the changing of the guard every Tuesday at 11.00 hours. The attack would be carried out by McCann, Farrell and Savage, most probably by using a car bomb. McCann and Farrell had previously been convicted for terrorist activities, Savage was a known explosives expert. Members of the SAS (Special Air Services) were sent to Gibraltar to foil the attempt. On Sunday the 6th of March 1988, two days prior to the changing of the guard, the three alleged IRA members were spotted in Gibraltar. Savage parked his car in the vicinity of the likely target and was then seen in the company of McCann and Farrell. The SAS considered the possibility that the car contained a bomb that could be detonated from a distance. It was decided that the situation had become too dangerous for bystanders and that an arrest had to be effected. The SAS agents were ordered to arrest the three suspects. At this point Savage split away from suspects McCann and Farrell. Two SAS agents followed Savage, two of them followed McCann and Farrell. When McCann made a „sudden and aggressive" movement, the SAS agents decided to open fire. McCann was hit by five bullets.

---

23   ECHR, 27 September 1995, McCann a.o. – the United Kingdom (Series A-324), § 68, available at http://www.coe.int/T/D/Menschenrechtsgerichtshof/.

Farrell who had been walking besides McCann grabbed for a handbag and was hit by eight bullets. When the two other SAS agents tried to arrest Savage, he „spun round and his arm went down towards his right hand hip area". The agents believed he was going for a detonator. Savage was shot a total of 16 times. According to the pathologist who conducted the post-mortem, Savage was „riddled with bullets". Some of which were most likely fired into Savage's head as he lay on the ground. No weapons were, however, found on McCann, Farrell and Savage. The car that Savage had parked a few hours before did not contain any explosives. Two days later a car was discovered in a basement car-park in Marbella. It contained over 60 kilos of Semtex explosive. A horrible terrorist attack had been prevented.

What remains to be determined is whether the British authorities, i.e. the SAS operation, dealt with the terrorist threat in an appropriate manner consistent with human rights standards. On 28 April 1988 Thames Television broadcasted its documentary entitled „Death on the Rock", during which a reconstruction was made of the events in Gibraltar on that fine Sunday afternoon. The documentary sparked off a public debate on the immediate use of lethal force by the SAS agents. In September 1988, an inquest by the Gibraltar Coroner into the killings was opened. In those proceedings the families of the deceased were represented. The inquest lasted nineteen days during which seventy-nine witnesses were heard. At the conclusion of the inquest, the jury returned verdicts of lawful killing by a majority of nine to two. After equally unsuccessful actions in the High Court of Justice in Northern Ireland against the Ministry of Defence, the families of the deceased lodged a complaint with the European Court of Human Rights invoking Article 2 ECHR (the right to life).

In its judgment the European Court held Article 2 ECHR to be violated. Article 2 ECHR sets out the circumstances when deprivation of life may be justified. An essential condition is that the use of lethal force needs to be „absolutely necessary". In the present case the Court was not convinced of this. In order to reach that decision it examined four different aspects:

- the relevant domestic law;
- the planning, preparation and organisation of the operation;
- the execution of the operation by the State agents; and
- the *ex post facto* investigation into the lawfulness of the operation.

Those four aspects need to be in conformity with the Strasbourg standards of the European Court of Human Rights. I will not deal with the Court's judgment in detail. Having said that, there are some more general aspects of the judgment I would like to emphasise:

Firstly, the Court produced a detailed and elaborate reconstruction of the facts. High Contracting Parties better get used to the idea that their anti-terrorist operations are subject to thorough supervision on the international level. In other Strasbourg judgments the European Court left Contracting States a wide margin of appreciation in case considerations of national security were at stake[24], but that line of reasoning is definitely not adopted by the Court in the present case.

Secondly, the Court seems very aware of the difficulties encountered by domestic authorities when confronted with a terrorist threat. It acknowledged that it is well aware that States may face immense difficulties in protecting their citizens from terrorist violence. Accordingly, national authorities have a „duty to protect the lives of the people of Gibraltar including their own military personnel" (paragraph 192). The use of lethal force, if „absolutely necessary", can therefore be justified under Article 2 ECHR. Even if the intelligence on the basis of which the operation was executed turns out to be false. Inevitably, the security authorities are not in possession of the full facts and are obliged to formulate their policies on the basis of incomplete hypotheses (paragraph 193). The Court is prepared to assume the good faith of the national authorities in that regard.

Thirdly, the considerations of the Court with regard to the *preparation of the operation* are noteworthy. The Court believes that the use of lethal force became almost inevitable after the authorities decided to let the three suspects enter Gibraltar. Why were the three suspects not arrested at the border immediately on their arrival in Gibraltar? Why did the authorities not prevent them from entering Gibraltar if they were believed to be on a bombing mission? The answer is simple. Because the authorities wanted to collect as much evidence as possible in order to secure a criminal conviction. And this is an inherent dilemma in the fight against terrorism: the necessity of preventing terrorist attacks as much as possible versus the desire to secure a criminal conviction of a terrorist suspect.

Finally, the violation found by the Court was partly based on the manner of *execution of the operation*. The Court disapproves with the „automatic recourse to lethal force". The Court disapproves with a „license to kill" policy.

The Court's judgment that the SAS operation had been in breach with the requirements of the Convention was not welcomed with great enthusiasm in the United Kingdom. The British tabloids characterised the judgment as a victory of the IRA; „Europe" was frustrating an effective fight against terrorism. Prime Minister John Major described the judgment as „irresponsible and defying common sense".[25] Vice-Prime Minister Hesseltine announced „not to take the slightest notion of this ludicrous decision".[26] The British government wrote a memo in which the Court was severely criticised and in which proposals were made to amend the election procedure of members of the Court.[27] In my opinion, the violent reaction of the British authorities is unjustified. The Court did not undermine the effective fight against terrorism. The British response to the *McCann* judgment demonstrates that emotions can run high in case of issues related to the fight against terrorism. The politically

---

24 For example, ECHR, 28 October 1994, Murray – the United Kingdom (Series A-300-A), § 47, available at http://www.coe.int/T/D/Menschenrechtsgerichtshof/.
25 The Independent of 28 September 1995.
26 See Lawson (1996), p. 553.
27 Financial Times of 3 April 1996. See also: Kuijer (2004), p. 253.

sensitive nature of anti-terrorism measures may be understandable to a certain extent, but it is exactly for this reason why international supervision by a human rights tribunal is of such great importance. It offers a more objective system of checks and balances in order to ensure that national authorities – stirred up by emotions – continue to respect fundamental right and freedoms.

X. Criminal Trials of Terrorism Suspects and the (Un)Accountability of Information from Intelligence Agencies in Judicial Proceedings

The issue of access to court has already been addressed in this contribution. Equally important is the issue of evidence, i.e. the use of information from intelligence agencies in judicial proceedings and its impact on the right to adversarial proceedings and the equality of arms principle.[28] Counterterrorism measures are often based on confidential information from intelligence services. In view of that fact, an absolute prohibition on using information available to intelligence services in judicial proceedings would be undesirable and make it all but impossible to fight terrorism effectively. Furthermore, the public would regard it as inexplicable if a public authority in possession of highly relevant evidence did not share this evidence with the courts because of the confidential nature of the work of intelligence services. It would be equally undesirable to require an intelligence service to disclose in full the manner in which certain information is collected. That would interfere with its ability to do its work effectively in an unacceptable way.

This tension is recognised in the Court's case law. In the *Al-Nashif* case, the Court states: „Where national security considerations are involved certain limitations on the type of remedies available to the individual may be justified [...] Article 13 requires a remedy ‚as effective as it can be'".[29] One could also refer to the 2002 Guidelines of the Committee of Ministers of the Council of Europe on human rights and the fight against terrorism, which state that „the imperatives of the fight against terrorism may . . . justify certain restrictions to the right of defence, in particular with regard to: . . . (ii) the arrangements for access to the case-file".[30]

---

28 According to Strasbourg case-law the right to adversarial proceedings implies the opportunity for the parties to a trial to have knowledge of and comment on all evidence adduced or observations filed [ECHR, 20 February 1996, Vermeulen – Belgium (appl. no. 19075/91), § 33, available at http://www.coe.int/T/D/Menschenrechtsgerichtshof/]. According to the equality of arms principle „each party must be afforded a reasonable opportunity to present his case – including evidence – under conditions that do not place him at a substantial disadvantage vis-à-vis his opponent" [ECHR, 27 October 1993, Dombo Beheer – The Netherlands (appl. no. 14448/88), § 33, available at http://www.coe.int/T/D/Menschenrechtsgerichtshof/].

29 ECHR, 20 June 2002, Al-Nashif – Bulgaria (appl. no. 50963/99), § 136, available at http://www.coe.int/T/D/Menschenrechtsgerichtshof/.

30 Adopted on 11 July 2002 at the 804th session of the Council of Europe Committee of Ministers, Principle IX, paragraph 3.

Unaccountability of information from intelligence agencies is in my view undesirable and unnecessary. Various forms of limited accountability may be considered. One possibility is to be found in Dutch criminal procedural law.[31] Fairly unproblematic is the use of official reports of the General Intelligence and Security Service as starting information for a criminal investigation. More problematic is the use of such reports as evidence at a criminal trial in order to secure a conviction.[32] In the latter scenario it is particularly important that the reliability of the data contained in such reports can be tested. On 1 November 2006 an amendment to the Code of Criminal Procedure (protected witnesses; *afgeschermde getuigen*) entered into force in order to improve the practicability of such reports in criminal proceedings.[33] The law provides for an isolated hearing of an official active for the intelligence and security service as a witness by the examining magistrate. The defence retains the right to hear the witness. However, the examination of the witness in open court by the defence is only possible in highly exceptional circumstances in light of state security considerations. Therefore, in most instances the defence will only be able to check the reliability of the witness by submitting questions to the examining magistrate who will serve as an intermediary. The statement of a protected witness heard in this way shall be included in a report to be drawn up by the examining magistrate, after having ascertained that the text laid down in the report does not damage state security. Because ultimately only the intelligence service can fully assess whether disclosure of certain information laid down in the record of the witness examination would damage state security, the report shall only be admitted to the proceedings subject to approval of the witness. An additional guarantee is that a conviction may not be solely or to a decisive extent be based on the report. Sentencing based mainly on the report as only evidence is not possible.

Even though the European Court of Human Rights prefers a direct confrontation with a witness at a public hearing, it has allowed the use of anonymous witnesses under certain specific circumstances in its case-law. The Court has acknowledged that considerations of state security may justify a limitation of the right to question witnesses.[34] In its *Edwards and Lewis* judgment[35], the Court stated:

---

31 There is a lively debate in Dutch literature. See, among others, Alink (2004); Buruma/Muller (2003), p. 2144, and van Wifferen (2003), p. 617.
32 Prakken (2004).
33 See the explanatory memorandum to the bill (Kamerstukken 2003-2004, 29 743, no. 3). The legislative proposal coincided with some court rulings in which the issue of the use of information from intelligence agencies was discussed: a ruling by the Regional Court of Rotterdam of 18 December 2002 (LJN AF2141) and a ruling by the Court of Appeal of The Hague of 21 June 2004 (LJN AP2058).
34 ECHR, 24 June 2003, Dowsett – the United Kingdom (appl. no. 39482/98), § 42, available at http://www.coe.int/T/D/Menschenrechtsgerichtshof/.
35 ECHR, 22 July 2003, Edwards and Lewis – the United Kingdom (appl. nos. 39647/98 and 40461/98), § 53. See also ECHR, 16 February 2000, Fitt – the United Kingdom (appl. no. 29777/96), § 45, all ECHR decisions available at http://www.coe.int/T/D/Menschenrechtsgerichtshof/.

„The entitlement to disclosure of relevant evidence is not [...] an absolute right. In any criminal proceedings there may be competing interests, such as national security or the need to protect witnesses at risk of reprisals or keep secret police methods of investigation of crime, which must be weighed against the rights of the accused. In some cases it may be necessary to withhold certain evidence from the defence so as to preserve the fundamental rights of another individual or to safeguard an important public interest. Nonetheless, only such measures restricting the rights of the defence which are strictly necessary are permissible under Article 6 § 1. Furthermore, in order to ensure that the accused receives a fair trial, any difficulties caused to the defence by a limitation on its rights must be sufficiently counterbalanced by the procedures followed by the judicial authorities [...]"

There are various „counterbalancing measures" provided for in the law. Most importantly, the hearing of the protected witness is handed over to the independent courts. From the *Edwards and Lewis* judgment it can be concluded that the European Court of Human Rights is of the opinion that if certain information is withheld from the defence, the deciding body may not take note of that information either. Therefore, the questioning of the protected witness is left to the examining judge, and not (one of) the judges hearing the case. Equally important is the fact that the defence must have an adequate and proper opportunity to challenge and question the witness, directly or on his behalf. The new law deliberately copies the legal framework which is in place for „ordinary" anonymous witnesses which is strongly influenced by Strasbourg case-law[36] and which has (eventually) been found in conformity with Strasbourg standards[37]. As I mentioned before, in most instances the defence will only be able to check the reliability of the witness by submitting questions to the examining magistrate who will serve as an intermediary. In my opinion, practice will have to be as „interactive" as possible in order to ensure compatibility with ECHR standards. Another safeguard was already mentioned before: a conviction may not be solely or to a decisive extent be based on the report. Yet again this safeguard is copied from Strasbourg case-law.[38] Other guarantees include: the requirement that the examining magistrate must be able to inform himself of the full identity of the witness, the requirement that the witness be sworn in, and the obligation for the judge to carefully motivate the use and reliability of the evidence[39]. Taking into account the various safeguards in the new law, I do not share the opinion of those who

---

36 ECHR, 20 November 1989, Kostovski – the Netherlands (appl. no. 11454/85), ECHR, 27 September 1990, Windisch – the Netherlands (appl. no. 12489/86), and ECHR, 23 April 1997, Van Mechelen a.o. – the Netherlands (appl. nos. 21363/93, 21364/93, 21427/93 and 22056/93), §§ 50-55, all ECHR decisions available at http://www.coe.int/T/D/Menschen rechtsgerichtshof/.
37 ECHR (admissibility), 4 July 2000, Mink Kok – the Netherlands (appl. no. 43149/98), available at http://www.coe.int/T/D/Menschenrechtsgerichtshof/.
38 For example, ECHR, 20 November 1989, Kostovski – the Netherlands (appl. no. 11454/85), available at http://www.coe.int/T/D/Menschenrechtsgerichtshof/.
39 Cf. ECHR, 27 January 2004, Lorsé – the Netherlands (appl. no. 44484/98) and ECHR, 27 January 2004, Verhoek – the Netherlands (appl. no. 54445/00) (all ECHR decisions available at http://www.coe.int/T/D/Menschenrechtsgerichtshof/. In both cases this proved to be an important element in the assessment whether a trial could be deemed a fair trial in the sense of Article 6 ECHR.

argue that the law as such is in breach with Strasbourg requirements. However, much will depend on the manner in which a judge handles a specific case.

This example from Dutch law symbolizes the difficulties when „striking the balance". Undoubtedly, the law raises human rights concerns. The legislator was conscious of those human rights concerns, but was equally aware of the undesirability to prohibit the use of information from intelligence agencies in judicial proceedings in absolute terms. Therefore, the legislator arrived at a solution which it would not consider desirable in „normal" circumstances. This raises the more general question whether it is desirable to create a separate legal space for the handling of terrorism.

XI. Concluding Comments

Evaluation of security legislation is on the national level – perhaps surprisingly enough – not as of yet a sexy topic in the debate on anti-terrorism policies. I guess that this can partly be explained by the fact that so far the discussion on human rights compatibility of security legislation has been dominated by human rights lawyers. It has hardly played a role in the political debate, let alone in a more general public debate. Perhaps this reluctant attitude towards evaluation of security legislation can be explained by the fact that politicians feel that they should be seen as being „determent" in the fight against terrorism. It is felt that urging for evaluation of the fight against the horrific phenomenon of international terrorism is a nuance which could easily be mistaken for a weakness. However, we should not forget that we already have an international system to „evaluate" our security legislation. And we have had this system for many decades. The very first judgment of the Strasbourg Court, in the case of *Lawless*, dealt with the fight against terrorism. Many judgments were to follow in which the Court had to rule on the conformity of various kinds of anti-terrorism measures with ECHR standards. From IRA terrorism in the *Lawless* case, via the Turkish cases relating to the PKK to the recent judgments against the Russian Federation concerning operations in Chechnya. The European Court of Human Rights provides a safety net. It offers a more objective system of checks and balances in order to ensure that national authorities – stirred up by emotions – continue to respect fundamental right and freedoms. Thereby, from its *Lawless* judgment the Court has contributed greatly to avoid a state of lawlessness in the fight against terrorism. Having said that, „striking the balance" between *rights* of terrorist suspects and the *duty* of the state to protect its population remains a difficult challenge, even after more than 45 years.

XII. Literature

Alink (2004), AIVD-informatie als bewijs in het strafproces, in: P.D. Duyx en P.D.J. van Zeben (red.), Nijmegen, pp. 155-179

Buruma/Muller (2003), Wet Terroristische Misdrijven in perspectief, NJB 2003, pp. 2138-2145.

Barkhuysen/Kuijer/Lawson (2004), Voorzichtig met Straatsburg! Interview met onze nieuwe rechter Egbert Myjer, NJCM-Bulletin 2004, pp. 903-904

Kuijer (2004), The Blindfold of Lady Justice – Judicial Independence and Impartiality in Light of the Requirements of Article 6 ECHR, Nijmegen

Lawson (1996), Artikel 2 EVRM en de bestrijding van terrorisme; Britse wrevel over het Hof, NJCM-Bulletin 1996, pp. 553-561

Prakken (2004), Terrorisme en het strafproces, Strafblad 2004, pp. 228-236

Robertson (1960), The First Case before the European Court of Human Rights: Lawless v. the Government of Ireland, in: BYIL 1960, pp. 343-354

Ryssdal (1995), Rudolf Bernhardt at the European Court of Human Rights, in: U. Beyerlin (ed.), Recht zwischen Umbruch und Bewahrung (Festschrift für Rudolf Bernhardt), Berlin, pp. 1-8

Vedder/van der Wees/Koops/de Hert (2007), Van privacyparadijs tot controlestaat? Misdaad- en terreurbestrijding in Nederland aan het begin van de 21e eeuw, Den Haag: Rathenau Instituut

van Wifferen (2003), Intelligence in het strafproces, NJB 2003, pp. 617-621

Verzeichnis der Autoren und Autorinnen

Prof. Dr. Marion Albers, seit 2009 Inhaberin des Lehrstuhls für Öffentliches Recht, Informations- und Kommunikationsrecht, Rechtstheorie an der Universität Hamburg; 2006 - 2009 Inhaberin des Lehrstuhls für Öffentliches Recht, Wirtschafts-, Informations-, Gesundheits- und Umweltrecht an der Universität Augsburg; 1993 – 2000 Wissenschaftliche Mitarbeiterin am Bundesverfassungsgericht. Veröffentlichungen u.a. zu Grundrechten, zum Informations- und Datenschutzrecht sowie zum Sicherheitsrecht.

Prof. Dr. Heiner Bielefeldt, seit 2009 Inhaber des Lehrstuhls für Menschenrechte und Menschenrechtspolitik am Institut für Politische Wissenschaft der Friedrich-Alexander-Universität Erlangen-Nürnberg. 2003 - 2009 Direktor des Deutschen Instituts für Menschenrechte. Veröffentlichungen u.a. zur Philosophie und zu Menschenrechten sowie zu rechtspolitischen Themen.

Dorothée Füth, Beamtin des Landes NRW; seit dem Jahr 2006 bei der Landesbeauftragten für Datenschutz und Informationsfreiheit Nordrhein-Westfalen. Aufgabenbereiche: Polizei, Verfassungsschutz, Rechtsanwälte, Vereine/Verbände, Detekteien.

Hansjörg Geiger, Direktor beim Bundesbeauftragten für die Unterlagen des Staatssicherheitsdienstes der ehemaligen DDR a.D., Präsident des Bundesamtes für Verfassungsschutz a.D., Präsident des Bundesnachrichtendienstes a.D., Staatssekretär im Bundesministerium der Justiz a.D., seit 2003 Honorarprofessor an der Johann Wolfgang Goethe-Universität in Frankfurt am Main. Veröffentlichungen u.a. zum Informationsrecht, zum Sicherheitsrecht, vor allem auch zum Recht der Nachrichtendienste.

Dr. Gerrit Hornung, LL.M., Seit August 2006 Geschäftsführer der Projektgruppe verfassungsverträgliche Technikgestaltung (provet) an der Universität Kassel und Habilitand. 2002-2004 Mitarbeiter bei provet. Veröffentlichungen zum Multimediarecht, insbesondere Datenschutzrecht, zum Recht der elektronischen Signatur, zu biometrischen Identifikationssystemen, zum Einsatz von Telematik im Gesundheitswesen, zu neuen Kommunikationstechnologien und zu informationstechnischen Ermittlungs- und Gefahrenabwehrmaßnahmen.

Dr. Bertold Huber, Vorsitzender Richter am Verwaltungsgericht Frankfurt am Main, Mitglied der G 10-Kommission des Bundes seit Oktober 1997, Redaktionsmitglied der Neuen Juristischen Wochenschrift und der Neuen Zeitschrift für Verwaltungsrecht. Veröffentlichungen zum Recht der Nachrichtendienste und der Kontrolle der Tätigkeit der Nachrichtendienste, zum Verfassungsrecht, zum Ausländer-, Asyl- und Flüchtlingsrecht, Kommunalrecht, Baurecht und Sozialrecht.

Prof. Martin Kuijer, senior legal adviser on human rights law at the Netherlands Ministry of Justice, inter alia responsible for the contribution of the Ministry in cases against the Netherlands before the European Court of Human Rights. Professor in human rights law at the Free University of Amsterdam since 2004, Liaison officer on behalf of the Netherlands government for the European Committee for the Prevention of Torture (CPT) since 2006, substitute judge at the Court of Appeal in Arnhem since 2007. Publications in the field of International Law, European Law, Human Rights.

Dr. Daniel Moeckli, LL.M., Rechtsanwalt, seit 2009 Oberassistent für Öffentliches Recht an der Universität Zürich; vorher u.a. Dozent für Verfassungsrecht und Völkerrecht an der University of Nottingham, Legal Adviser bei der International Bar Association und Gerichtsschreiber am Obergericht des Kantons Bern. Veröffentlichungen zum Völkerrecht, zu den Menschenrechten und zum Sicherheitsrecht.

Dr. Thomas Petermann, seit 1990 stellvertretender Leiter des Büros für Technikfolgen-Abschätzung beim Deutschen Bundestag (TAB). Dort Leitung zahlreicher Projekte, u.a. zu den Themen Gendoping, Zukunftstrends im Tourismus, Aufrüstung im All und Biometrische Identifikationssysteme. Veröffentlichungen u.a. zu den Themenfeldern Technik, Gesellschaft und Politik, Politikberatung sowie Technikfolgenabschätzung.

Dr. Ruth Weinzierl, seit 2004 Wissenschaftliche Referentin am Deutschen Institut für Menschenrechte in Berlin, hier Forschung und Politikberatung zu den Themen Migration, Innere Sicherheit und Europa. 1999-2004 Wissenschaftliche Mitarbeiterin am Jean Monnet Lehrstuhl für das Recht der europäischen Integration und Rechtsvergleichung unter besonderer Berücksichtigung Mittel- und Osteuropas an der Juristischen Fakultät der TU Dresden. Veröffentlichungen u.a. zu menschen-, sicherheits- und asylrechtlichen Themen und zum Europarecht.

Sachverzeichnis

Abschreckende Wirkung 43, 62
Abwägungserfordernisse 42f, 20f
Access to court 170f, 173ff
Accountability of Information 185ff
Additive Maßnahmen 65f, 161
AFIS (Automated Fingerprint Identification System) 130
Akustische Wohnraumüberwachung 34ff, 71f
Allgemeines Persönlichkeitsrecht 72ff, 91, 107
Anlassunabhängige Kontrollen 33, 115f, 120
Antiterrordatei 75
Anti-terrorism measures 173ff
- Accumulative effect 173
- Administrative Measures 174f, 178f
- Criminal Law 174ff
- Necessity 179
- Proportionality 173, 179, 182
Asylrecht 149, 155
Asylverfahrensgesetz 158f

Balance
- between security and personal liberties 171ff
Beauftragter für die Nachrichtendienste 98ff
Befristung 36, 37, 56f
Beobachtungs- und Nachbesserungspflicht 30ff
Berichtspflicht 33ff, 56, 79, 102, 107, 111
Bewegungsprofil 72ff
Bielefelder Projekt 58f
Biometrie 129ff
- Begriff 134f
- Funktionen 130, 135
- Grenzen 134ff
- Kosten 140
- Verfahren 136f
Biometriepolitik 130ff, 138, 141ff
Büro für Technikfolgenabschätzung (TAB) 134, 136, 138

Committee of Ministers of the Council of Europe 172, 185

Datenschutzniveau 99, 152ff, 164f
Datenverarbeitung 95f
- menschenrechtliche Standards 139, 153, 161ff
Datenübermittlung 74ff, 153, 163f
Detailliertes Persönlichkeitsprofil 72f, 96
Diskriminierungswirkung
- von Überwachungsmaßnahmen 119ff
Diskriminierungsverbot 117ff, 122, 126
Dokumentationspflicht 60f, 121

Effektiver Grundrechtsschutz 66, 76, 90, 119
Eignungsnachweis 58, 62
Einwanderungsrecht 155
EMRK 117
Enrolment 134ff
Equality of Arms Principle 185
Erkenntnisquellen 61, 90ff
Erkenntnisvalidität 93
EU-Agentur 149
EU Framework Decree on Combating Terrorism 175
EU-Network of Independent Experts on Fundamental Rights 125
Eurodac 130, 153

193

Europäische Kommission gegen Rassismus und Intoleranz (ECRI) 121, 123, 125
Europäische Parallelentwicklungen 147ff
Europäischer Gerichtshof für Menschenrechte 117, 119, 121f, 150
Europäischer Haftbefehl 150f
- Rahmenbeschluss 150f
European Court of Human Rights 169ff, 180ff
EUROPOL 149, 152f, 163
Evaluation
- human-rights-oriented 169ff
- of legislation 169, 176ff
- research 179
Evaluierung
- biometrischer Identifikationstechnologien 133ff
- des Diskriminierungsverbots 119ff
- Entwicklungsstand 33ff
- auf europäischer Ebene 148f, 165
- europäischer Parallelentwicklungen 148, 151f, 153, 156ff
- Evaluationsbericht 36f, 56f
- Funktionen 21f, 26ff, 56
- Gegenstände 39ff, 134
- und Geheimhaltungserfordernisse 46ff, 111ff
- Kriterien 31 f, 41ff
- kumulativer Überwachungsmaßnahmen 77ff
- Menschenrechtsorientierung 31f, 103, 148
- Methoden 32, 45f
- Organisation 32, 46ff
- Träger 32, 46ff
- Verfahren 32, 44ff
  - ex ante 140, 157ff
- ex post 33, 156, 160 ff
- als Verfassungsgebot 30ff
- der Videoüberwachung 57ff
- Vorher/Nachher-Betrachtung 61
- Ziele 9f, 39ff
- der Zusammenarbeit zwischen Bund und Ländern 38

Fair trial 174
Fingerabdruckerkennungsverfahren 130ff, 135f, 153
Fingerabdruckidentifizierung-System (AFIS) 130
Folterverbot 18f
Freiheit
- Verhältnis zwischen Freiheit und Sicherheit 16 ff, 138f, 171ff
Freiheitsrechte
- Grundlagen 17f
- und Rechtsstaat 13ff
- und Sicherheit 16ff
- Schranken 18ff
FRONTEX 149
„Frozen Lists" 178

G-10-Kommission 70, 97, 98, 108ff
Gefährdungsanalyse 99
Gefahrenbereich 109, 112
Gegenseitige Anerkennung 150f, 154, 156
Geheimhaltungsbedürfnis 46ff, 93f, 98, 111ff
General Intelligence and Security Service (AIVD) 176, 186
Gesetz
- Gesetz über die parlamentarische Kontrolle der Nachrichtendienste des Bundes 106
- Gesetz zu Art. 10 GG 89, 107ff
Gesetzesbefristung 36, 37, 56, 105
Gesetzesfolgenabschätzung 25, 32, 39ff
Gesichtserkennungsverfahren 136f

Gewährspersonen 89, 91
Gewaltmonopol, staatliches 16
Governance 28f
GPS-Entscheidung 66ff, 70, 73, 75, 161
Großer Lauschangriff 19, 71
Grundrecht auf informationelle Selbstbestimmung 82, 95, 142, 162ff
Grundrecht auf Gewährleistung der Vertraulichkeit und Integrität informationstechnischer Systeme 74, 95
Grundrechtseingriff 18ff, 31, 90, 95, 161
- kumulativ 69ff, 73, 161
Grundsatz der gegenseitigen Anerkennung 150f, 154, 156
Guidelines
- Guidelines of the Committee of Ministers of the Council of Europe on human rights and the fight against terrorism 185
- Guidelines on human rights and the fight against terrorism 172
- Guidelines on the Protection of Victims of Terrorist Acts 172f

Harmonisierung 154ff
Hobbes 16
Human rights 173ff, 182ff
Humboldt 17

ICERD 118, 120, 127
Inalianable rights 16
Information
- nicht öffentlich zugänglich 90
- öffentlich zugänglich 90, 99
Informationsaustausch 75, 81, 92, 152f, 161f
Informationsbedürfnis 89ff
Informationsdefizit 94

Informationserhebung 82, 90ff
Informationstechnische Maßnahme 65f
Informationelle Gewaltenteilung 81
Informationelle Selbstbestimmung s. Grundrecht auf informationelle Selbstbestimmung
Informationssysteme 131, 152f, 158, 159, 161ff
Intelligence Agencies 176, 180, 185ff
Interbehördliche Kooperation 80ff
Investigation techniques 180
Investigative powers 174, 177
Iriserkennungsverfahren 136

Kant 16f
Kenntnis, Rechte betroffener Personen auf 31, 32, 44
Kennzeichenerfassung 90
Kernbereich, absolut geschützter 19, 68, 70ff, 91
Kernbereichsbezug, s. Kernbereich
Kompetenzverteilung
- zwischen EU und Mitgliedstaaten 160
Konstitutionsprinzipien des GG 87f
Kontrollmöglichkeiten
- des Parlaments 94 ff, 106ff, 156ff
- des Europäischen Parlaments 151
Kontrolltechnologien 130ff
Kriminalität
- Kriminalitätsbrennpunkt 60
- Kriminalitätsrückgang 59
- Kriminalitätszunahme 59
Kumulative Maßnahmen 65ff
- Bewertungsmaßstab 66, 69ff
- Koordinierung der Anordnung 66; 68, 74ff

Legalresidentur 91
Legitimationsprinzip 16
Legitimität des Staates 13f

Maßnahme
- additiv 65f
- kumulativ 65ff, 69ff
- Überwachungsmaßnahmen 65ff

Max-Planck-Institut 77
Measures for National Security 178
Menschenrechte 13ff, 30ff, 87f, 90ff, 96, 150ff
Menschenwürde 13ff, 19f, 87f

Nachbesserung 125ff, 151, 155, 160ff
Nachrichtendienste
- Aufgaben 89
- Befugnisse 89ff
- Geheimhaltungsbedürfnisse 93f
- Informationsaustausch 92
- Informationsbedürfnisse 89
- Kontrolle 96ff, 106ff
- Zusammenarbeit 89, 92, 149

Netherlands 175ff
- Protected Witnesses Act 175
- Act for the Broadening of the Opportunities for the Investigation and Prosecution of Terrorist Crimes 177
- Act for the Combating of the Financing of Terrorism 178
- Act on Administrative Measures for National Security 178
- Act on the Authorisation to demand Information 177
- Crimes of Terrorism Act 175

Normenbestimmtheit 20, 21, 31
Normenklarheit 20, 21

Observation 67f
Online-Durchsuchung 33, 38

Parlament
- Rolle 29f, 32f
- Einfluss auf europäische Entwicklungen 156ff

Parlamentarisches Kontrollgremium 36, 37, 97, 106f
Parliamentary Assembly of the Council of Europe 171
Partizipation 47f, 143
Persönlichkeitsprofil 43, 72f, 96
Persönlichkeitsrecht s. Allgemeines Persönlichkeitsrecht
Personalausweis 131f, 135, 140, 141
Polizeigesetz NRW 57ff
Privatsphäre/privacy 43, 138f, 142
Privacy architecture 142
Privacy enhancing technologies 143
Procedural guarantees 173ff
Prognoseentscheidung 60f
Prümer Initiative 152, 162f

Racial profiling 118, 182
Rasterfahndung 109, 116, 123f
Recht auf freie Selbstbestimmung 15
Rechtsangleichung 151, 154
Rechtsstaat 13ff, 26, 91, 173f
Rechtsstaatliche Prinzipien 20, 153, 173ff, 185ff
Rechtsweggarantie 20, 110, 185ff
Register 74ff, 82
- Verfahrens- 68, 74ff
Right to privacy 142
Right to security 172
Risk profile 180
Rufschädigung 91
Rule of Law 171, 173
Rundumüberwachung 68, 72ff, 82

Schengener Informationssystem (SIS) 131, 153f, 161f
„Schmutzige Daten" 162f, 164
Schranken-Schranken 18
Schwedische Initiative 152, 163f
Security legislation 169ff, 175ff
Separate legal regime 174

Sicherheit 138
- Verhältnis zwischen Freiheit und Sicherheit 17, 26, 138f, 171ff
Sicherheitsanforderungen 132
Sicherheitsbedürfnis 170ff
Sicherheitspolitik 17, 138f
Sicherheitsrecht, Charakteristika 9f, 26ff
Singuläres Informationsaustauschsystem 75
Situation Center (SitCen) 92
Staatlicher Zwang 17
State
- Duty to protect 184
- Integrity and Stability 171
Stigmatisierung 124f
Stop and search 116, 120
Strategische Fernmeldeüberwachung 91, 108f, 111ff
Suchprofil 116, 120, 123
Sunset clause 175ff

Technikfolgenabschätzung 25, 32, 39ff, 132ff
- Konzeption 133f
- Studien zu biometrischen Technologien 134ff
- Ziele 133f
Terrorism
- as a new threat 170f
- fight against 170ff
- nature of attacks 170
Terrorismusbekämpfungsgesetz 36ff, 105
Terrorismusbekämpfungsergänzungsgesetz 37, 105
Terroristenprofil 116f
Terrorist profiling 182
Terrorist training camp 179
Torture 172
- absolute prohibition 172
Totalkontrolle 116
Trennungsgebot 81, 162

Übermaßverbot
s. Verhältnismäßigkeit
Übermittlungsmöglichkeiten 75
Übermittlungsvorschriften 75, 163f
Ungewissheit, gesteigerte 21, 30, 31, 105, 149ff, 154ff
Ungleichbehandlung 117, 119ff
- Rechtfertigung 122ff
UNO-Ausschuss zur Beseitigung der Rassendiskriminierung 118, 120, 127
UNO-Sonderberichterstatter 125f
Unveräußerlichkeit 16

Verdrängungseffekt 42, 61
Verfahrensregister, s. Register
Verfallsdatum 56
Verfallsklausel 57
Verfassungsfeindliche Organisationen 93
Verfassungsschutzbehörde 68, 74, 88ff, 108
Vergleichsräume 61
Verhältnismäßigkeit 20f, 31, 41ff, 55f, 90, 148
- Erforderlichkeit 21, 31, 42, 55, 124
- Geeignetheit 21, 31, 41f, 55, 122ff
- Verhältnismäßigkeit i.e.S. 21, 31, 42f, 55, 124f
Verhütung von Straftaten 58, 60ff
Verhütungseffekt 62
s. Prävention
Verifikation 134, 137f
Vertrauensgremium 101, 106f
Videoüberwachung 57ff
- Evaluation 42, 58ff
Visa-Informationssystem (VIS) 131, 152f, 159f
Visapolitik 131f, 159f
Vorfeldbefugnisse 27, 115ff
V-Person 91

Wechselwirkungen mehrerer polizei-
    licher Maßnahmen 61
Wohnraumüberwachung 34ff, 71f

Zielperson 42, 91
Zusammenarbeit
- Bund und Länder 38
- Nachrichtendienste 89f, 92f
- polizeiliche und justizielle 149ff, 154ff, 163f, 176f
- Polizei und Verfassungsschutz 27, 89f, 161f

Zweckbindung von Daten 43, 92